Psychotherapeutengesetz

Erläuterte Textausgabe zur Neuordnung der psychotherapeutischen Versorgung

Psychotherapeutengesetz (PsychThG)

Erläuterte Textausgabe zu der seit dem 1. Januar 1999 geltenden berufsrechtlichen und krankenversicherungsrechtlichen Neuregelung der psychotherapeutischen Versorgung

bearbeitet von
Erika Behnsen, Ministerialrätin
und
Andrea Bernhardt, Regierungsrätin
beide im Bundesministerium für Gesundheit, Bonn

1. Auflage 1999

Bundesanzeiger Verlag

Die Deutsche Bibliothek – CIP-Einheitsaufnahme

Behnsen, Erika:
Psychotherapeutengesetz: (PsychThG); erläuterte Textausgabe zu der seit dem 1. Januar 1999 geltenden berufsrechtlichen und krankenversicherungsrechtlichen Neuregelung der psychotherapeutischen Versorgung / bearb. von Erika Behnsen und Andrea Bernhardt. – 1. Aufl. – Köln: Bundesanzeiger, 1999
ISBN 3-88784-893-4

Lektorat: Heidrun S. Glenski
Herstellung: Ralf Killian
Satz: Fotosatz Froitzheim AG, Bonn
Druck und buchbinderische Verarbeitung: Köllen Druck + Verlag GmbH, Bonn

Printed in Germany
ISBN 3-88784-893-4

Vorwort

Das Gesetz, das die berufsrechtliche und die krankenversicherungsrechtliche Neuregelung der psychotherapeutischen Versorgung enthält, ist am 6. März 1998 endgültig im Bundesrat beschlossen worden. Am 1. Januar 1999 sind die Neuregelungen in Kraft getreten, die als Meilenstein in der Verbesserung der psychotherapeutischen Versorgung der gesamten Bevölkerung, insbesondere aber auch der gesetzlich Versicherten, bezeichnet werden können. Denn es ging bei dieser Neuordnung nicht nur um die berufs- und sozialversicherungsrechtliche Statusverbesserung der Psychotherapeuten, sondern das Gesetz bringt auch eine Liberalisierung für die – in der Regel gesetzlich versicherten – Patienten, die zukünftig ohne vorherige Einschaltung eines Arztes den Psychotherapeuten direkt aufsuchen können.

Bei den Betroffenen herrscht Erleichterung darüber, daß dieses Mal alle gesetzgeberischen Hürden erfolgreich genommen worden sind. Zugleich bestehen aber auch bei ihnen und bei den mit der Umsetzung betrauten Stellen zahlreiche Unsicherheiten, insbesondere hinsichtlich der aktuellen, fristgebundenen Übergangsregelungen zur Approbation und zur Teilnahme an der vertragsärztlichen Versorgung. Deshalb werden im folgenden die Grundzüge der Neuordnung erläutert, und es wird zu den wichtigsten Auslegungsfragen Stellung genommen.

Bonn, im Januar 1999

Die Autorinnen

Inhaltsverzeichnis

Teil C: Anhänge

Abkürzungsverzeichnis

ABl. EG	Amtsblatt der EG
ÄApprO	Approbationsordnung für Ärzte
Ärzte-ZV	Zulassungsverordnung für Ärzte
BAföG	Bundesausbildungsförderungsgesetz
BAnz.	Bundesanzeiger
BÄK	Bundesärztekammer
BÄO	Bundesärzteordnung
BBiG	Berufsbildungsgesetz
BGBl.	Bundesgesetzblatt
BMG	Bundesministerium für Gesundheit
BR	Bundesrat
BSG	Bundessozialgericht
BSHG	Bundessozialhilfegesetz
BT	Bundestag
DDR	Deutsche Demokratische Republik
EG	Europäische Gemeinschaft
EWG	Europäische Wirtschaftsgemeinschaft
EWR	Europäischer Wirtschaftsraum
GG	Grundgesetz
HPG	Heilpraktikergesetz
i. d. F.	in der Fassung
KBV	Kassenärztliche Bundesvereinigung
KV	Kassenärztliche Vereinigung
PsychThG	Psychotherapeutengesetz
SGB V	Fünftes Buch Sozialgesetzbuch
StGB	Strafgesetzbuch
Verf. U. Mitt. MfG	Verfügungen und Mitteilungen des Ministeriums für Gesundheitswesen

Einführung

Um die große Bedeutung der am 1. Januar 1999 in Kraft getretenen Neuregelung für die psychotherapeutische Versorgung der Bevölkerung angemessen einschätzen zu können, ist ein kurzer Rückblick auf die Anfänge der Psychotherapie als Krankenbehandlung in der gesetzlichen Krankenversicherung aufschlußreich.

1967 beschloß der Bundesausschuß der Ärzte und Krankenkassen nach langjährigen Diskussionen in der Ärzteschaft die ersten Psychotherapie-Richtlinien für die ambulante psychotherapeutische Versorgung der Versicherten und anerkannte damit, daß es psychotherapeutisch behandlungsbedürftige und behandlungsfähige Krankheiten gibt. Die Leistungspflicht der gesetzlichen Krankenversicherung war allerdings auf die Behandlungsmethoden der analytischen und tiefenpsychologisch fundierten Psychotherapie sowie durch einen Indikationskatalog bestimmter akuter Störungen begrenzt. Der Versicherte hatte keinen Anspruch bei „chronifizierten neurotischen Zustandsbildern, die als Ergebnis einer längeren, die Struktur der Persönlichkeit verändernden Entwicklung aufzufassen seien".

Der Behandlerkreis war auf ärztliche Psychotherapeuten beschränkt. Nichtärztliche Psychotherapeuten durften weder selbständig noch unter ärztlicher Leitung Psychotherapie ausüben. Dies änderte sich erst 1972, als unter der Verantwortung von psychotherapeutisch tätigen Ärzten Diplom-Psychologen, aber auch andere Berufsgruppen wie Theologen und Soziologen zu Lasten der gesetzlichen Krankenversicherungen psychotherapeutisch tätig werden durften.

Neun Jahre nach dem ersten Richtlinienerlaß fand 1976 die nächste entscheidende Verbesserung der psychotherapeutischen Versorgung statt: Die Richtlinien gaben den engen Indikationskatalog auf und ließen auch die Begrenzung auf akute psychische Störungen fallen. Außerdem wurde in den Psychotherapie-Vereinbarungen der Kreis der nichtärztlichen Psychotherapeuten auf Personen mit einem abgeschlossenen Psychologiestudium begrenzt. Für die Behandlung von Kindern und Jugendlichen (bis 18 Jahre) blieb es dabei, daß diese auch durch Psychagogen durchgeführt werden konnte.

Parallel zu dieser Entwicklung in der psychotherapeutischen Versorgung der Versicherten wurde auch in der Politik die Frage diskutiert, ob neben dem Arztberuf ein weiterer eigenständig psychotherapeutisch tätiger Heilberuf geschaffen werden sollte. Dies führte im Jahre 1978 zu dem vom damaligen Bundesministerium für Jugend, Familie und Gesundheit vorgelegten Referentenentwurf eines Gesetzes über den Beruf des Psychotherapeuten. In ihm sollte allerdings lediglich der bis dahin ungeklärte berufsrechtliche Status der Psychotherapeuten geregelt werden; die rechtlichen Folgerungen für seine Behandlungsberechtigung im Bereich der gesetzlichen Krankenversicherung sollten erst später geprüft werden. Das Verfahren scheiterte im Stadium des Referentenentwurfs, weil insbesondere Fragen der beruflichen Kompetenz, der Abgrenzung des Tätigkeitsbereichs und der Zusammenarbeit mit Ärzten sowie die Kostenproblematik nicht lösbar waren.

Die letzte große Richtlinienänderung erfolgte 1987, als die Verhaltenstherapie als drittes gleichberechtigtes Behandlungsverfahren in den Leistungskatalog der Krankenkassen aufgenommen wurde, nachdem die Verbände der Ersatzkassen sie bereits 1980 im Rahmen des Arzt/Ersatzkassenvertrages in die damalige vertragsärztliche Versorgung der Ersatzkassenversicherten übernommen hatten.

Trotz dieser Fortentwicklung wurde die durch die Richtlinien des Bundesausschusses ausgestaltete und von Ärzten oder unter ihrer Verantwortung von Psychotherapeuten erbrachte Psychotherapie (Delegationsverfahren) vielfach als fachlich unbefriedigend angesehen und als von Ärzten dominierte Richtlinienpsychotherapie zur Sicherung ärztlicher Pfründe abqualifiziert. Man stellte dieser Psychotherapie die von Diplom-Psychologen erbrachte „kompetente psychologische" Psychotherapie gegenüber. Allerdings ist der Versuch, das Delegationsverfahren gerichtlich aus den Angeln zu heben, immer wieder gescheitert.

Dennoch konnten sich viele Krankenkassen dem Werben der Berufsverbände der Psychologen und Psychotherapeuten nicht erwehren und schlossen mit ihnen eigenständige Leistungserbringerverträge oder erstatteten zumindest den Versicherten großzügig die Kosten für eine bei einem Psychologischen Psychotherapeuten selbstbeschaffte Psychotherapie.

Unabhängig von der Frage, ob diese Vereinbarungen entsprechend den Behauptungen der Krankenkassen deshalb gerechtfertigt waren, weil die Versorgung der Versicherten mit psychotherapeutischen Leistungen im Rahmen der vertragsärztlichen Versorgung nicht „bedarfsgerecht" sichergestellt werden konnte, hat diese sog. Erstattungspsychotherapie Fakten geschaffen, vor denen der Gesetzgeber die Augen nicht verschließen konnte.

Dies gilt in gleichem Maße für die Berechtigung zur Ausübung der Psychotherapie, die durch die Rechtsprechung erheblich erleichtert wurde. Mit Einführung der sog. beschränkten Heilpraktikererlaubnis, die von den Ländern zum Teil nach Aktenlage aufgrund eines einschlägigen Studienabschlusses erteilt werden konnte, war auch der berufsrechtliche Zugang zur Ausübung der Psychotherapie vereinfacht worden.

Die Bundesregierung hat deshalb in der 12. Legislaturperiode einen Gesetzentwurf vorgelegt, der erstmals sowohl das Berufsrecht als auch die gleichberechtigte krankenversicherungsrechtliche Einbeziehung der nichtärztlichen Psychotherapeuten in die psychotherapeutische Versorgung der Versicherten zum Gegenstand hatte. Die Erfahrungen der vorangegangenen Jahre hatten nämlich gezeigt, daß eine rein berufsrechtliche Regelung, wie sie 1978 versucht worden war, ein Torso bleiben mußte. Das eigentliche Problem der psychotherapeutischen Versorgung, die krankenversicherungsrechtliche Eingliederung der neuen Heilberufe der Psychologischen Psychotherapeuten und der Kinder- und Jugendlichenpsychotherapeuten, würde nämlich andernfalls den Krankenkassen und damit letztlich den Gerichten überlassen.

Der Entwurf von 1993 scheiterte im Vermittlungsausschuß am Widerstand der Opposition gegen die von der Bundesregierung vorgeschlagene und vom Bundestag beschlossene Zuzahlung des Patienten zur psychotherapeutischen Behandlung. In der 13. Legislaturperiode hat der Gesetzgeber auf Vorschlag der Koalitionsfraktionen nun endlich eine gesetzliche Neuregelung des Problems beschlossen. Die berufs- und krankenversicherungsrechtlichen Regelungen sind in einem zustimmungspflichtigen Gesetz zusammengefaßt; die Zuzahlung zur psychotherapeutischen Behandlung wurde in einem selbständigen Gesetz geregelt, das der Zustimmung durch den Bundesrat nicht bedurfte und deshalb auch gegen den erneuten Widerstand der Opposition verabschiedet wurde. Der von den Fraktionen der SPD und BÜNDNIS 90/DIE GRÜNEN entsprechend ihrer Koalitionsvereinbarung eingebrachte Entwurf eines Gesetzes zur Stärkung der Solidarität in der gesetzlichen Krankenversicherung sieht vor, die Einführung der Zuzahlung zu psychotherapeutischer Behandlung zum 1. Januar 1999 wieder zu streichen.

Das Gesetz schafft im berufsrechtlichen Teil zwei neue eigenverantwortlich arbeitende Heilberufe, den approbierten Psychologischen Psychotherapeuten sowie den approbierten Kinder- und Jugendlichenpsychotherapeuten; nur diese Personen dürfen sich zukünftig – neben den psychotherapeutisch tätigen Ärzten – Psychotherapeuten nennen. Der krankenversicherungsrechtliche Teil des Gesetzes integriert die neuen Heilberufe gleichberechtigt mit den Vertragsärzten als Mitglieder in die Kassenärztlichen Vereinigungen und verbessert das qualitätsgesicherte psychotherapeutische Versorgungsangebot für die Versicherten. Deshalb wurde zur Mitfinanzierung dieser Verbesserungen und zur Sicherung der verantwortungsvollen Inanspruchnahme psychotherapeutischer Leistungen eine Eigenbeteiligung der Versicherten eingeführt.

Um die Gleichstellung der Psychologischen Psychotherapeuten und Kinder- und Jugendlichenpsychotherapeuten mit den Ärzten im System der Heilberufe zu verdeutlichen, enthält das Gesetz, das gesetzestechnisch als sog. Artikelgesetz ausgestaltet wurde, außerdem Änderungen anderer Gesetze, die zu einer Gleichberechtigung der künftigen Psychotherapeuten auch in diesen Regelungsbereichen beitragen.

Teil A

Wortlaut der gesetzlichen Bestimmungen

I.
Gesetz über die Berufe des Psychologischen Psychotherapeuten und des Kinder- und Jugendlichenpsychotherapeuten, zur Änderung des Fünften Buches Sozialgesetzbuch und anderer Gesetze

Vom 16. Juni 1998 (BGBl. I S. 1311)
– Auszug –

Der Bundestag hat mit Zustimmung des Bundesrates
das folgende Gesetz beschlossen:

Artikel 1
Gesetz über die Berufe des Psychologischen Psychotherapeuten und des Kinder- und Jugendlichenpsychotherapeuten (Psychotherapeutengesetz – PsychThG)

§ 1
Berufsausübung

(1) Wer die heilkundliche Psychotherapie unter der Berufsbezeichnung „Psychologische Psychotherapeutin" oder „Psychologischer Psychotherapeut" oder die heilkundliche Kinder- und Jugendlichenpsychotherapie unter der Berufsbezeichnung „Kinder- und Jugendlichenpsychotherapeutin" oder „Kinder- und Jugendlichenpsychotherapeut" ausüben will, bedarf der Approbation als Psychologischer Psychotherapeut oder Kinder- und Jugendlichenpsychotherapeut. Die vorübergehende Ausübung des Berufs ist auch auf Grund einer befristeten Erlaubnis zulässig. Die Berufsbezeichnungen nach Satz 1 darf nur führen, wer nach Satz 1 oder 2 zur Ausübung der Berufe befugt ist. Die Bezeichnung „Psychotherapeut" oder „Psychotherapeutin" darf von anderen Personen als Ärzten, Psychologischen Psychotherapeuten oder Kinder- und Jugendlichenpsychotherapeuten nicht geführt werden.

(2) Die Berechtigung zur Ausübung des Berufs des Kinder- und Jugendlichenpsychotherapeuten erstreckt sich auf Patienten, die das 21. Lebensjahr noch nicht vollendet haben. Ausnahmen von Satz 1 sind zulässig, wenn zur Sicherung des Therapieerfolgs eine gemeinsame psychotherapeutische Behandlung von Kindern oder Jugendlichen mit Erwachsenen erforderlich ist oder bei Jugendlichen eine vorher mit Mitteln der Kinder- und Jugendlichenpsychotherapie begonnene psychotherapeutische Behandlung erst nach Vollendung des 21. Lebensjahres abgeschlossen werden kann.

(3) Ausübung von Psychotherapie im Sinne dieses Gesetzes ist jede mittels wissenschaftlich anerkannter psychotherapeutischer Verfahren vorgenommene Tätigkeit zur Feststellung, Heilung oder Linderung von Störungen mit Krankheitswert, bei denen Psychotherapie indiziert ist. Im Rahmen einer psychotherapeutischen Behandlung ist eine somatische Abklärung herbeizuführen. Zur Ausübung von Psychotherapie gehören nicht psychologische Tätigkeiten, die die Aufarbeitung und Überwindung sozialer Konflikte oder sonstige Zwecke außerhalb der Heilkunde zum Gegenstand haben.

§ 2
Approbation

(1) Eine Approbation nach § 1 Abs. 1 Satz 1 ist auf Antrag zu erteilen, wenn der Antragsteller

1. Deutscher im Sinne des Artikels 116 des Grundgesetzes, Staatsangehöriger eines Mitgliedstaates der Europäischen Union oder eines anderen Vertragsstaates des Abkommens über den Europäischen Wirtschaftsraum oder heimatloser Ausländer im Sinne des Gesetzes über die Rechtsstellung heimatloser Ausländer ist,
2. die vorgeschriebene Ausbildung abgeleistet und die staatliche Prüfung bestanden hat,
3. sich nicht eines Verhaltens schuldig gemacht hat, aus dem sich die Unwürdigkeit oder Unzuverlässigkeit zur Ausübung des Berufs ergibt, und
4. nicht wegen eines körperlichen Gebrechens oder wegen Schwäche seiner geistigen oder körperlichen Kräfte oder wegen einer Sucht zur Ausübung des Berufs unfähig oder ungeeignet ist.

(2) Die Voraussetzung des Absatzes 1 Nr. 2 gilt als erfüllt, wenn aus einem in einem Mitgliedstaat der Europäischen Union oder einem anderen Vertragsstaat des Abkommens über den Europäischen Wirtschaftsraum erworbenen Diplom hervorgeht, daß der Inhaber eine Ausbildung erworben hat, die in diesem Staat für den unmittelbaren Zugang zu einem dem Beruf des „Psychologischen Psychotherapeuten“ oder dem Beruf des „Kinder- und Jugendlichenpsychotherapeuten“ entsprechenden Beruf erforderlich ist. Diplome im Sinne dieses Gesetzes sind Diplome, Prüfungszeugnisse und sonstige Befähigungsnachweise im Sinne des Artikels 1 der Richtlinie 89/48/EWG des Rates vom 21. Dezember 1988 über eine allgemeine Regelung zur Anerkennung der Hochschuldiplome, die eine mindestens dreijährige Berufsausbildung abschließen (ABl. EG Nr. L 19 S. 16), oder im Sinne des Artikels 1 der Richtlinie 92/51/EWG des Rates vom 18. Juni 1992 über eine zweite allgemeine Regelung zur Anerkennung beruflicher Befähigungsnachweise in Ergänzung zur Richtlinie 89/48/EWG (ABl. EG Nr. L 209 S. 25) in der jeweils geltenden Fassung. Antragsteller aus einem Mitgliedstaat der Europäischen Union oder einem anderen Vertragsstaat des Ab-

kommens über den Europäischen Wirtschaftsraum, deren Ausbildung die nach diesem Gesetz vorgeschriebene Mindestdauer nicht erreicht, haben einen höchstens dreijährigen Anpassungslehrgang zu absolvieren oder eine Eignungsprüfung abzulegen. Der Antragsteller hat das Recht, zwischen dem Anpassungslehrgang und der Eignungsprüfung zu wählen. Die Voraussetzung des Absatzes 1 Nr. 2 gilt auch als erfüllt, wenn der Antragsteller bei Vorliegen der Voraussetzungen des Absatzes 1 Nr. 1 eine in einem anderen Staat erworbene gleichwertige abgeschlossene Ausbildung und gleichwertige Kenntnisse nachweist.

(3) Ist die Voraussetzung nach Absatz 1 Nr. 1 nicht erfüllt, so kann die Approbation in besonderen Einzelfällen oder aus Gründen des öffentlichen Gesundheitsinteresses erteilt werden. Ist zugleich die Voraussetzung nach Absatz 1 Nr. 2 nicht erfüllt, so ist die Erteilung der Approbation nur zulässig, wenn der Antragsteller eine in einem anderen Mitgliedstaat der Europäischen Union oder einem anderen Vertragsstaat des Abkommens über den Europäischen Wirtschaftsraum erworbene, den Voraussetzungen der Richtlinien 89/48/EWG oder 92/51/EWG entsprechende oder eine in einem anderen Staat erworbene gleichwertige abgeschlossene Ausbildung und gleichwertige Kenntnisse nachweist. Absatz 2 Satz 3 und 4 gilt entsprechend.

(4) Soll die Erteilung der Approbation wegen Fehlens einer der Voraussetzungen nach Absatz 1 abgelehnt werden, so ist der Antragsteller oder sein gesetzlicher Vertreter vorher zu hören.

(5) Ist gegen den Antragsteller wegen des Verdachtes einer Straftat, aus der sich die Unwürdigkeit oder Unzuverlässigkeit zur Ausübung des Berufs ergeben kann, ein Strafverfahren eingeleitet, so kann die Entscheidung über den Antrag auf Erteilung der Approbation bis zur Beendigung des Verfahrens ausgesetzt werden.

§ 3
Rücknahme, Widerruf und Ruhen der Approbation, Verzicht

(1) Die Approbation ist zurückzunehmen, wenn bei ihrer Erteilung die Voraussetzung des § 2 Abs. 1 Nr. 2 nicht vorgelegen hat, die im Ausland erworbene Ausbildung nach § 2 Abs. 2 oder Abs. 3 Satz 2 oder die nach § 12 nachzuweisende Ausbildung nicht abgeschlossen war oder die Gleichwertigkeit der Ausbildung und Kenntnisse nach § 2 Abs. 3 Satz 2 nicht gegeben war. Sie kann zurückgenommen werden, wenn bei ihrer Erteilung eine der Voraussetzungen nach § 2 Abs. 1 Nr. 1, 3 oder 4 nicht vorgelegen hat.

(2) Die Approbation ist zu widerrufen, wenn nachträglich die Voraussetzung nach § 2 Abs. 1 Nr. 3 wegfällt. Gleiches gilt im Falle des nachträglichen, dauerhaften Wegfalls einer der Voraussetzungen nach § 2 Abs. 1 Nr. 4.

(3) Das Ruhen der Approbation kann angeordnet werden, wenn

1. gegen den Approbationsinhaber wegen des Verdachts einer Straftat, aus der sich die Unwürdigkeit oder Unzuverlässigkeit zur Ausübung des Berufs ergeben kann, ein Strafverfahren eingeleitet ist,
2. nachträglich eine der Voraussetzungen nach § 2 Abs. 1 Nr. 4 vorübergehend nicht mehr vorliegt oder Zweifel bestehen, ob eine der Voraussetzungen nach § 2 Abs. 1 Nr. 4 noch erfüllt ist und der Approbationsinhaber sich weigert, sich einer von der zuständigen Behörde angeordneten amts- oder fachärztlichen Untersuchung zu unterziehen.

Die Anordnung ist aufzuheben, wenn ihre Voraussetzungen nicht mehr vorliegen. Der Psychologische Psychotherapeut oder der Kinder- und Jugendlichenpsychotherapeut, dessen Approbation ruht, darf den Beruf nicht ausüben. Die zuständige Behörde kann auf Antrag des Approbationsinhabers, dessen Approbation ruht, zulassen, daß die Praxis für einen von ihr zu bestimmenden Zeitraum durch einen anderen Psychologischen Psychotherapeuten oder Kinder- und Jugendlichenpsychotherapeuten weitergeführt werden darf.

(4) Auf die Approbation kann durch schriftliche Erklärung gegenüber der zuständigen Behörde verzichtet werden. Ein Verzicht, der unter einer Bedingung erklärt wird, ist unwirksam.

§ 4
Befristete Erlaubnis

(1) Eine befristete Erlaubnis zur Berufsausübung kann auf Antrag Personen erteilt werden, die eine abgeschlossene Ausbildung für den Beruf nachweisen. In den Fällen, in denen die Ausbildungsvoraussetzungen nach § 2 Abs. 1 Nr. 2 nicht erfüllt sind oder nach § 2 Abs. 2 nicht als erfüllt gelten, ist nachzuweisen, daß die im Ausland erworbene Ausbildung in den wesentlichen Grundzügen einer Ausbildung nach diesem Gesetz entspricht.

(2) Die befristete Erlaubnis kann auf bestimmte Tätigkeiten und Beschäftigungsstellen beschränkt werden. Sie darf nur widerruflich und bis zu einer Gesamtdauer der Tätigkeit von höchstens drei Jahren erteilt oder verlängert werden. Eine befristete Erlaubnis darf ausnahmsweise über drei Jahre hinaus erteilt oder verlängert werden, wenn dies im Interesse der psychotherapeutischen Versorgung der Bevölkerung liegt. Satz 3 gilt entsprechend bei Antragstellern, die

1. unanfechtbar als Asylberechtigte anerkannt sind,
2. die Rechtsstellung nach § 1 des Gesetzes über Maßnahmen für im Rahmen humanitärer Hilfsaktionen aufgenommener Flüchtlinge vom 22. Juli 1980 (BGBl. I S. 1057) genießen,

3. als Ausländer mit einem Deutschen im Sinne des Artikels 16 des Grundgesetzes verheiratet sind, der seinen gewöhnlichen Aufenthalt im Inland hat, oder
4. im Besitz einer Einbürgerungszusicherung sind, der Einbürgerung jedoch Hindernisse entgegenstehen, die sie selbst nicht beseitigen können.

(3) Personen mit einer befristeten Erlaubnis nach den Absätzen 1 und 2 haben die Rechte und Pflichten eines Angehörigen des Berufs, für dessen vorübergehende Ausübung ihnen die befristete Erlaubnis erteilt worden ist.

§ 5
Ausbildung und staatliche Prüfung

(1) Die Ausbildungen zum Psychologischen Psychotherapeuten sowie zum Kinder- und Jugendlichenpsychotherapeuten dauern in Vollzeitform jeweils mindestens drei Jahre, in Teilzeitform jeweils mindestens fünf Jahre. Sie bestehen aus einer praktischen Tätigkeit, die von theoretischer und praktischer Ausbildung begleitet wird, und schließen mit Bestehen der staatlichen Prüfung ab.

(2) Voraussetzung für den Zugang zu einer Ausbildung nach Absatz 1 ist
1. für eine Ausbildung zum Psychologischen Psychotherapeuten
   a) eine im Inland an einer Universität oder gleichstehenden Hochschule bestandene Abschlußprüfung im Studiengang Psychologie, die das Fach Klinische Psychologie einschließt und gemäß § 15 Abs. 2 Satz 1 des Hochschulrahmengesetzes der Feststellung dient, ob der Student das Ziel des Studiums erreicht hat,
   b) ein in einem anderen Mitgliedstaat der Europäischen Union oder einem anderen Vertragsstaat des Abkommens über den Europäischen Wirtschaftsraum erworbenes gleichwertiges Diplom im Studiengang Psychologie oder
   c) ein in einem anderen Staat erfolgreich abgeschlossenes gleichwertiges Hochschulstudium der Psychologie,
2. für eine Ausbildung zum Kinder- und Jugendlichenpsychotherapeuten
   a) eine der Voraussetzungen nach Nummer 1,
   b) die im Inland an einer staatlichen oder staatlich anerkannten Hochschule bestandene Abschlußprüfung in den Studiengängen Pädagogik oder Sozialpädagogik,
   c) ein in einem anderen Mitgliedstaat der Europäischen Union oder einem anderen Vertragsstaat des Abkommens über den Europäischen Wirtschaftsraum erworbenes Diplom in den Studiengängen Pädagogik oder Sozialpädagogik oder

d) ein in einem anderen Staat erfolgreich abgeschlossenes gleichwertiges Hochschulstudium.

§ 2 Abs. 2 Satz 3 und 4 gilt entsprechend.

(3) Die zuständige Behörde kann auf Antrag eine andere abgeschlossene Ausbildung im Umfang ihrer Gleichwertigkeit auf die Ausbildung nach Absatz 1 anrechnen, wenn die Durchführung der Ausbildung und die Erreichung des Ausbildungszieles dadurch nicht gefährdet werden.

§ 6
Ausbildungsstätten

(1) Die Ausbildungen nach § 5 Abs. 1 werden an Hochschulen oder an anderen Einrichtungen vermittelt, die als Ausbildungsstätten für Psychotherapie oder als Ausbildungsstätten für Kinder- und Jugendlichenpsychotherapie staatlich anerkannt sind.

(2) Einrichtungen sind als Ausbildungsstätten nach Absatz 1 anzuerkennen, wenn in ihnen

1. Patienten, die an psychischen Störungen mit Krankheitswert leiden, nach wissenschaftlich anerkannten psychotherapeutischen Verfahren stationär oder ambulant behandelt werden, wobei es sich bei einer Ausbildung zum Kinder- und Jugendlichenpsychotherapeuten um Personen handeln muß, die das 21. Lebensjahr noch nicht vollendet haben,
2. für die Ausbildung geeignete Patienten nach Zahl und Art in ausreichendem Maße zur Verfügung stehen,
3. eine angemessene technische Ausstattung für Ausbildungszwecke und eine fachwissenschaftliche Bibliothek vorhanden ist,
4. in ausreichender Zahl geeignete Psychologische Psychotherapeuten oder Kinder- und Jugendlichenpsychotherapeuten und qualifizierte Ärzte für die Vermittlung der medizinischen Ausbildungsinhalte für das jeweilige Fach zur Verfügung stehen,
5. die Ausbildung nach Ausbildungsplänen durchgeführt wird, die auf Grund der Ausbildungs- und Prüfungsverordnung für Psychologische Psychotherapeuten oder der Ausbildungs- und Prüfungsverordnung für Kinder- und Jugendlichenpsychotherapeuten erstellt worden sind, und
6. die Ausbildungsteilnehmer während der praktischen Tätigkeit angeleitet und beaufsichtigt werden sowie die begleitende theoretische und praktische Ausbildung durchgeführt wird.

(3) Kann die Einrichtung die praktische Tätigkeit oder die begleitende theoretische und praktische Ausbildung nicht vollständig durchführen, hat sie sicherzustellen, daß eine andere geeignete Einrichtung diese Aufgabe in dem erforderlichen Umfang übernimmt. Absatz 2 Nr. 4 gilt entsprechend.

§ 7
Ausschluß der Geltung des Berufsbildungsgesetzes

Auf die Ausbildungen nach diesem Gesetz findet das Berufsbildungsgesetz keine Anwendung.

§ 8
Ermächtigung zum Erlaß von Rechtsverordnungen

(1) Das Bundesministerium für Gesundheit wird ermächtigt, in einer Ausbildungs- und Prüfungsverordnung für Psychologische Psychotherapeuten und in einer Ausbildungs- und Prüfungsverordnung für Kinder- und Jugendlichenpsychotherapeuten mit Zustimmung des Bundesrates die Mindestanforderungen an die Ausbildungen und das Nähere über die staatlichen Prüfungen (§ 5 Abs. 1) zu regeln. Die Rechtsverordnungen sollen auch Vorschriften über die für die Erteilung der Approbationen nach § 2 Abs. 1 bis 3 notwendigen Nachweise, über die Urkunden für die Approbationen nach § 1 Abs. 1 Satz 1 und über die Anforderungen nach § 2 Abs. 2 Satz 3 enthalten.

(2) Die Ausbildungs- und Prüfungsverordnungen sind jeweils auf eine Ausbildung auszurichten, welche die Kenntnisse und Fähigkeiten in der Psychotherapie vermittelt, die für die eigenverantwortliche und selbständige Ausübung des Berufs des Psychologischen Psychotherapeuten oder des Berufs des Kinder- und Jugendlichenpsychotherapeuten erforderlich sind.

(3) In den Rechtsverordnungen ist jeweils vorzuschreiben,

1. daß die Ausbildungen sich auf die Vermittlung eingehender Grundkenntnisse in wissenschaftlich anerkannten psychotherapeutischen Verfahren sowie auf eine vertiefte Ausbildung in einem dieser Verfahren zu erstrecken haben,
2. wie die Ausbildungsteilnehmer während der praktischen Tätigkeit einzusetzen sind, insbesondere welche Patienten sie während dieser Zeit zu betreuen haben,
3. daß die praktische Tätigkeit für die Dauer von mindestens einem Jahr in Abschnitten von mindestens drei Monaten an einer psychiatrischen klinischen, bei der kinder- und jugendlichenpsychotherapeutischen Ausbildung bis zur Dauer von sechs Monaten an einer psychiatrischen ambulanten Einrichtung, an der jeweils psychotherapeutische Behandlungen durchgeführt werden, und für mindestens sechs Monate an einer von einem Sozialversicherungsträger anerkannten Einrichtung der psychotherapeutischen oder psychosomatischen Versorgung, in der Praxis eines Arztes, der die psychotherapeutische Behandlung durchführen darf, oder eines Psychologischen Psychotherapeuten oder eines Kinder-

und Jugendlichenpsychotherapeuten abzuleisten ist und unter fachkundiger Anleitung und Aufsicht steht,
4. daß die Gesamtstundenzahl für die theoretische Ausbildung mindestens 600 Stunden beträgt und
5. daß die praktische Ausbildung mindestens 600 Stunden mit mindestens sechs Patientenbehandlungen umfaßt.

(4) Für die staatlichen Prüfungen ist vorzuschreiben, daß sie sich auf eingehende Grundkenntnisse in den wissenschaftlich anerkannten psychotherapeutischen Verfahren und schwerpunktmäßig auf das Verfahren, das Gegenstand der vertieften Ausbildung gewesen ist (Absatz 3 Nr. 1), sowie auf die medizinischen Ausbildungsinhalte erstrecken. Ferner ist zu regeln, daß die Prüfungen vor einer staatlichen Prüfungskommission abzulegen sind, in die jeweils zwei Mitglieder berufen werden müssen, die nicht Lehrkräfte derjenigen Ausbildungsstätte sind, an der die Ausbildung erworben wurde.

(5) Die Rechtsverordnungen sollen die Möglichkeiten für eine Unterbrechung der Ausbildungen regeln. Sie können Vorschriften über die Anrechnung von Ausbildungen (§ 5 Abs. 3) enthalten.

(6) In den Rechtsverordnungen nach Absatz 1 ist für Diplominhaber, die eine Erlaubnis nach § 2 Abs. 1 Nr. 2 in Verbindung mit § 2 Abs. 2 Satz 1 und 2 oder Abs. 3 Satz 2 beantragen, zu regeln:
1. das Verfahren bei der Prüfung der Voraussetzungen des § 2 Abs. 1 Nr. 3 und 4, insbesondere die Vorlage der vom Antragsteller vorzulegenden Nachweise und die Ermittlung durch die zuständige Behörde entsprechend Artikel 6 der Richtlinie 89/48/EWG oder den Artikeln 10 und 12 Abs. 1 der Richtlinie 92/51/EWG,
2. das Recht von Diplominhabern, nach Maßgabe des Artikels 7 Abs. 2 der Richtlinie 89/48/EWG oder des Artikels 11 Abs. 2 der Richtlinie 92/51/EWG zusätzlich zu einer Berufsbezeichnung nach § 1 die im Heimat- oder Herkunftsmitgliedstaat bestehende Ausbildungsbezeichnung und, soweit nach dem Recht des Heimat- oder Herkunftmitgliedstaates zulässig, deren Abkürzung in der Sprache dieses Staates zu führen,
3. die Frist für die Erteilung der Approbation entsprechend Artikel 8 Abs. 2 der Richtlinie 89/48/EWG oder Artikel 12 Abs. 2 der Richtlinie 92/51/EWG.

§ 9
Gebührenordnung

Das Bundesministerium für Gesundheit wird ermächtigt, durch Rechtsverordnung mit Zustimmung des Bundesrates die Entgelte für psychotherapeutische Tätigkeiten von Psychologischen Psychotherapeuten und Kinder-

und Jugendlichenpsychotherapeuten zu regeln. In dieser Rechtsverordnung sind Mindest- und Höchstsätze für die psychotherapeutischen Leistungen festzusetzen. Dabei ist den berechtigten Interessen der Leistungserbringer und der zur Zahlung der Entgelte Verpflichteten Rechnung zu tragen.

§ 10
Zuständigkeiten

(1) Die Entscheidung nach § 2 Abs. 1 trifft die zuständige Behörde des Landes, in dem der Antragsteller die staatliche Prüfung abgelegt hat. Die Entscheidungen nach § 2 Abs. 1 in Verbindung mit § 12, nach § 2 Abs. 2 und 3 sowie nach § 4 trifft die zuständige Behörde des Landes, in dem der Beruf ausgeübt werden soll.

(2) Die Entscheidungen nach § 3 trifft die zuständige Behörde des Landes, in dem der Beruf ausgeübt wird oder zuletzt ausgeübt worden ist. Satz 1 gilt entsprechend für die Entgegennahme der Verzichtserklärung nach § 3 Abs. 4.

(3) Die Entscheidungen nach § 5 Abs. 3 trifft die zuständige Behörde des Landes, in dem der Antragsteller an der Ausbildung teilzunehmen beabsichtigt.

(4) Die Entscheidungen nach § 6 Abs. 2 trifft die zuständige Behörde des Landes, in dem die Ausbildungsstätte ihren Sitz hat.

§ 11
Wissenschaftliche Anerkennung

Soweit nach diesem Gesetz die wissenschaftliche Anerkennung eines Verfahrens Voraussetzung für die Entscheidung der zuständigen Behörde ist, soll die Behörde in Zweifelsfällen ihre Entscheidung auf der Grundlage eines Gutachtens eines wissenschaftlichen Beirates treffen, der gemeinsam von der auf Bundesebene zuständigen Vertretung der Psychologischen Psychotherapeuten und Kinder- und Jugendlichenpsychotherapeuten sowie der ärztlichen Psychotherapeuten in der Bundesärztekammer gebildet wird. Ist der Beirat am 31. Dezember 1998 noch nicht gebildet, kann seine Zusammensetzung durch das Bundesministerium für Gesundheit bestimmt werden.

§ 12
Übergangsvorschriften

(1) Wer im Zeitpunkt des Inkrafttretens dieses Gesetzes, ohne Arzt zu sein, im Rahmen der kassenärztlichen Versorgung an der psychotherapeutischen Behandlung von gesetzlich Krankenversicherten im Delegationsverfahren nach den Richtlinien des Bundesausschusses der Ärzte und

Krankenkassen über die Durchführung der Psychotherapie in der vertragsärztlichen Versorgung (Psychotherapie-Richtlinien in der Neufassung vom 3. Juli 1987 – BAnz. Nr. 156 Beilage Nr. 156a –, zuletzt geändert durch Bekanntmachung vom 12. März 1997 – BAnz. Nr. 49 S. 2946), als Psychotherapeut oder Kinder- und Jugendlichenpsychotherapeut mitwirkt oder die Qualifikation für eine solche Mitwirkung erfüllt, erhält bei Vorliegen der Voraussetzungen des § 2 Abs. 1 Nr. 1, 3 und 4 auf Antrag eine Approbation zur Ausübung des Berufs des Psychologischen Psychotherapeuten oder eine Approbation zur Ausübung des Berufs des Kinder- und Jugendlichenpsychotherapeuten nach § 1 Abs. 1 Satz 1. Das gleiche gilt für Personen, die die für eine solche Mitwirkung vorausgesetzte Qualifikation bei Vollzeitausbildung innerhalb von drei Jahren, bei Teilzeitausbildung innerhalb von fünf Jahren nach Inkrafttreten des Gesetzes erwerben.

(2) Wer im Zeitpunkt des Inkrafttretens dieses Gesetzes als Diplompsychologe eine Weiterbildung zum „Fachpsychologen der Medizin“ nach den Vorschriften der Anweisung über das postgraduale Studium für naturwissenschaftliche und technische Hochschulkader sowie Diplompsychologen und Diplomsoziologen im Gesundheitswesen vom 1. April 1981 (Verf. U. Mitt. MfG DDR Nr. 4 S. 61) erfolgreich abgeschlossen hat, erhält bei Vorliegen der Voraussetzungen nach § 2 Abs. 1 Nr. 1, 3 und 4 auf Antrag eine Approbation zur Ausübung des Berufs des Psychologischen Psychotherapeuten nach § 1 Abs. 1 Satz 1, wenn die dreijährige Weiterbildung vorwiegend auf die Vermittlung von Kenntnissen und Fähigkeiten in der Psychotherapie ausgerichtet war.

(3) Personen mit einer bestandenen Abschlußprüfung im Studiengang Psychologie an einer Universität oder gleichstehenden Hochschule erhalten bei Vorliegen der Voraussetzungen des § 2 Abs. 1 Nr. 1, 3 und 4 auf Antrag eine Approbation zur Ausübung des Berufs des Psychologischen Psychotherapeuten nach § 1 Abs. 1 Satz 1, wenn sie zwischen dem 1. Januar 1989 und dem 31. Dezember 1998 mit einer Gesamtdauer von mindestens sieben Jahren an der Versorgung von Versicherten einer Krankenkasse mitgewirkt haben oder ihre Leistungen während dieser Zeit von einem Unternehmen der privaten Krankenversicherung vergütet oder von der Beihilfe als beihilfefähig anerkannt worden sind. Voraussetzung für die Erteilung der Approbation nach Satz 1 ist ferner, daß die Antragsteller

1. während des Zeitraums nach Satz 1 mindestens 4000 Stunden psychotherapeutischer Berufstätigkeit oder 60 dokumentierte und abgeschlossene Behandlungsfälle sowie
2. mindestens 140 Stunden theoretischer Ausbildung in wissenschaftlich anerkannten Verfahren

nachweisen. Personen im Sinne des Satzes 1, die das Erfordernis nach Satz 1 zweiter Halbsatz oder die Voraussetzung nach Satz 2 Nr. 1 nicht erfüllen, erhalten die Approbation nur, wenn sie nachweisen, daß sie bis zum 31. Dezember 1998

1. mindestens 2000 Stunden psychotherapeutischer Berufstätigkeit abgeleistet oder 30 dokumentierte Behandlungsfälle abgeschlossen,
2. mindestens fünf Behandlungsfälle unter Supervision mit insgesamt mindestens 250 Behandlungsstunden abgeschlossen,
3. mindestens 280 Stunden theoretischer Ausbildung in wissenschaftlich anerkannten Verfahren abgeleistet haben und
4. am 24. Juni 1997 für die Krankenkasse tätig waren oder ihre Leistungen zu diesem Zeitpunkt von einem Unternehmen der privaten Krankenversicherung vergütet oder von der Beihilfe als beihilfefähig anerkannt worden sind.

(4) Personen mit einer bestandenen Abschlußprüfung im Studiengang Psychologie an einer Universität oder gleichstehenden Hochschule erhalten bei Vorliegen der Voraussetzungen des § 2 Abs. 1 Nr. 1, 3 und 4 auf Antrag eine Approbation zur Ausübung des Berufs des Psychologischen Psychotherapeuten nach § 1 Abs. 1 Satz 1, wenn sie nachweisen, daß sie zwischen dem 1. Januar 1989 und dem 31. Dezember 1998 mit einer Gesamtdauer von mindestens sieben Jahren als Angestellte oder Beamte

1. in einer psychiatrischen, psychotherapeutischen, psychosomatischen oder neurologischen Einrichtung vorwiegend psychotherapeutisch tätig waren oder
2. hauptberuflich psychotherapeutische Behandlungen durchgeführt haben.

Voraussetzung für die Erteilung der Approbation nach Satz 1 Nr. 1 und 2 ist ferner, daß die Antragsteller nachweisen, daß sie

1. in dem Zeitraum nach Satz 1 mindestens 4000 Stunden einschließlich der dazu notwendigen Diagnostik und Fallbesprechungen psychotherapeutisch tätig waren oder 60 dokumentierte Behandlungsfälle abgeschlossen und
2. mindestens 140 Stunden theoretische Ausbildung in dem Gebiet, in dem sie beschäftigt sind, abgeleistet haben.

Personen im Sinne des Satzes 1, die das Erfordernis nach Satz 1 zweiter Halbsatz oder die Voraussetzung nach Satz 2 Nr. 1 nicht erfüllen, wird die Approbation nur erteilt, wenn sie nachweisen, daß sie bis zum 31. Dezember 1998

1. mindestens 2000 Stunden psychotherapeutischer Berufstätigkeit abgeleistet oder 30 dokumentierte Behandlungsfälle abgeschlossen,
2. mindestens fünf Behandlungsfälle unter Supervision mit insgesamt mindestens 250 Behandlungsstunden abgeschlossen,
3. mindestens 280 Stunden theoretischer Ausbildung in dem Gebiet, in dem sie beschäftigt sind, abgeleistet und

4. spätestens am 24. Juni 1997 ihre psychotherapeutische Beschäftigung aufgenommen

haben.

(5) Für Personen mit einer bestandenen Abschlußprüfung im Studiengang Psychologie an einer Universität oder einer gleichstehenden Hochschule oder im Studiengang Pädagogik oder Sozialpädagogik an einer staatlichen oder staatlich anerkannten Hochschule gelten die Absätze 3 und 4 für den Antrag auf Erteilung einer Approbation zur Ausübung des Berufs des Kinder- und Jugendlichenpsychotherapeuten entsprechend.

Artikel 2
Änderung des Fünften Buches Sozialgesetzbuch

Das Fünfte Buch Sozialgesetzbuch – Gesetzliche Krankenversicherung – (Artikel 1 des Gesetzes vom 20. Dezember 1988, BGBl. I S. 2477), zuletzt geändert durch Artikel 1 des Gesetzes vom 8. Mai 1998 (BGBl. I S. 907), wird wie folgt geändert:

1. § 27 Abs. 1 Satz 2 Nr. 1 wird wie folgt gefaßt:

   „1. Ärztliche Behandlung einschließlich Psychotherapie als ärztliche und psychotherapeutische Behandlung,“.

2. Dem § 28 wird folgender Absatz angefügt:

   „(3) Die psychotherapeutische Behandlung einer Krankheit wird durch Psychologische Psychotherapeuten und Kinder- und Jugendlichenpsychotherapeuten (Psychotherapeuten), soweit sie zur psychotherapeutischen Behandlung zugelassen sind, sowie durch Vertragsärzte entsprechend den Richtlinien nach § 92 durchgeführt. Spätestens nach den probatorischen Sitzungen gemäß § 92 Abs. 6a hat der Psychotherapeut vor Beginn der Behandlung den Konsiliarbericht eines Vertragsarztes zur Abklärung einer somatischen Erkrankung sowie, falls der somatisch abklärende Vertragsarzt dies für erforderlich hält, eines psychiatrisch tätigen Vertragsarztes einzuholen.“

3. In § 69 wird nach dem Wort „Zahnärzten,“ das Wort „Psychotherapeuten,“ eingefügt.

4. Im Vierten Kapitel wird die Überschrift des Zweiten Abschnitts wie folgt gefaßt:

   „Zweiter Abschnitt
   Beziehungen zu Ärzten, Zahnärzten und Psychotherapeuten“.

5. § 72 Abs. 1 wird wie folgt gefaßt:

   „(1) Ärzte, Zahnärzte, Psychotherapeuten und Krankenkassen wirken zur Sicherstellung der vertragsärztlichen Versorgung der Versicherten zusammen. Soweit sich die Vorschriften dieses Kapitels auf Ärzte beziehen, gelten sie entsprechend für Zahnärzte und Psychotherapeuten, sofern nichts Abweichendes bestimmt ist.“

6. Dem § 73 Abs. 2 wird folgender Satz angefügt:

   „Die Nummern 2 bis 8, 10 und 11 sowie 9, soweit sich diese Regelung auf die Feststellung und die Bescheinigung von Arbeitsunfähigkeit bezieht, gelten nicht für Psychotherapeuten.“

7. Nach § 79a wird folgender Paragraph eingefügt:

   „§ 79b

   Beratender Fachausschuß für Psychotherapie

   Bei den Kassenärztlichen Vereinigungen und der Kassenärztlichen Bundesvereinigung wird ein beratender Fachausschuß für Psychotherapie gebildet. Der Ausschuß besteht aus fünf Psychologischen Psychotherapeuten und einem Kinder- und Jugendlichenpsychotherapeuten sowie Vertretern der Ärzte in gleicher Zahl, die von der Vertreterversammlung aus dem Kreis der ordentlichen Mitglieder ihrer Kassenärztlichen Vereinigung in unmittelbarer und geheimer Wahl gewählt werden. Für die Wahl der Mitglieder des Fachausschusses bei der Kassenärztlichen Bundesvereinigung gilt Satz 2 mit der Maßgabe, daß die von den Psychotherapeuten gestellten Mitglieder des Fachausschusses zugelassene Psychotherapeuten sein müssen. Abweichend von Satz 2 werden für die laufende Wahlperiode der Kassenärztlichen Vereinigungen und der Kassenärztlichen Bundesvereinigung die von den Psychotherapeuten gestellten Mitglieder des Fachausschusses auf Vorschlag der für die beruflichen Interessen maßgeblichen Organisationen der Psychotherapeuten auf Landes- und Bundesebene von der jeweils zuständigen Aufsichtsbehörde berufen. Dem Ausschuß ist vor Entscheidungen der Kassenärztlichen Vereinigungen und der Kassenärztlichen Bundesvereinigung in den die Sicherstellung der psychotherapeutischen Versorgung berührenden wesentlichen Fragen rechtzeitig Gelegenheit zur Stellungnahme zu geben. Seine Stellungnahmen sind in die Entscheidungen einzubeziehen. Das Nähere regelt die Satzung. Die Befugnisse der Vertreterversammlungen der Kassenärztlichen Vereinigungen und der Kassenärztlichen Bundesvereinigung bleiben unberührt.“

8. In § 80 wird nach Absatz 1 folgender Absatz eingefügt:

   „(1a) Die Psychotherapeuten, die ordentliche und außerordentliche Mitglieder der Kassenärztlichen Vereinigungen sind, wählen getrennt aus ihrer Mitte und getrennt von den übrigen Mitgliedern in unmittelbarer und geheimer Wahl ihre Mitglieder in die Vertreterversammlungen. Sie sind im Verhältnis zu ihrer Zahl zu der der ordentlichen und außerordentlichen ärztlichen Mitglieder der Kassenärztlichen Vereinigungen in der Vertreterversammlung vertreten, höchstens aber mit einem Zehntel der Mitglieder der Vertreterversammlung. Der Anteil, der auf die Psychotherapeuten entfällt, die außerordentliche Mitglieder sind, ergibt sich aus dem Verhältnis ihrer Zahl zu der der Psychotherapeuten, die ordentliche Mitglieder der Kassenärztlichen Vereinigung sind, beträgt aber höchstens ein Fünftel der Psychotherapeuten in der Vertreterversammlung. Absatz 1 Satz 3 und 4 gilt für die Wahl der Vertreter der Psychotherapeuten in die Vertreterversammlung der Kassenärztlichen Bundesvereinigung entsprechend."

9. Nach § 91 Abs. 2 wird folgender Absatz eingefügt:

   „(2a) Soweit sich Richtlinien des Bundesausschusses der Ärzte und Krankenkassen gemäß § 92 Abs. 1 Satz 2 Nr. 1 auf die psychotherapeutische Versorgung beziehen, sind abweichend von Absatz 2 Satz 1 fünf psychotherapeutisch tätige Ärzte und fünf Psychotherapeuten sowie ein zusätzlicher Vertreter der Ersatzkassen zu benennen. Unter den psychotherapeutisch tätigen Ärzten und den Psychotherapeuten muß jeweils ein im Bereich der Kinder- und Jugendlichenpsychotherapie tätiger Leistungserbringer sein. Für die erstmalige Beschlußfassung der Richtlinien nach § 92 Abs. 6a Satz 3 werden die Vertreter der Psychotherapeuten vom Bundesministerium für Gesundheit auf Vorschlag der für die beruflichen Interessen maßgeblichen Spitzenorganisationen der Psychotherapeuten berufen."

10. Nach § 92 Abs. 6 wird folgender Absatz eingefügt:

    „(6a) In den Richtlinien nach Absatz 1 Satz 2 Nr. 1 ist insbesondere das Nähere über die psychotherapeutisch behandlungsbedürftigen Krankheiten, die zur Krankenbehandlung geeigneten Verfahren, das Antrags- und Gutachterverfahren, die probatorischen Sitzungen sowie über Art, Umfang und Durchführung der Behandlung zu regeln. Die Richtlinien haben darüber hinaus Regelungen zu treffen über die inhaltlichen Anforderungen an den Konsiliarbericht und an die fachlichen Anforderungen des den Konsiliarbericht (§ 28 Abs. 3) abgebenden Vertragsarztes. Sie sind erstmalig zum 31. Dezember 1998 zu beschließen und treten am 1. Januar 1999 in Kraft."

11. § 95 wird wie folgt geändert:
    a) In Absatz 2 Satz 3 Nr. 1 werden nach dem Wort „Vertragsärzte" die Wörter „und nach § 95 c für Psychotherapeuten" eingefügt.
    b) Absatz 7 wird wie folgt geändert:
       aa) Nach Satz 3 wird folgender Satz eingefügt:
           „Satz 3 Nr. 2 gilt für Psychotherapeuten mit der Maßgabe, daß sie vor dem 1. Januar 1999 an der ambulanten Versorgung der Versicherten mitgewirkt haben."

bb) Im bisherigen Satz 4 wird die Angabe „Sätze 2 und 3“ durch die Angabe „Sätze 2 bis 4“ ersetzt.

c) Folgende Absätze werden angefügt:

„(10) Psychotherapeuten werden zur vertragsärztlichen Versorgung zugelassen, wenn sie

1. bis zum 31. Dezember 1998 die Voraussetzung der Approbation nach § 12 des Psychotherapeutengesetzes und des Fachkundenachweises nach § 95c Satz 2 Nr. 3 erfüllt und den Antrag auf Erteilung der Zulassung gestellt haben,
2. bis zum 31. März 1999 die Approbationsurkunde vorlegen und
3. in der Zeit vom 25. Juni 1994 bis zum 24. Juni 1997 an der ambulanten psychotherapeutischen Versorgung der Versicherten der gesetzlichen Krankenversicherung teilgenommen haben.

Der Zulassungsausschuß hat über die Zulassungsanträge bis zum 30. April 1999 zu entscheiden.

(11) Psychotherapeuten werden zur vertragsärztlichen Versorgung ermächtigt, wenn sie

1. bis zum 31. Dezember 1998 die Voraussetzungen der Approbation nach § 12 des Psychotherapeutengesetzes erfüllt und 500 dokumentierte Behandlungsstunden oder 250 dokumentierte Behandlungsstunden unter qualifizierter Supervision in Behandlungsverfahren erbracht haben, die der Bundesausschuß der Ärzte und Krankenkassen in den bis zum 31. Dezember 1998 geltenden Richtlinien über die Durchführung der Psychotherapie in der vertragsärztlichen Versorgung anerkannt hat (Psychotherapie-Richtlinien in der Neufassung vom 3. Juli 1987 – BAnz. Nr. 156 Beilage Nr. 156a –, zuletzt geändert durch Bekanntmachung vom 12. März 1997 – BAnz. Nr. 49 S. 2946), und den Antrag auf Nachqualifikation gestellt haben,
2. bis zum 31. März 1999 die Approbationsurkunde vorlegen und
3. in der Zeit vom 25. Juni 1994 bis zum 24. Juni 1997 an der ambulanten psychotherapeutischen Versorgung der Versicherten der gesetzlichen Krankenversicherung teilgenommen haben.

Der Zulassungsausschuß hat über die Anträge bis zum 30. April 1999 zu entscheiden. Die erfolgreiche Nachqualifikation setzt voraus, daß die für die Approbation gemäß § 12 Abs. 1 und § 12 Abs. 3 des Psychotherapeutengesetzes geforderte Qualifikation, die geforderten Behandlungsstunden, Behandlungsfälle und die theoretische Ausbildung in vom Bundesausschuß der Ärzte und Krankenkassen anerkannten Behandlungsverfahren erbracht wurden. Bei Nachweis des erfolgreichen Abschlusses der Nachqualifikation hat der Zulassungsausschuß auf Antrag die Ermächtigung in eine

Zulassung umzuwandeln. Die Ermächtigung des Psychotherapeuten erlischt bei Beendigung der Nachqualifikation, spätestens fünf Jahre nach Erteilung der Ermächtigung; sie bleibt jedoch bis zur Entscheidung des Zulassungsausschusses erhalten, wenn der Antrag auf Umwandlung bis fünf Jahre nach Erteilung der Ermächtigung gestellt wurde.

(11a) Für einen Psychotherapeuten, der bis zum 31. Dezember 1998 wegen der Betreuung und der Erziehung eines Kindes in den ersten drei Lebensjahren, für das ihm die Personensorge zustand und mit dem er in einem Haushalt gelebt hat, keine Erwerbstätigkeit ausgeübt hat, wird die in Absatz 11 Satz 1 Nr. 1 genannte Frist zur Antragstellung für eine Ermächtigung und zur Erfüllung der Behandlungsstunden um den Zeitraum hinausgeschoben, der der Kindererziehungszeit entspricht, höchstens jedoch um drei Jahre. Die Ermächtigung eines Psychotherapeuten ruht in der Zeit, in der er wegen der Betreuung und der Erziehung eines Kindes in den ersten drei Lebensjahren, für das ihm die Personensorge zusteht und das mit ihm in einem Haushalt lebt, keine Erwerbstätigkeit ausübt. Sie verlängert sich längstens um den Zeitraum der Kindererziehung.

(11b) Für einen Psychotherapeuten, der in dem in Absatz 10 Satz 1 Nr. 3 und Absatz 11 Satz 1 Nr. 3 genannten Zeitraum wegen der Betreuung und Erziehung eines Kindes in den ersten drei Lebensjahren, für das ihm die Personensorge zustand und mit dem er in einem Haushalt gelebt hat, keine Erwerbstätigkeit ausgeübt hat, wird der Beginn der Frist um die Zeit vorverlegt, die der Zeit der Kindererziehung in dem Dreijahreszeitraum entspricht. Begann die Kindererziehungszeit vor dem 25. Juni 1994, berechnet sich die Frist vom Zeitpunkt des Beginns der Kindererziehungszeit an.

(12) Der Zulassungsausschuß kann über Zulassungsanträge von Psychotherapeuten und überwiegend oder ausschließlich psychotherapeutisch tätige Ärzte, die nach dem 31. Dezember 1998 gestellt werden, erst dann entscheiden, wenn der Landesausschuß der Ärzte und Krankenkassen die Feststellung nach § 103 Abs. 1 Satz 1 getroffen hat. Anträge nach Satz 1 sind wegen Zulassungsbeschränkungen auch dann abzulehnen, wenn diese bei Antragstellung noch nicht angeordnet waren.

(13) In Zulassungssachen der Psychotherapeuten und der überwiegend oder ausschließlich psychotherapeutisch tätigen Ärzte (§ 101 Abs. 4 Satz 1) treten abweichend von § 96 Abs. 2 Satz 1 und § 97 Abs. 2 Satz 1 an die Stelle der Vertreter der Ärzte Vertreter der Psychotherapeuten und der Ärzte in gleicher Zahl; unter den Vertretern der Psychotherapeuten muß mindestens ein Kinder- und

Jugendlichenpsychotherapeut sein. Für die erstmalige Besetzung der Zulassungsausschüsse und der Berufungsausschüsse nach Satz 1 werden die Vertreter der Psychotherapeuten von der zuständigen Aufsichtsbehörde auf Vorschlag der für die beruflichen Interessen maßgeblichen Organisationen der Psychotherapeuten auf Landesebene berufen."

12. Nach § 95b wird folgender Paragraph eingefügt:

„§ 95c

Voraussetzung für die Eintragung von Psychotherapeuten in das Arztregister

Bei Psychotherapeuten setzt die Eintragung in das Arztregister voraus:

1. die Approbation als Psychotherapeut nach § 2 oder 12 des Psychotherapeutengesetzes und
2. den Fachkundenachweis.

Der Fachkundenachweis setzt voraus:

1. für den nach § 2 Abs. 1 des Psychotherapeutengesetzes approbierten Psychotherapeuten, daß der Psychotherapeut die vertiefte Ausbildung gemäß § 8 Abs. 3 Nr. 1 des Psychotherapeutengesetzes in einem durch den Bundesausschuß der Ärzte und Krankenkassen nach § 92 Abs. 6a anerkannten Behandlungsverfahren abgeschlossen hat;
2. für den nach § 3 Abs. 2 und Abs. 3 des Psychotherapeutengesetzes approbierten Psychotherapeuten, daß die der Approbation zugrundeliegende Ausbildung und Prüfung in einem durch den Bundesausschuß der Ärzte und Krankenkassen nach § 92 Abs. 6a anerkannten Behandlungsverfahren abgeschlossen wurde;
3. für den nach § 12 des Psychotherapeutengesetzes approbierten Psychotherapeuten, daß er die für eine Approbation geforderte Qualifikation, Weiterbildung oder Behandlungsstunden, Behandlungsfälle und die theoretische Ausbildung in einem durch den Bundesausschuß der Ärzte und Krankenkassen nach § 92 Abs. 1 Satz 2 Nr. 1 anerkannten Behandlungsverfahren nachweist."

13. Dem § 101 wird folgender Absatz angefügt:

„(4) Überwiegend oder ausschließlich psychotherapeutisch tätige Ärzte und Psychotherapeuten bilden eine Arztgruppe im Sinne des § 101 Abs. 2. Der allgemeine bedarfsgerechte Versorgungsgrad ist für diese Arztgruppe erstmals zum Stand vom 1. Januar 1999 zu ermitteln. Zu zählen sind die zugelassenen Ärzte sowie die Psychotherapeuten, die nach § 95 Abs. 10 zugelassen werden. Dabei sind überwiegend psychotherapeutisch tätige Ärzte mit dem Faktor 0,7 zu berücksichtigen. In den Richtlinien nach Absatz 1 ist für die Zeit bis zum 31. Dezember

2008 sicherzustellen, daß jeweils mindestens ein Versorgungsanteil in Höhe von 40 vom Hundert der allgemeinen Verhältniszahlen den überwiegend oder ausschließlich psychotherapeutisch tätigen Ärzten sowie den Psychotherapeuten vorbehalten ist. Bei der Feststellung der Überversorgung nach § 103 Abs. 1 sind die Versorgungsanteile von 40 vom Hundert und die ermächtigten Psychotherapeuten nach § 95 Abs. 11 mitzurechnen."

14. § 117 wird wie folgt geändert:

    a) Der bisherige Text wird Absatz 1.

    b) Folgender Absatz wird angefügt:

    „(2) Absatz 1 gilt entsprechend für die Ermächtigung poliklinischer Institutsambulanzen an Psychologischen Universitätsinstituten im Rahmen des für Forschung und Lehre erforderlichen Umfangs und an Ausbildungsstätten nach § 6 des Psychotherapeutengesetzes zur ambulanten psychotherapeutischen Behandlung der Versicherten und der in § 75 Abs. 3 genannten Personen in Behandlungsverfahren, die vom Bundesausschuß der Ärzte und Krankenkassen nach § 92 Abs. 6a anerkannt sind, sofern die Krankenbehandlung unter der Verantwortung von Personen stattfindet, die die fachliche Qualifikation für die psychotherapeutische Behandlung im Rahmen der vertragsärztlichen Versorgung erfüllen. Im Rahmen der Ermächtigung poliklinischer Institutsambulanzen an Psychologischen Universitätskliniken sind Fallbegrenzungszahlen vorzusehen. Für die Vergütung gilt § 120 entsprechend."

15. In § 285 Abs. 4 wird nach dem Wort „Ärzte" das Wort „ Psychotherapeuten" eingefügt.

Artikel 3
Änderung des Siebten Buches Sozialgesetzbuch

In § 4 Abs. 3 des Siebten Buches Sozialgesetzbuch – Gesetzliche Unfallversicherung – (Artikel 1 des Gesetzes vom 7. August 1996, BGBl. I S. 1254), zuletzt geändert durch Artikel 2 Abs. 27 des Gesetzes vom 17. Dezember 1997 (BGBl. I S. 3108), werden nach dem Wort „Tierärzte," die Wörter „Psychologische Psychotherapeuten, Kinder- und Jugendlichenpsychotherapeuten," eingefügt.

Artikel 4
Änderung des Strafgesetzbuches

In § 132a Abs. 1 Nr. 2 des Strafgesetzbuches in der Fassung der Bekanntmachung vom 10. März 1987 (BGBl. I S. 945, 1160), das zuletzt durch Artikel 1 des Gesetzes vom 4. Mai 1998 (BGBl. I S. 845) geändert worden ist, werden nach dem Wort „Zahnarzt," die Wörter „Psychologischer Psychotherapeut, Kinder- und Jugendlichenpsychotherapeut, Psychotherapeut," eingefügt.

Artikel 5
Änderung der Strafprozeßordnung

Die Strafprozeßordnung in der Fassung der Bekanntmachung vom 7. April 1987 (BGBl. I S. 1074, 1319), zuletzt geändert durch Artikel 2 des Gesetzes vom 4. Mai 1998 (BGBl. I S. 845), wird wie folgt geändert:

1. In § 53 Abs. 1 Nr. 3 werden nach dem Wort „Zahnärzte," die Wörter „Psychologische Psychotherapeuten, Kinder- und Jugendlichenpsychotherapeuten," eingefügt.
2. In § 97 Abs. 2 Satz 2 werden nach dem Wort „Zahnärzte," die Wörter „Psychologische Psychotherapeuten, Kinder- und Jugendlichenpsychotherapeuten," eingefügt.

Artikel 6
Änderung der Abgabenordnung

In § 102 Abs. 1 Nr. 3 Buchstabe c der Abgabenordnung in der Fassung der Bekanntmachung vom 16. März 1976 (BGBl. I S. 613, 1977 I S. 269), die zuletzt durch Artikel 4 Abs. 8 des Gesetzes vom 26. Januar 1998 (BGBl. I S. 164, 583) geändert worden ist, werden nach dem Wort „Zahnärzte," die Wörter „Psychologische Psychotherapeuten, Kinder- und Jugendlichenpsychotherapeuten," eingefügt.

Artikel 7
Änderung der Zulassungsverordnung für Vertragsärzte

Die Zulassungsverordnung für Vertragsärzte in der im Bundesgesetzblatt Teil III, Gliederungsnummer 8230–25, veröffentlichten bereinigten Fassung, zuletzt geändert durch Artikel 14 des Gesetzes vom 23. Juni 1997 (BGBl. I S. 1520), wird wie folgt geändert:

1. § 1 wird wie folgt geändert:
   a) Absatz 2 wird wie folgt geändert:
      aa) Buchstabe a wird wie folgt gefaßt:
          „a) die zugelassenen Ärzte und Psychotherapeuten,".
      bb) In Buchstabe b werden nach der Angabe „§ 3" die Wörter „und Psychotherapeuten, die die Voraussetzungen des § 95c des Fünften Buches Sozialgesetzbuch" eingefügt.
   b) Folgender Absatz wird angefügt:
      „(3) Diese Verordnung gilt für Psychotherapeuten entsprechend."

2. § 47 wird wie folgt geändert:
   a) Der bisherige Text wird Absatz 1.
   b) Folgender Absatz wird angefügt:
      „(2) Die §§ 25 und 31 Abs. 9 gelten erst für Anträge von Psychotherapeuten, die nach dem 31. Dezember 1998 gestellt werden."

Artikel 8
Änderung des Beschäftigungs- und Arbeitstherapeutengesetzes

. . .

Artikel 9
Änderung des Krankenhausfinanzierungsgesetzes

. . .

Artikel 10
Überleitungsvorschrift

Die Rechtsstellung der bis zum 31. Dezember 1998 an der psychotherapeutischen Versorgung der Versicherten der gesetzlichen Krankenversicherung teilnehmenden nichtärztlichen Leistungserbringer bleibt bis zur Entscheidung des Zulassungsausschusses über deren Zulassung oder Ermächtigung unberührt, sofern sie einen Antrag auf Zulassung oder Ermächtigung bis zum 31. Dezember 1998 gestellt haben.

Artikel 11
Übergangsregelung zur Vergütung psychotherapeutischer Leistungen

(1) Die Vertragsparteien des Gesamtvertrages nach § 82 Abs. 2 des Fünften Buches Sozialgesetzbuch vereinbaren für das Jahr 1999 das für die Vergütung psychotherapeutischer Leistungen höchstens zur Verfügung stehende Ausgabenvolumen. Dieses Ausgabenvolumen besteht aus

1. dem für die Vergütung psychotherapeutischer Leistungen in der vertragsärztlichen Versorgung im Jahr 1996 aufgewendeten und um die nach § 85 Abs. 3 des Fünften Buches Sozialgesetzbuch für die Jahre 1997 und 1998 vereinbarten Veränderungen erhöhten Vergütungsvolumen und
2. einem Ausgabenvolumen, das den im Jahr 1996 für psychotherapeutische Leistungen außerhalb der vertragsärztlichen Versorgung entrichteten Vergütungen entspricht, höchstens jedoch 1 vom Hundert der nach § 85 Abs. 1 des Fünften Buches Sozialgesetzbuch im Jahr 1996 entrichteten Gesamtvergütungen.

Übersteigen die von einer Krankenkasse im Jahr 1996 für psychotherapeutische Leistungen außerhalb der vertragsärztlichen Versorgung entrichteten Vergütungen den in Satz 2 Nr. 2 genannten Anteilswert, ist ein entsprechend erhöhtes Vergütungsvolumen zu vereinbaren; die für die Krankenkasse zuständige Aufsichtsbehörde prüft die dieser Vereinbarung zugrundeliegenden Angaben zur Höhe des Ausgabenvolumens.

(2) Soweit der für die Vergütung psychotherapeutischer Leistungen geltende Punktwert den für die Vergütung der Leistungen nach Kapitel B II des Einheitlichen Bewertungsmaßstabs geltenden durchschnittlichen rechnerischen Punktwert der beteiligten Krankenkassen um mehr als 10 vom Hundert unterschreitet, haben die Vertragsparteien nach Absatz 1 geeignete Maßnahmen zur Begrenzung der Punktwertdifferenz zu treffen.

(3) Das Ausgabenvolumen nach Absatz 1 verringert sich um die Beträge, die von der Krankenkasse nach § 13 Abs. 3 des Fünften Buches Sozialgesetzbuch als Erstattungen für psychotherapeutische Leistungen aufgewendet worden sind. Für die Erstattungen nach Satz 1 gilt § 13 Abs. 2 Satz 3.

Artikel 12
Änderung des Sozialgerichtsgesetzes

Das Sozialgerichtsgesetz in der Fassung der Bekanntmachung vom 23. September 1975 (BGBl. I S. 2535), zuletzt geändert durch Artikel 1 des Gesetzes vom 30. März 1998 (BGBl. I S. 638), wird wie folgt geändert:

1. In § 10 Abs. 2 werden nach dem Wort „Ärzten“ die Wörter „einschließlich der Psychotherapeuten“ eingefügt.
2. In § 12 Abs. 3 werden die Wörter „Kassenärzte (Kassenzahnärzte)“ jeweils durch die Wörter „Ärzte, Zahnärzte und Psychotherapeuten“ ersetzt.
3. In § 51 Abs. 2 Satz 1 Nr. 1 und 2 wird nach dem Wort „Zahnärzten,“ jeweils das Wort „Psychotherapeuten,“ eingefügt.

Artikel 13
Änderung des Neunten SGB V-Änderungsgesetzes

In Artikel 1 Nr. 2 des Neunten SGB V-Änderungsgesetzes vom 8. Mai 1998 (BGBl. I S. 907) wird § 28a Satz 2 wie folgt gefaßt:

„Satz 1 gilt nicht für die ersten zwei der Sitzungen oder der probatorischen Sitzung und den Konsiliarbericht.“

Artikel 14
Rückkehr zum einheitlichen Verordnungsrang

Der auf Artikel 7 beruhende Teil der geänderten Rechtsverordnung kann auf Grund der einschlägigen Ermächtigung durch Rechtsverordnung geändert werden.

Artikel 15
Inkrafttreten

(1) Artikel 1 §§ 8, 9 und 11, Artikel 2 Nr. 9, soweit er § 91 Abs. 2a Satz 3 SGB V einfügt, Artikel 2 Nr. 10, soweit er § 92 Abs. 6a Satz 3 SGB V einfügt, und Artikel 2 Nr. 11 Buchstabe c, soweit er § 95 Abs. 10 und 11 einfügt, treten am Tage nach der Verkündung in Kraft.

(2) Artikel 11 tritt am 31. Dezember 1999 außer Kraft.

(3) Im übrigen tritt dieses Gesetz am 1. Januar 1999 in Kraft.

II.
Neuntes Gesetz zur Änderung des Fünften Buches Sozialgesetzbuch (Neuntes SGB V-Änderungsgesetz – 9. SGB V-ÄndG)

Vom 8. Mai 1998 (BGBl. I S. 907)

Der Bundestag hat das folgende Gesetz beschlossen:

Artikel 1
Änderung des Fünften Buches Sozialgesetzbuch

Das Fünfte Buch Sozialgesetzbuch – Gesetzliche Krankenversicherung – (Artikel 1 des Gesetzes vom 20. Dezember 1988, BGBl. I S. 2477), zuletzt geändert durch Artikel 3 des Gesetzes vom 6. April 1998 (BGBl. I S. 688), wird wie folgt geändert:

1. § 28 Abs. 2 wird wie folgt gefaßt:

   „(2) Die zahnärztliche Behandlung umfaßt die Tätigkeit des Zahnarztes, die zur Verhütung, Früherkennung und Behandlung von Zahn-, Mund- und Kieferkrankheiten nach den Regeln der zahnärztlichen Kunst ausreichend und zweckmäßig ist. Wählen Versicherte bei Zahnfüllungen eine darüber hinausgehende Versorgung, haben sie die Mehrkosten selbst zu tragen. In diesen Fällen ist von den Kassen die vergleichbare preisgünstigste plastische Füllung als Sachleistung abzurechnen. In Fällen des Satzes 2 ist vor Beginn der Behandlung eine schriftliche Vereinbarung zwischen dem Zahnarzt und dem Versicherten zu treffen. Die Mehrkostenregelung gilt nicht für Fälle, in denen intakte plastische Füllungen ausgetauscht werden. Nicht zur zahnärztlichen Behandlung gehört die kieferorthopädische Behandlung von Versicherten, die zu Beginn der Behandlung das 18. Lebensjahr vollendet haben. Dies gilt nicht für Versicherte mit schweren Kieferanomalien, die ein Ausmaß haben, das kombinierte kieferchirurgische und kieferorthopädische Behandlungsmaßnahmen erfordert. Ebenso gehören funktionsanalytische und funktionstherapeutische Maßnahmen nicht zur zahnärztlichen Behandlung; sie dürfen von den Krankenkassen auch nicht bezuschußt werden. Das gleiche gilt für implantologische Leistungen einschließlich der Suprakonstruktion, es sei denn, es liegen seltene vom Bundesausschuß der Zahnärzte und Krankenkassen in Richtlinien nach § 92 Abs. 1 festzulegende Ausnahmeindikationen für besonders schwere Fälle vor, in denen die Krankenkasse diese Leistungen als Sachleistung im Rahmen einer medizinischen Gesamtbehandlung erbringt. Absatz 1 Satz 2 gilt entsprechend."

2. Nach § 28 wird folgender Paragraph eingefügt:

   „§ 28a
   Zuzahlung zu psychotherapeutischer Behandlung

   Versicherte, die das 18. Lebensjahr vollendet haben, leisten zu den Kosten der psychotherapeutischen Behandlung eine Zuzahlung von zehn Deutsche Mark je Sitzung an den Leistungserbringer. Dies gilt nicht für die in § 28 Abs. 3 Satz 3 genannten Sitzungen und den Konsiliarbericht. Der Vergütungsanspruch des Leistungserbringers verringert sich für jede Sitzung um den Zuzahlungsbetrag; dies gilt nicht, wenn der Versicherte nach § 61 Abs. 1 Nr. 1 vollständig befreit ist oder soweit die Krankenkasse Zuzahlungen nach § 62 Abs. 1a zu übernehmen hat."

3. In § 61 Abs. 1 Nr. 1 werden nach den Wörtern „Zuzahlung zu" die Wörter „psychotherapeutischer Behandlung," eingefügt.

4. § 62 wird wie folgt geändert:

   a) Nach Absatz 1 wird folgender Absatz eingefügt:

      „(1a) Die Krankenkasse hat die dem Versicherten während eines Kalenderjahres entstandenen Zuzahlungen zu psychotherapeutischer Behandlung zu übernehmen, soweit sie die Belastungsgrenze übersteigen. Absatz 1 Satz 2 bis 4 gilt entsprechend."

   b) In Absatz 2 werden die Worte „Belastungsgrenze nach Absatz 1" durch die Worte „Belastungsgrenzen nach den Absätzen 1 und 1a" ersetzt.

5. In § 62a Abs. 1 Satz 1 wird nach der Angabe „§ 24 Abs. 3," die Angabe „§ 28a," eingefügt.

6. Dem § 85 Abs. 3 wird folgender Satz angefügt:

   „Die Gesamtvergütungen vermindern sich um die von den Versicherten geleisteten Zuzahlungen nach § 28a."

Artikel 2
Änderung der Reichsversicherungsordnung

§ 196 Abs. 2 der Reichsversicherungsordnung in der im Bundesgesetzblatt Teil III, Gliederungsnummer 820–1, veröffentlichten bereinigten Fassung, die zuletzt durch Artikel 14 § 22 des Gesetzes vom 16. Dezember 1997 (BGBl. I S. 2942) geändert worden ist, wird wie folgt gefaßt:

„(2) Bei Schwangerschaftsbeschwerden und im Zusammenhang mit der Entbindung gelten die §§ 28a, 31 Abs. 3, § 32 Abs. 2 und § 33 Abs. 2 des Fünften Buches Sozialgesetzbuch nicht.“

Artikel 3
Änderung des Gesetzes über die Krankenversicherung der Landwirte

§ 23 Abs. 2 des Gesetzes über die Krankenversicherung der Landwirte vom 10. August 1972 (BGBl. I S. 1433), das zuletzt durch Artikel 4 des Gesetzes vom 23. Juni 1997 (BGBl. I S. 1520) geändert worden ist, wird wie folgt gefaßt:

„(2) Bei Schwangerschaftsbeschwerden und im Zusammenhang mit der Entbindung gelten die §§ 28a, 31 Abs. 3, § 32 Abs. 2 und § 33 Abs. 2 des Fünften Buches Sozialgesetzbuch nicht.“

Artikel 4
Inkrafttreten

Dieses Gesetz tritt am 1. Januar 1999 in Kraft.

III.
Gesetz zur Stärkung der Solidarität in der gesetzlichen Krankenversicherung (GKV-Solidaritätsstärkungsgesetz – GKV-SolG)

Vom 19. Dezember 1998
– Auszug –

Der Bundestag hat mit Zustimmung des Bundesrates das folgende Gesetz beschlossen:

. . .

Artikel 2
Änderung des Neunten SGB V-Änderungsgesetzes

Das Neunte SGB V-Änderungsgesetz vom 8. Mai 1998 (BGBl. I S. 907), zuletzt geändert durch Artikel 13 des Gesetzes vom 16. Juni 1998 (BGBl. I S. 1311), wird wie folgt geändert:

a) Artikel 1 Nr. 2 bis 6 wird aufgehoben.

b) In den Artikeln 2 und 3 wird die Angabe „28a," jeweils gestrichen.

. . .

Artikel 9
Änderung des Gesetzes über die Berufe des Psychologischen Psychotherapeuten und des Kinder- und Jugendlichenpsychotherapeuten, zur Änderung des Fünften Buches Sozialgesetzbuch und anderer Gesetze

Das Gesetz über die Berufe des Psychologischen Psychotherapeuten und des Kinder- und Jugendlichenpsychotherapeuten, zur Änderung des Fünften Buches Sozialgesetzbuch und anderer Gesetze vom 16. Juni 1998 (BGBl. I S. 1311) wird wie folgt geändert:

1. Artikel 11 wird wie folgt geändert:

   a) Absatz 1 wird wie folgt geändert:

      aa) In Satz 2 Nr. 1 werden nach dem Wort „vereinbarten" die Worte „sowie der nach Artikel 18 des GKV-Solidaritätsstärkungsgesetzes für 1999 bestimmten" eingefügt.

      bb) In Satz 2 Nr. 2 und in Satz 3 wird die Angabe „1996" durch die Angabe „1997" ersetzt.

   b) In Absatz 3 Satz 2 wird die Angabe „§ 13 Abs. 2 Satz 3" durch die Angabe „§ 13 Abs. 2 Satz 2" ersetzt.

2. Artikel 13 wird aufgehoben.

. . .

Artikel 14
Gesamtvergütung der Vertragsärzte im Jahr 1999

(1) Die nach § 85 Abs. 3 Fünftes Buch Sozialgesetzbuch zu vereinbarenden Veränderungen der Gesamtvergütungen der Vertragsärzte als Ausgabenvolumen für die Gesamtheit der zu vergütenden ärztlichen Leistungen dürfen sich im Jahr 1999 höchstens um die nach Artikel 18 festgestellte Veränderungsrate der beitragspflichtigen Einnahmen der Mitglieder aller Krankenkassen je Mitglied im Jahr 1998 verändern; die Vomhundertsätze sind für das Beitrittsgebiet und das übrige Bundesgebiet getrennt anzuwenden. Die Veränderungen der Gesamtvergütungen im Jahr 1999 sind auf das entsprechend der Veränderung der beitragspflichtigen Einnahmen im Jahr 1998 veränderte Vergütungsvolumen des Jahres 1997 zu beziehen. Zur Vergütung von Leistungen, die aufgrund von vor dem 30. November 1998 vereinbarten Strukturverträgen nach § 73a Fünftes Buch Sozialgesetzbuch erbracht werden, können die Gesamtvergütungen nach Satz 1 und 2 um bis zu 0,6 vom Hundert erhöht werden. Eine Veränderung der Zahl der Mitglieder der beteiligten Krankenkassen in den Jahren 1997 bis 1999 ist zu beachten. § 85 Abs. 3c erster Halbsatz Fünftes Buch Sozialgesetzbuch gilt nicht.

(1a) Übersteigt die nach Artikel 18 festgestellte Veränderungsrate der beitragspflichtigen Einnahmen der Mitglieder aller Krankenkassen je Mitglied im früheren Bundesgebiet die entsprechende Veränderungsrate im gesamten Bundesgebiet, werden die Gesamtvergütungen im Bereich der Kassenärztlichen Vereinigungen im Beitrittsgebiet für 1999 durch Ausgleich unter den Kassenärztlichen Vereinigungen insgesamt um die Vergütungssumme erhöht, welche sich aus der Differenz der nach Absatz 1 vereinbarten Veränderungsraten je Mitglied im früheren Bundesgebiet und der Veränderungsrate der beitragspflichtigen Einnahmen der Mitglieder aller Krankenkassen je Mitglied im gesamten Bundesgebiet ergibt. Das Nähere über den Ausgleich und die Einzelheiten des Zahlungsverkehrs bestimmt die Kassenärztliche Bundesvereinigung in Richtlinien nach § 75 Abs. 7 des Fünften Buches Sozialgesetzbuch.

(1b) Absatz 1a gilt für Absatz 1 Satz 2 entsprechend.

(2) Die Gesamtvergütungen im Jahr 1999 werden um das nach Artikel 11 Abs. 1 Satz 2 Nr. 2 und Satz 3 des Gesetzes über die Berufe des Psychologischen Psychotherapeuten und des Kinder- und Jugendlichenpsychotherapeuten, zur Änderung des Fünften Buches Sozialgesetzbuch und an-

derer Gesetze bestimmte, um 40 vom Hundert erhöhte, Ausgabenvolumen für die Vergütung psychotherapeutischer Leistungen erhöht.

(3) Das in der Gesamtvergütung für die vertragsärztliche Versorgung von den Krankenkassen für die Vergütung psychotherapeutischer Leistungen nach Artikel 11 Abs. 1 und 2 des Gesetzes über die Berufe des Psychologischen Psychotherapeuten und des Kinder- und Jugendlichenpsychotherapeuten, zur Änderung des Fünften Buches Sozialgesetzbuch und anderer Gesetze entrichtete Ausgabenvolumen für die Vergütung psychotherapeutischer Leistungen ist bei der Honorarverteilung nach § 85 Abs. 4 Fünftes Buch Sozialgesetzbuch nur zur Vergütung dieser Leistungen zu verwenden. Die psychotherapeutischen Leistungen der Ärzte und der Psychotherapeuten dürfen nicht unterschiedlich vergütet werden.

(4) Vertragsärztliche Leistungen nach den §§ 25 und 26 des Fünften Buches Sozialgesetzbuch, die ärztlichen Leistungen im Rahmen des § 196 Abs. 1 der Reichsversicherungsordnung sowie die ärztlichen Leistungen im Rahmen der von den Krankenkassen satzungsgemäß übernommenen Schutzimpfungen sowie vertragsärztliche Leistungen bei der Substitutionsbehandlung der Drogenabhängigkeit gemäß den Richtlinien des Bundesausschusses der Ärzte und Krankenkassen werden von den Krankenkassen außerhalb der nach Absatz 1 vereinbarten Gesamtvergütungen vergütet.

(5) Vergütungsansprüche der Kassenärztlichen Vereinigungen gegenüber Krankenkassen aus Verträgen, die im Jahr 1999 gelten, verändern sich für die das Jahr 1999 betreffende Geltungsdauer nach Maßgabe der Regelung der Absätze 1 bis 3 entsprechend.

(6) Für Leistungen nach § 85 Abs. 3a Satz 4 des Fünften Buches Sozialgesetzbuch gilt Absatz 1 entsprechend.

...

Artikel 26
Inkrafttreten, Außerkrafttreten

(1) Artikel 3 tritt mit Wirkung vom 1. Januar 1998 in Kraft.

(1a) Artikel 5 Nr. 1 tritt am Tage nach der Verkündung in Kraft.

(2) Im übrigen tritt das Gesetz am 1. Januar 1999 in Kraft.

(3) Mit Inkrafttreten des Artikels 22 tritt § 2 der Vierten Verordnung zur Anpassung der Höhe der Vergütungen nach der Gebührenordnung für Ärzte, der Gebührenordnung für Zahnärzte sowie nach der Hebammenhilfe-Gebührenverordnung in dem in Artikel 3 des Einigungsvertrages genannten Gebiet vom 27. September 1996 (BGBl. I S. 1488) außer Kraft.

Das vorstehende Gesetz wird hiermit ausgefertigt und wird im Bundesgesetzblatt verkündet.

Berlin, den 19. Dezember 1998

Der Bundespräsident
Roman Herzog

Der Bundeskanzler
Gerhard Schröder

Die Bundesministerin für Gesundheit
Andrea Fischer

Teil B

Erläuterungen

I.
Berufsrechtlicher Teil

1. Die Situation vor dem Psychotherapeutengesetz

Die bisherige berufsrechtliche Situation der Psychotherapeuten war von großer Unsicherheit geprägt, da nach geltendem Recht das HPG für die Ausübung von Heilkunde maßgeblich ist. Dieses legt fest, daß „Heilkunde" nur von Ärzten oder Heilpraktikern ausgeübt werden darf und definiert zugleich als Ausübung von Heilkunde jede berufs- oder gewerbsmäßig vorgenommene Tätigkeit zur Feststellung, Heilung oder Linderung von Krankheiten, Leiden oder sonstigen Körperschäden beim Menschen, auch wenn sie im Dienste anderer ausgeübt wird. Nach landläufiger Auffassung zählt auch die psychotherapeutische Tätigkeit zur Ausübung von Heilkunde im Sinne des HPG. Psychotherapeuten, die keine Ärzte sind, benötigen daher nach geltender Rechtslage grundsätzlich eine Heilpraktikererlaubnis, um psychotherapeutisch arbeiten zu dürfen.

In der Realität hat sich jedoch gezeigt, daß die Länder, die für die Durchführung des HPG zuständig sind, dieses höchst unterschiedlich anwenden, so daß nicht immer nur approbierte Ärzte oder Heilpraktiker psychotherapeutisch tätig gewesen und auch weiterhin tätig sind.

Außerdem – und dies zeigt sich auch an der Definition des Begriffs der Ausübung von Psychotherapie nach dem PsychThG (§ 1 Abs. 3) – kann die Abgrenzung der heilkundlichen Psychotherapie von einer rein psychologischen Tätigkeit in Einzelfällen schwierig sein. Wie auch im Bereich der somatisch bedingten Erkrankungen läßt sich daher in manchen Fällen trefflich über die Frage streiten, ob eine erlaubnispflichtige heilkundliche Behandlung oder eine erlaubnisfreie psychologische Betreuung stattgefunden hat.

Nicht zuletzt ist schließlich als Problem der bisherigen Psychotherapie im Rahmen des HPG die fehlende Anforderung des Gesetzes an eine qualifizierte Ausbildung zu erwähnen. Zwar verfügt die Mehrzahl der psychotherapeutisch tätigen Personen über eine solche Ausbildung; es ist jedoch nicht auszuschließen, daß auch Personen ohne entsprechende Vorbildung die Überprüfung der Gesundheitsämter im Hinblick auf die Frage, ob der Antragsteller eine Gefahr für die Volksgesundheit darstellt, mit Erfolg absolviert haben.

Diese berufsrechtliche Unsicherheit, in der sich die nichtärztliche Psychotherapie bisher bewegt hat, bewog den Gesetzgeber bereits 1978, zum erstenmal den Referentenentwurf eines Psychotherapeutengesetzes vorzulegen. Dieser scheiterte nicht zuletzt an der fehlenden Einbindung des geplanten neuen Berufs in das sozialversicherungsrechtliche System (Leistungserbringung im Rahmen der gesetzlichen Krankenversicherung).

Erst Anfang der neunziger Jahre hat das Bundesministerium für Gesundheit erneut Anlauf genommen und 1993 den Entwurf eines Psychotherapeutengesetzes, der auch eine krankenversicherungsrechtliche Regelung enthielt, in das Gesetzgebungsverfahren eingebracht. Nach vielen Problemen im Verlauf des Verfahrens scheiterte dieser Entwurf letztlich im Vermittlungsausschuß an der Tatsache, daß die Beteiligten über eine Zuzahlung des Patienten zu seiner psychotherapeutischen Behandlung kein Einvernehmen erzielen konnten. Erst 1997, ein Jahr vor dem Ende der 13. Legislaturperiode, haben die Koalitionsfraktionen von CDU/CSU und F.D.P. einen neuen („letzten") Vorstoß unternommen und den Entwurf des Gesetzes über die Berufe des Psychologischen Psychotherapeuten und des Kinder- und Jugendlichenpsychotherapeuten, zur Änderung des Fünften Buches Sozialgesetzbuch und anderer Gesetze erneut in den Deutschen Bundestag eingebracht.

Dieser Gesetzentwurf entsprach in seinem berufsrechtlichen Teil, dem eigentlichen Psychotherapeutengesetz (Artikel 1), weitgehend dem in der vorangegangenen Legislaturperiode gescheiterten Gesetz, hat aber im Verlauf des Gesetzgebungsverfahrens dennoch noch einige, zum Teil weitreichende Änderungen erfahren. Aufgrund veränderter Rahmenbedingungen – nämlich dem rechtskräftig gewordenen Verbot der sog. TK-Regelung im Bereich der Kostenerstattung – einem gesetzgeberischen Kunstgriff und dem Wunsch der Politiker, das Thema „berufsrechtliche Regelung für Psychotherapeuten" endlich zu einem Abschluß zu bringen, ist es diesem Gesetz nicht nur gelungen, im Deutschen Bundestag verabschiedet zu werden, sondern auch die Zustimmung des Bundesrates zu erlangen. Deshalb konnte das Psychotherapeutengesetz mit allen Folgen, die es berufsrechtlich für die jetzt und künftig psychotherapeutisch Tätigen haben wird, am 1. Januar 1999 endlich in Kraft treten.

Ob das Ziel des Gesetzgebers, mit einer gesetzlich geregelten Ausbildung die Verbesserung der Qualität des Berufs zu steigern und damit die psychotherapeutische Versorgung der Bevölkerung zu sichern, erreicht wird, bleibt abzuwarten. Der erste Schritt dazu ist jedoch gemacht.

2. Das System des Artikels 74 Abs. 1 Nr. 19 Grundgesetz

Das PsychThG folgt dem System des Artikels 74 Abs. 1 Nr. 19 GG. Danach hat der Bundesgesetzgeber das Recht, die Zulassung zu ärztlichen und anderen Heilberufen zu regeln. Von dieser Kompetenznorm hat der Bund bereits durch eine Vielzahl von Berufsgesetzen, wie z. B. bei den Ärzten,

Zahnärzten, Krankenschwestern/-pflegern, Hebammen, medizinisch-technischen Assistenten, Physiotherapeuten oder Logopäden, Gebrauch gemacht. Auch das PsychThG beruht auf dieser Gesetzgebungskompetenz und dient insbesondere dem Zweck, einheitliche Lebensverhältnisse in Deutschland herzustellen.

Den Bundesgesetzen, die die ärztlichen und anderen Ausbildungen regeln, ist gemeinsam, daß sie nicht nur die Struktur und Inhalte der Ausbildungen festlegen, sondern auch die Berufsbezeichnungen unter einen besonderen staatlichen Schutz stellen. Verstöße gegen diese Vorschriften können als Straftaten mit Freiheitsstrafe bis zu einem Jahr oder Geldstrafen bzw. als Ordnungswidrigkeiten sanktioniert werden.

Gemeinsam ist den Berufsgesetzen ferner, daß sie für eine einheitliche Ausbildung in Deutschland sorgen und damit dem Patienten einen geregelten Mindeststandard gewährleisten. Gemeinsam haben sie auch die Tatsache, daß sie nur die Erstzulassung zum Beruf regeln können. Die oben genannte Ermächtigungsnorm beinhaltet nicht die Kompetenz des Bundes, auch die Fort- und Weiterbildungen zu regeln; diese Aufgabe bleibt vielmehr in der Hand der Länder oder ggf. der einzelnen Verbände. Während die ärztlichen Fort- und Weiterbildungen durch die Ärztekammern bereits gut ausgebaut sind, stecken in weiten Bereichen insbesondere der nichtärztlichen Heilberufe derartige Regelungen noch in den Kinderschuhen. So gibt es z. B. im Bereich der ärztlichen Psychotherapie die Möglichkeiten zur Weiterbildung zum Facharzt für Psychiatrie und Psychotherapie oder zum Facharzt für psychotherapeutische Medizin. Eine vergleichbare Facharztausbildung existiert ebenfalls im Bereich der Kinder- und Jugendlichenpsychotherapie als Facharzt für Kinder- und Jugendlichenpsychiatrie und -psychotherapie.

Es bleibt zu hoffen, daß die Länder die in der Begründung des Gesetzentwurfs enthaltene Anregung des Bundesgesetzgebers aufgreifen, und für die neuen Berufe des Psychologischen Psychotherapeuten und des Kinder- und Jugendlichenpsychotherapeuten Kammern einrichten, die in Zukunft die Aufgaben der Regelung von Fort- und Weiterbildungen für ihre Mitglieder erfüllen werden.

Aus der Ermächtigungsnorm des Artikels 74 Abs. 1 Nr. 19 GG, die Bestandteil der konkurrierenden Gesetzgebung des Bundes ist, folgt das Mitspracherecht der Länder im Gesetzgebungsverfahren. Daher hat auch das PsychThG der Zustimmungspflicht durch den Bundesrat unterlegen.

Bedeutsam ist schließlich, daß das PsychThG zu den Gesetzen zählt, die nach Artikel 83 GG von den Ländern in eigener Zuständigkeit durchgeführt werden. Deshalb sind in allen Punkten, in denen der Gesetzgeber den zuständigen Behörden Aufgaben zuweist, die Länder gefordert, diese zu erfüllen. Dies gilt gleichermaßen für die ebenfalls am 1. Januar 1999 in Kraft getretenen Ausbildungs- und Prüfungsverordnungen.

Trotz aller damit verbundenen Schwierigkeiten, die auftreten, wenn 16 Länder und der Bund ein gemeinsames Ziel verfolgen, stellt das PsychThG dennoch wieder ein Beispiel für das Zusammenspielen von Bund und Ländern dar, auf dem die föderale Struktur unseres Staates beruht. Die Gefahr solcher Regelungen liegt darin, daß es in der Handhabung des Gesetzes zu Unterschieden in Deutschland kommen kann. Deshalb haben die Länder schon frühzeitig versucht, dem durch die Einrichtung einer Arbeitsgruppe zu begegnen. Ob dadurch eine uneinheitliche Handhabung des PsychThG ausgeschlossen werden kann, bleibt abzuwarten. Die Erfahrung mit den anderen gesetzlichen Regelungen zeigt jedoch, daß auch 16 Beteiligte bundeseinheitliche Standards entwickeln können.

3. Der Schutz der Berufsbezeichnung und der ausgeübten Tätigkeit

§ 1 PsychThG beinhaltet die Regelungen zum Schutz der Berufsbezeichnungen „Psychologischer Psychotherapeut", „Kinder- und Jugendlichenpsychotherapeut" sowie „Psychotherapeut". Er macht die Ausübung der Psychotherapie von dem Besitz einer Approbation abhängig und definiert zugleich, was im Sinne des PsychThG unter diesem Begriff zu verstehen ist. Schließlich beschränkt er noch, von im einzelnen geregelten Ausnahmen abgesehen, die Tätigkeit der Kinder- und Jugendlichenpsychotherapeuten auf die Behandlung von Kindern und Jugendlichen, die das 21. Lebensjahr noch nicht vollendet haben.

In § 1 ist mit der Vorschrift des Absatzes 1 zugleich eine Änderung des HPG enthalten. Dort ist bisher geregelt, daß Heilkunde nur von Ärzten und Heilpraktikern ausgeübt werden darf. Diese Bestimmung wird nun um die approbierten Psychotherapeuten erweitert, die auf dem Gebiet der Psychotherapie ebenfalls selbständig heilkundlich tätig werden dürfen. Voraussetzung hierfür ist das Vorliegen der entsprechenden Erlaubnis, die in Anlehnung an die ärztlichen Bestimmungen vom Gesetzgeber als „Approbation" bezeichnet wird.

Die Verwendung des Begriffs „Approbation" soll darauf hinweisen, daß die beiden neu geschaffenen Heilberufe nicht nur – wie die sog. nichtärztlichen Heilberufe – auf Veranlassung (Anordnung oder Verordnung) des Arztes tätig werden dürfen, sondern eine eigene Berechtigung zur Ausübung von Heilkunde erhalten und somit vom Arzt weitgehend unabhängig sind. Ihnen ist es zukünftig gestattet, die psychische Erkrankung, die der psychotherapeutischen Behandlung bedarf, festzustellen sowie die Art und Weise der

Behandlung festzulegen. Lediglich zur Abklärung der Frage, ob die Ursache der psychischen Störung nicht doch in einer körperlichen Erkrankung zu suchen ist, hat der Psychotherapeut abklären zu lassen (§ 1 Abs. 3 Satz 2). Es empfiehlt sich, den Patienten hierzu zu einem Arzt zu schicken.

Der sich in Form der Approbation von Psychologischen Psychotherapeuten und Kinder- und Jugendlichenpsychotherapeuten darstellende Eingriff in das bisher bestehende Therapiemonopol der Ärzte ist einer der Gründe, aus denen das Gesetzesvorhaben so umstritten war.

Die Approbation beinhaltet nicht nur die Erlaubnis zur Ausübung der Psychotherapie im Sinne des Gesetzes, sondern auch das Recht, die nunmehr durch das PsychThG geschützten Berufsbezeichnungen „Psychologischer Psychotherapeut“ oder „Kinder- und Jugendlichenpsychotherapeut“ führen zu dürfen.

Neben den genannten Bezeichnungen hat der Gesetzgeber außerdem die häufig – auch umgangssprachlich – benutzte Kurzform „Psychotherapeut“ unter seinen besonderen Schutz gestellt. Diese Bezeichnung darf allerdings neben den Psychologischen Psychotherapeuten und Kinder- und Jugendlichenpsychotherapeuten auch von Ärzten verwendet werden. Diese Entscheidung des Gesetzgebers zugunsten der Ärzte basiert u. a. darauf, daß Ärzte aufgrund ihrer umfassenden Berechtigung zur Ausübung der Heilkunde ohnehin psychotherapeutisch arbeiten dürfen und, wie die approbierten Psychotherapeuten, über eine staatlich geregelte Ausbildung mit abschließender staatlicher Prüfung verfügen.

Der zusätzliche Schutz der „Kurzbezeichnung“ Psychotherapeut hat sich im Verlauf des Gesetzgebungsverfahrens als erforderlich erwiesen; er geht auf einen Vorschlag des Gesundheitsausschusses im Deutschen Bundestag zurück. Diesem war klar geworden, daß alleine der Schutz der vollständigen Berufsbezeichnungen nicht den umfassenden Schutzzweck erfüllen konnte, der damit beabsichtigt war. Dem Patienten sollten daher auch unter Führung der Bezeichnung „Psychotherapeut“ nur noch die Behandler gegenübertreten dürfen, die über eine staatliche Ausbildung, verbrieft durch die Approbation, verfügen.

Da die Psychotherapie als Bestandteil der Heilkunde im übrigen nur von Heilpraktikern ausgeübt werden darf, sind diese von der gesetzlichen Neuregelung besonders betroffen. Der Gesetzgeber hat das allerdings im Interesse der Klarheit der Neuregelung bewußt in Kauf genommen, zumal ihm gleichzeitig bewußt war, daß mit dem Schutz der Bezeichnung kein Tätigkeitsverbot der Heilpraktiker verbunden wurde. Heilpraktikern ist es daher auch weiterhin erlaubt, psychotherapeutisch zu arbeiten. In welcher Form sie in Zukunft auf diese Tätigkeit hinweisen können, entscheiden die Länder. Tätigkeitsbezeichnungen wie der Hinweis auf die „Psychotherapie“ dürften daher keinen Verstoß gegen das PsychThG darstellen. Den Betroffenen ist es allerdings zu empfehlen, sich bei den zuständigen Landesbehörden nach der Bezeichnung zu erkundigen, die sie in Zukunft verwenden dürfen, da ein Verstoß gegen das Verbot, die geschützten Berufsbezeichnungen ohne Approbation zu führen, nach dem StGB (§ 132a) mit Strafe bedroht ist.

Während die Approbation als Psychologischer Psychotherapeut zu der unbeschränkten Ausübung der Psychotherapie im Sinne des PsychThG berechtigt, beschränkt die Approbation als Kinder- und Jugendlichenpsychotherapeut dieses Recht auf die Behandlung von Kindern und Jugendlichen bis zum Alter von 21 Jahren. Das Heraufsetzen des Behandlungshöchstalters von Jugendlichen geht auf die Verhandlungen im Vermittlungsausschuß zurück. Der ursprüngliche Gesetzentwurf enthielt, in Anlehnung an das allgemeine Erreichen der Volljährigkeit, lediglich die Berechtigung für Kinder- und Jugendlichenpsychotherapeuten zur Behandlung von Jugendlichen bis zur Vollendung des 18. Lebensjahres.

Ausnahmsweise erweitert sich die Behandlungsbefugnis des Kinder- und Jugendlichenpsychotherapeuten dann, wenn zur Sicherung des Therapieerfolges eine gemeinsame Behandlung von Kindern oder Jugendlichen mit Erwachsenen notwendig ist bzw. wenn eine vor Vollendung des 21. Lebensjahres begonnene Therapie erst nach seiner Vollendung abgeschlossen werden kann.

In beiden Fällen wird man es dem Kinder- und Jugendlichenpsychotherapeuten überlassen müssen, einzuschätzen, ob die Voraussetzungen zur Anwendung dieser Ausnahmeregelungen gegeben sind. Daher dürfte lediglich in krassen Fällen des Mißbrauchs der Behandlungskompetenz ein Verstoß gegen Berufspflichten bzw. das HPG gegeben sein. Aus diesem Grund bietet es sich an, daß zukünftige Berufsordnungen für die Abgrenzung der Tätigkeit des Kinder- und Jugendlichenpsychotherapeuten nach § 1 Abs. 2 Kriterien festlegen. Diese dienen nicht nur der Rechtsklarheit, sondern können dem betroffenen Therapeuten im gegebenen Fall auch die Einschätzung der Situation erleichtern.

Da Psychologische Psychotherapeuten sowohl Erwachsene als auch Kinder und Jugendliche behandeln dürfen, wird es für den Patienten bzw. seine Erziehungsberechtigten in Zukunft sicherlich nicht einfach sein, zu entscheiden, welcher Behandler für das Kind oder den Jugendlichen der richtige ist. Neben der Tatsache, daß im Bereich psychotherapeutischer Tätigkeit sicherlich das persönliche Verhältnis zwischen Behandler und Patienten von besonderer Bedeutung ist, dürfte insbesondere die zielgerichtete Ausbildung der Kinder- und Jugendlichenpsychotherapeuten mit ihrem Schwerpunkt in diesem Bereich für eine verantwortungsbewußte Auswahl den Ausschlag geben. Für die Behandlung der Gruppe der Kinder und Jugendlichen werden die Erziehungsberechtigten daher sicherlich den Kinder- und Jugendlichenpsychotherapeuten den Vorzug einräumen. Psychologische Psychotherapeuten sind in der Behandlung von Kindern und Jugendlichen lediglich in Ausnahmefällen, z. B. wenn sie sich überwiegend auf die Behandlung von Kindern und Jugendlichen spezialisiert haben, als annähernd gleichwertige Behandler zu betrachten.

In Absatz 3 des § 1 definiert der Gesetzgeber den Begriff der „Ausübung von Psychotherapie" in Anlehnung an die Definition des Begriffs der „Ausübung von Heilkunde" im HPG. Ausübung von Psychotherapie ist demzufolge jede mittels wissenschaftlich anerkannter psychotherapeutischer Verfahren vorgenommene Tätigkeit zur Feststellung, Heilung oder Linderung von Störungen mit Krankheitswert, bei denen Psychotherapie indiziert ist. Im Rahmen der psychotherapeutischen Behandlung ist der Psychotherapeut jedoch verpflichtet, eine somatische Abklärung der Krankheitsursache herbeizuführen.

Die im PsychThG vorgesehene Legaldefinition geht ebenfalls auf die Verhandlungen im Vermittlungsausschuß zurück. Der ursprüngliche Gesetzentwurf hatte z. B. die somatische Abklärung der Störung, die einer Behandlung bedarf, durch einen Arzt noch als zusätzlichen Bestandteil der Definition vorgesehen. Damit sollten Psychotherapeuten allerdings nicht in ihren beruflichen Kompetenzen beschränkt werden, sondern es sollte lediglich zum Ausdruck kommen, daß sie körperliche Krankheitsursachen sowohl aufgrund der fehlenden ärztlichen Ausbildung als auch der dazu nötigen medizinischen Geräte nicht diagnostizieren können. Mit der jetzt vorliegenden Definition tragen die Psychotherapeuten zwar auch weiterhin die Verantwortung zur somatischen Abklärung der Erkrankung des Patienten; sie ist allerdings nicht mehr unmittelbarer Bestandteil seiner Tätigkeitsbefugnis. Verstöße gegen diese Vorschrift können daher nicht zu gesetzlichen (unerlaubte Ausübung der Heilkunde), sondern allenfalls zu berufsordnungsrechtlichen Sanktionen führen.

Die Lockerung der Legaldefinition wurde vom Gesetzgeber im übrigen für den Bereich des Sozialversicherungsrechts dadurch aufgefangen, daß er für die Erstattungsfähigkeit der psychotherapeutischen Behandlung die Einholung eines ärztlichen Konsiliarberichts vorschreibt. Für Privatbehandlungen dürfte sich die Pflicht zur Einholung eines ärztlichen Konsiliarberichtes zukünftig in den Berufsordnungen konkretisieren, soweit von den Ländern Psychotherapeutenkammern gebildet werden. Im Vorfeld derartiger Regelungen bleibt es dem Verantwortungsbewußtsein des einzelnen Therapeuten überlassen, ob und wann er den Patienten zusätzlich zum Arzt schickt. Allerdings hat der Gesetzgeber durch seinen nicht gänzlichen Verzicht auf den Hinweis, daß die somatische Abklärung der Krankheitsursache (§ 1 Abs. 3 Satz 2) erforderlich ist, Fakten geschaffen, die haftungsrechtlich für den Psychotherapeuten von Bedeutung sein dürften. Die qualifizierte somatische Abklärung der Krankheitsursache liegt unter diesem Aspekt daher auch im Eigeninteresse des Psychotherapeuten.

Ebenfalls Ergebnis des Gesetzgebungsverfahrens ist die Berechtigung zur Behandlung von „Störungen mit Krankheitswert, bei denen Psychotherapie indiziert ist". Der ursprüngliche Gesetzentwurf hatte hier noch eine Beschränkung der Behandlungskompetenz auf die „psychischen" Störungen mit Krankheitswert vorgesehen. Mit der Erweiterung sollte – noch deutlicher als im Gesetzentwurf erkennbar und ursprünglich beabsichtigt – zum Ausdruck kommen, daß auch eine begleitende psychotherapeutische Behandlung somatischer Erkrankungen durch Psychologische Psychotherapeuten oder Kinder- und Jugendlichenpsychotherapeuten Bestandteil ihrer vom PsychThG erlaubten Tätigkeit ist. In diesen Fällen dürfte es allerdings der Arzt sein, der die Psychotherapeuten zur Behandlung hinzuzieht, da dem Psychotherapeuten im Rahmen seiner berufsrechtlichen Kompetenzen die Feststellung der Behandlungsbedürftigkeit somatischer Krankheiten auch durch psychotherapeutische Verfahren nicht zugeordnet werden kann. In derartigen Fällen dürfte daher eine enge Zusammenarbeit des Arztes mit dem Psychotherapeuten erforderlich sein.

Von dem Heilkundevorbehalt des PsychThG sind psychologische Tätigkeiten ausgenommen, die die Aufarbeitung und Überwindung sozialer Konflikte oder sonstige Zwecke außerhalb der Heilkunde zum Gegenstand haben. Der Gesetzgeber macht damit nochmals deutlich, daß zwischen einer rein psychologischen Tätigkeit und der Ausübung der heilkundlichen „Psychotherapie" Unterschiede bestehen, die erstere unabhängig von einer Approbation erlauben, während letztere unter einem gesetzlichen Erlaubnisvorbehalt steht.

Mit der Herausnahme der psychologischen Tätigkeiten aus dem Gesetz hat der Gesetzgeber nicht nur kenntlich gemacht, daß die heilkundliche Psychotherapie nicht identisch mit der im Studium gelehrten Psychologie ist; hierzu wäre die Definition des § 1 Abs. 3 Satz 1 ausreichend gewesen. Er hat außerdem die Tätigkeiten aus dem Geltungsbereich des Gesetzes ausnehmen wollen, die der Aufarbeitung besonderer Lebenskrisen dienen, ohne zugleich eine krankhafte Ursache zu haben. Als Beispiel hierfür hat er die Tätigkeiten von Beratungsstellen herangezogen.

An diesem Punkt wird nochmals deutlich, daß bisher eine exakte Abgrenzung zwischen der Psychologie und der Psychotherapie nicht existiert hat. Gerade weil Psychologen in der Vergangenheit ohne größere Probleme die eingeschränkte Heilpraktikererlaubnis aufgrund Aktenlage erhalten konnten, ist der qualitative Unterschied, der zwischen der Psychologie und der Psychotherapie besteht, teilweise nur schwer zu vermitteln. Nur er rechtfertigt jedoch die Tatsache, daß ein Psychologe nach seinem Studium einer weiteren drei- bzw. fünfjährigen Ausbildung bedarf, um Psychotherapie ausüben zu dürfen.

In Einzelfällen wird die Abgrenzung zwischen psychologischen und psychotherapeutischen Tätigkeiten auch in Zukunft schwerfallen, weil die Grenzen zwischen Lebenskrisen und krankhaften Störungen fließend sein können. Dieses Problem hat seine Ursache allerdings nicht erst im PsychThG, sondern ist bereits der Definition des Begriffs der „Heilkunde" im HPG immanent. Sollten daher bei der konkret ausgeübten Tätigkeit häufiger Überschneidungen zwischen erlaubnisfreier psychologischer und erlaubnispflichtiger psychotherapeutischer Tätigkeit auftreten, dürfte jedem Betroffenen zu empfehlen sein, wenn nicht eine Approbation, so doch zumindest eine Heilpraktikererlaubnis zu erwerben.

Die Frage, was unter dem Begriff der wissenschaftlich anerkannten psychotherapeutischen Verfahren im Sinne des § 1 Abs. 3 des Gesetzes zu verstehen ist, soll nachfolgend unter den Erläuterungen zum wissenschaftlichen Beirat mitbehandelt werden. Grundsätzlich schränkt diese Regelung die Behandlungsbefugnis der Psychologischen Psychotherapeuten und der Kinder- und Jugendlichenpsychotherapeuten jedoch insofern ein, als sie nichtanerkannte Verfahren im Rahmen der ihnen durch § 1 Abs. 3 zugewiesenen Kompetenzen nicht ausüben dürfen. Allerdings bleibt abzuwarten, welche Entwicklungen sich im Hinblick auf die Regelungen von Fort- und Weiterbildungen ergeben. Unter Umständen kann hieraus eine Anerkennung von Zweit- und Drittverfahren wie bei der ärztlichen Fort- und Weiterbildung folgen. Da sich die Gesetzgebungskompetenz auf die Erstzulassung zum Beruf beschränkt, läßt das Gesetz in diesem Punkt einigen Spielraum offen.

4. Die Erteilung der Approbation

Die Erteilung der Approbation ist in § 2 Abs. 1 geregelt. Sie wird ergänzt um die in den Ausbildungs- und Prüfungsverordnungen für Psychologische Psychotherapeuten und für Kinder- und Jugendlichenpsychotherapeuten enthaltenen Bestimmungen, die ebenfalls am 1. 1. 1999 in Kraft getreten sind. Die in den Verordnungen enthaltenen Regelungen stellen allerdings mehr auf die formalen Voraussetzungen der Approbationserteilung ab, wie sie auch in der ÄApprO enthalten sind (vgl. hierzu auch Punkt 9. Die Ausbildungs- und Prüfungsverordnungen).

Im einzelnen sind die Voraussetzungen für die Erteilung der Approbation sowohl für Psychologische Psychotherapeuten als auch für Kinder- und Jugendlichenpsychotherapeuten in den Nummern 1 bis 4 des § 2 Abs. 1 PsychThG enthalten. Es handelt sich dabei um das Erfordernis einer bestimmten Staatsangehörigkeit, das Ableisten der vorgeschriebenen Ausbildung und Bestehen der staatlichen Prüfung, die gesundheitliche Eignung zur Ausübung des Berufs sowie die charakterliche Zuverlässigkeit. An den genannten Voraussetzungen, insbesondere aber dem Staatsangehörigkeitserfordernis, wird erneut die enge Anlehnung des PsychThG an die ärztlichen Approbationen deutlich. Hier wie dort können nur Deutsche, Staatsangehörige eines EU- oder EWR-Mitgliedstaates oder heimatlose Ausländer eine Approbation erhalten. Ausnahmen von dieser Voraussetzung sind in § 2 Abs. 3 Satz 1 geregelt. Soweit sie nicht greifen, bleibt die Möglichkeit, eine befristete Erlaubnis gemäß § 4 des Gesetzes unter den dort genannten Voraussetzungen zu erwerben.

Nach § 2 Abs. 3 Satz 1 kann eine Approbation abweichend von § 2 Abs. 1 Nr. 1 in besonderen Einzelfällen oder aus Gründen des öffentlichen Gesundheitsinteresses erteilt werden. Diese Ausnahmevorschrift entspricht der Regelung der BÄO, so daß die dazu entwickelten Auslegungskriterien bzw. die vorhandene Rechtsprechung auf die Erteilung der Approbation als Psychologischer Psychotherapeut oder Kinder- und Jugendlichenpsychotherapeut entsprechend angewendet werden kann.

Die weiteren Voraussetzungen der Approbationserteilung gleichen nicht nur der BÄO, sondern auch den Bundesgesetzen, die Ausbildungen zu sog. nichtärztlichen Heilberufen (z. B. Krankenschwestern/-pfleger, MTA, Physiotherapeuten) regeln.

Die Erfüllung der in Nummer 2 genannten Voraussetzung (staatliche Ausbildung und Prüfung) kann die zuständige Behörde aufgrund des vorzulegenden Prüfungszeugnisses prüfen, das in den Ausbildungs- und Prüfungsverordnungen geregelt ist und den Abschluß der Ausbildung sowie das Bestehen der staatlichen Prüfung bescheinigt. Mit der Vorlage des Prüfungszeugnisses sowie dem Nachweis, daß die weiteren Voraussetzungen des § 2 Abs. 1 erfüllt sind, hat der Antragsteller einen Anspruch auf Erteilung der Approbation.

Wie die zuständige Behörde die Voraussetzungen der Nummern 3 und 4 prüft, ist in der Regel ihrem Ermessen überlassen. Einen deutlichen Hinweis auf die charakterliche Zuverlässigkeit gibt allerdings das Führungszeugnis, das nach den Ausbildungs- und Prüfungsverordnungen dem Antrag auf Approbation beizufügen ist. Daneben hat die zuständige Behörde jedoch auch weitere, nach Verwaltungsverfahrensrecht zulässige Möglichkeiten, die allerdings erst dann zur Anwendung kommen dürften, wenn deutliche Hinweise auf eine Unzuverlässigkeit vorliegen oder die Approbation aufgrund nachträglicher eingetretener Umstände entzogen werden soll. Hierzu enthält das Gesetz Sonderregelungen in § 3, die über das allgemeine Verwaltungsverfahrensrecht hinaus die Rücknahme oder den Widerruf der Approbation bei Vorliegen der dort genannten Voraussetzungen ermöglichen. Die Tatsache, daß derartige Vorschriften auch in anderen Heilberufsgesetzen enthalten sind, dürfte dazu führen, daß die Behörden keine großen Probleme mit der Anwendung der Regelungen haben.

Die körperliche Eignung zur Ausübung des Berufs ist in der Regel durch eine ärztliche Bescheinigung nachzuweisen.

Als Besonderheit der Voraussetzung der gesundheitlichen Eignung zur Ausübung des Berufs des Psychotherapeuten ist zu erwähnen, daß im Bereich der Psychotherapie andere Kriterien gelten dürfen als bei anderen Heilberufen. Während sonstige medizinische Fachberufe, die häufig einen oft nicht unerheblichen körperlichen Einsatz erfordern, dementsprechend strengere Anforderungen an die gesundheitliche Eignung stellen, dürfte der Beruf des Psychologischen Psychotherapeuten oder Kinder- und Jugendlichenpsychotherapeuten auch bei körperlichen Einschränkungen grundsätzlich ausübbar sein. Um die fehlende gesundheitliche Eignung zur Ausübung eines psychotherapeutischen Berufs zu bejahen, sind daher eher eigene psychische Erkrankungen oder Suchterkrankungen des Therapeuten von Bedeutung. Sie dürften auch eine bedeutende Rolle bei der Versagung, der Rücknahme oder dem Widerruf der Approbation spielen.

5. Die Anerkennung ausländischer Ausbildungen

In § 2 Abs. 3 und 4 ist die Anerkennung von außerhalb des Gesetzes absolvierten Ausbildungen geregelt. Hierbei unterscheidet der Gesetzgeber zwischen Ausbildungen, die in einem Mitgliedstaat der EU oder des EWR abgeschlossen wurden (vgl. Buchstabe a)) und sonstigen Ausbildungen (vgl. Buchstabe b)).

a) Ausbildungen in der EU oder dem EWR

Die Anerkennung von Ausbildungen, die in den Mitgliedstaaten der EU oder des EWR abgeschlossen wurden, bestimmt sich nach EU-Richtlinien. Diese werden unterschieden in sog. sektorale Richtlinien, die etwa im Bereich der Arzt-, Zahnarzt-, Apotheker-, Krankenpflege- oder Hebammenausbildung existieren, und sog. allgemeinen Anerkennungsrichtlinien, die allgemeingültige Kriterien für die gegenseitige Anerkennung von Ausbildungen formulieren, ohne auf die in den Mitgliedstaaten geregelten Ausbildungen zu den jeweiligen Berufen zu achten.

Da die EU-Kommission aufgrund des Aufwands bei der Erarbeitung sektoraler Richtlinien seit längerem das allgemeine Richtliniensystem favorisiert, fallen auch die Berufe des Psychologischen Psychotherapeuten und des Kinder- und Jugendlichenpsychotherapeuten unter dieses allgemeine System.

Bestandteil des allgemeinen Richtliniensystems sind zwei Anerkennungsrichtlinien, die Richtlinie 89/48/EWG und die Richtlinie 92/51/EWG. Erstere ist auf Ausbildungen anzuwenden, die nach dem Abitur eine mindestens dreijährige Hochschulausbildung erfordern; letztere verlangt nach dem Abitur eine mindestens einjährige Hochschulausbildung, die jedoch durch einen mittleren Bildungsabschluß (Mittlere Reife) und eine mindestens dreijährige Fachschulausbildung ersetzt werden kann. Erfüllt eine in einem Mitgliedstaat der EU abgeschlossene Ausbildung eine der genannten Voraussetzungen, kommt grundsätzlich die unmittelbare Anerkennung dieser Ausbildung im Empfängerstaat in Betracht. Allerdings darf die im Herkunftstaat abgeschlossene Ausbildung keine wesentlichen Unterschiede im Vergleich zu der Ausbildung des Empfängerstaates aufweisen. Sind derartige Unterschiede feststellbar oder unterscheidet sich die Ausbildung in ihrer Dauer erheblich von der im Empfängerstaat vorgeschriebenen Ausbildung, bedarf es wahlweise eines Anpassungslehrgangs oder einer Ergänzungsprüfung, damit die vorhandene Ausbildung anerkannt werden kann.

Das dargestellte allgemeine Richtliniensystem ist in nationales Recht umzusetzen. Dieses ist in § 2 Abs. 2 und 3 PsychThG geschehen. Aufgrund der Verordnungsermächtigung in § 8 PsychThG enthalten außerdem die Ausbildungs- und Prüfungsverordnungen weitere Umsetzungsbestimmungen, die allerdings mehr die formale Seite der Anerkennung betreffen.

Die Frage, was unter einem wesentlichen Unterschied zu verstehen ist, ist von der zuständigen Behörde zu entscheiden. Nach der Lesart der EU-Kommission darf es sich dabei jedoch nur um solche Unterschiede handeln, die die Ausübung der Tätigkeit in den einzelnen Mitgliedstaaten so wesentlich prägen, daß eine Ausübung des Berufs im Empfängerland ohne diesen Ausbildungsbestandteil aus rechtlichen oder tatsächlichen Gründen nicht möglich ist. Als Beispiel aus dem Bereich der Psychotherapie käme hier etwa eine Ausbildung in einem Verfahren in Betracht, das in Deutschland keine wissenschaftliche Anerkennung als psychotherapeutisches Verfahren im Sinne des Gesetzes genießt. In einem solchen Fall dürfte daher von einem wesentlichen Unterschied bei den Ausbildungen auszugehen sein.

Bei der Ausbildung zum Psychologischen Psychotherapeuten und zum Kinder- und Jugendlichenpsychotherapeuten handelt es sich um Ausbildungen, die aufgrund des Zuschnitts des PsychThG unter die Richtlinie 89/48/EWG fallen, so daß diese in den Staaten Anwendung finden dürfte, in die Absolventen der deutschen Ausbildung gehen wollen.

Soweit Personen mit Ausbildungen aus anderen EU- oder EWR-Mitgliedstaaten in Deutschland eine Anerkennung anstreben, kommt, soweit diese Ausbildung nicht unter die Richtlinie 89/48/EWG fällt, auch die Anwendung der Richtlinie 92/51/EWG in Betracht. Allerdings ist bei einer Ausbildung, für deren Anerkennung die Richtlinie 92/51/EWG einschlägig ist, eine solche ohne Ergänzungsprüfung oder Anerkennungslehrgang nicht denkbar.

Erfüllt eine in einem anderen EU- oder EWR-Mitgliedstaat abgeschlossene Ausbildung die Anforderungen der Anerkennung, erhält der Antragsteller die Approbation, wenn er zusätzlich die in § 2 Abs. 1 Nr. 1, 3 und 4 genannten Voraussetzungen erfüllt. Hinsichtlich der Prüfung der in den Nummern 3 und 4 genannten Voraussetzungen gibt es ebenfalls Sonderregelungen, die im einzelnen in den Ausbildungs- und Prüfungsverordnungen enthalten sind (vgl. hierzu auch Erläuterungen zur Verordnungsermächtigung in § 8 PsychThG).

b) Sonstige Ausbildungen

Ausbildungen, die weder in Deutschland noch in einem Mitgliedstaat der EU oder des EWR abgeschlossen wurden, können lediglich im Rahmen der Gleichwertigkeit des Ausbildungs- und Kenntnisstandes anerkannt werden. Diese Regelung gilt für alle Ausbildungen aus sog. Drittländern.

Die Forderung nach der Gleichwertigkeit des Ausbildungs- und Kenntnisstandes zwingt die für die Anerkennung zuständige Behörde zu einem Vergleich der von dem Antragsteller absolvierten Ausbildung mit der nach dem Gesetz und den Ausbildungs- und Prüfungsverordnungen vorgeschriebenen Ausbildung. Defizite, die bei diesem Vergleich festgestellt werden, sind von dem die Anerkennung anstrebenden Antragsteller auszugleichen. Dies kann in der Form von Berufspraktika erfolgen. Die Behörde ist jedoch in der Regel in der Entscheidung frei, in welcher Form sie die Gleichwertigkeit der Ausbildung prüft und eventuell vorhandene Defizite ausgleichen läßt.

Die Tatsache, daß Personen in anderen Staaten eine Ausbildung in der Psychotherapie abgeleistet haben, begründet keinen Anspruch auf Anerkennung, so daß auch eine Ablehnung des Antrags in Betracht kommt. Diese Folge dürfte allerdings nur dann eintreten, wenn die Ausbildungsdefizite einen solchen Umfang erreichen, daß Ausgleichsmaßnahmen nur wenig bis keinen Erfolg versprechen. In solchen Fällen liegt die Ablehnung des Antrags auch im Interesse des Patienten, so daß dem Antragsteller eine erneute Ausbildung nach dem PsychThG zugemutet werden kann.

Sofern ein Antrag auf Anerkennung der Ausbildung positiv beschieden wird, hat der Antragsteller die weiteren Voraussetzungen der Approbationserteilung nach § 2 Abs. 1 Nr. 1, 3 und 4 zu erfüllen, wobei hier dieselben

Voraussetzungen gelten, wie für Personen, die die Ausbildung im Geltungsbereich des Gesetzes absolvieren. Die in den Richtlinien geregelten Erleichterungen für die nach § 2 Abs. 1 Nr. 3 und 4 zu erbringenden Nachweise (vgl. oben) gelten hier nicht.

Von Bedeutung dürfte bei der Anerkennung von Ausbildungen aus Drittländern im übrigen vor allem die Prüfung des Staatsangehörigkeitserfordernisses sein, so daß die Erteilung der Approbation, sollte diese Anforderung nicht erfüllt sein, nur dann in Betracht kommt, wenn ein besonderer Einzelfall oder das besondere öffentliche Gesundheitsinteresse sie erfordert (vgl. hierzu Erläuterungen zu Punkt 3).

6. Die befristete Erlaubnis

Die sog. befristete Erlaubnis berechtigt nach § 1 Abs. 1 Satz 2 PsychThG zur vorübergehenden Ausübung des Berufs des Psychologischen Psychotherapeuten oder des Kinder- und Jugendlichenpsychotherapeuten. Personen mit einer solchen Erlaubnis dürfen ferner für die Dauer der Geltung der befristeten Erlaubnis die entsprechenden Berufsbezeichnungen führen.

Die Voraussetzungen für die Erteilung der befristeten Erlaubnis sowie die Rechte und Pflichten, die damit verbunden sind, ergeben sich aus § 4 PsychThG.

Nach Absatz 1 setzt die Erteilung der befristeten Erlaubnis voraus, daß der Antragsteller eine abgeschlossene Ausbildung für den Beruf nachweist, für den ihm die Erlaubnis erteilt werden soll. Auch hier ist die Anerkennung von im Ausland abgeschlossenen Ausbildungen möglich.

Aus Absatz 2 ergibt sich die Befristung der Erlaubnis, die auf bestimmte Tätigkeiten oder Beschäftigungsstellen beschränkt werden kann, für eine Gesamtdauer von höchstens drei Jahren. In Ausnahmefällen kann die Geltungsdauer erweitert werden, wenn dies im Interesse der psychotherapeutischen Versorgung der Bevölkerung liegt oder wenn Gründe in der Person des Antragstellers eine Verlängerung erfordern (§ 4 Abs. 2 Satz 4 Nr. 1 bis 4).

Die befristete Erlaubnis dient zum einen dem Zweck, die durch das Staatsangehörigkeitserfordernis in § 2 Abs. 1 Nr. 1 auftretenden Probleme zu relativieren. So können Personen, die nicht über die geforderte Staatsangehörigkeit verfügen und bei denen auch die Ausnahmeregelung des § 2 Abs. 3 Satz 1 keine Anwendung findet, den Beruf des Psychotherapeuten aufgrund der befristeten Erlaubnis vorübergehend ausüben. Die befristete Erlaubnis eröffnet den zuständigen Behörden ferner die Möglichkeit, in besonderen

Fällen auf Mängel in der psychotherapeutischen Versorgung zu reagieren. Sie dürfte ferner bei Studienaufenthalten o. ä. von Bedeutung sein.

7. Die neuen Ausbildungen

Kern des PsychThG stellt § 5 dar, der die neuen Ausbildungen zum Psychologischen Psychotherapeuten und zum Kinder- und Jugendlichenpsychotherapeuten festlegt. Nach Absatz 1 dauern die Ausbildungen in Vollzeitform jeweils mindestens drei, in Teilzeitform jeweils mindestens fünf Jahre. Das Gesetz entspricht damit der Tatsache, daß auch jetzt psychotherapeutische Ausbildungen, insbesondere die Ausbildungen nach den sog. Psychotherapie-Richtlinien, häufig in Teilzeitform durchgeführt werden, um nebenbei einem Beruf nachgehen zu können und so die Ausbildung zu finanzieren. Ob die Form der Teilzeitausbildung in Zukunft weiterhin überwiegen wird oder ob sich die Interessenten vermehrt der dreijährigen Vollzeitausbildung zuwenden werden, bleibt abzuwarten. Hierbei wird sicherlich der Gesichtspunkt der Finanzierung der Ausbildung eine wichtige Rolle spielen, wobei grundsätzlich eine Förderung durch das BAföG in Betracht kommt.

a) Inhalt

Zwar werden die Ausbildungen zum Psychologischen Psychotherapeuten und zum Kinder- und Jugendlichenpsychotherapeuten in § 5 Abs. 1 Satz 2 näher geregelt; dieser bedarf jedoch noch der Ergänzung durch § 8 sowie die Ausbildungs- und Prüfungsverordnungen. Sowohl die Verordnungsermächtigung als auch die Ausbildungs- und Prüfungsverordnungen (vgl. Erläuterungen dort) beruhen allerdings auf § 5 Abs. 1 PsychThG. Ein Abweichen von dieser gesetzlichen Vorgabe ist daher nicht möglich.

Nach § 5 Abs. 1 Satz 2 bestehen die Ausbildungen jeweils aus einer praktischen Tätigkeit, die von einer theoretischen und praktischen Ausbildung begleitet wird. Der Begriff der „Begleitung" beinhaltet keine Bewertung der theoretischen und praktischen Ausbildung im Sinne einer Abwertung, sondern macht deutlich, daß es sich bei den Ausbildungen um sehr praxisorientierte Ausbildungen handeln soll. Diese werden jeweils mit einer staatlichen Prüfung abgeschlossen, die ebenfalls der näheren Ausgestaltung in den Verordnungen bedarf.

Mit der Regelung des § 5 Abs. 1 wird zugleich die Anforderung des § 2 Abs. 1 Nr. 2, Ableisten der vorgeschriebenen Ausbildung und Bestehen der staatlichen Prüfung, näher ausgestaltet. Nur wer die nach § 5 Abs. 1 Satz 2 vorgebenen Voraussetzungen erfüllt, kann die Approbation erhalten.

b) Zugangsvoraussetzungen

§ 5 Abs. 2 PsychThG schränkt den Kreis derjenigen, denen der Weg in eine Ausbildung zum Psychologischen Psychotherapeuten oder zum Kinder- und Jugendlichenpsychotherapeuten eröffnet ist, in nicht unerheblichem Maße ein.

Die Regelung hat sich an den bestehenden Kriterien für die Ausbildung nach den sog. Psychotherapie-Richtlinien orientiert, die den Zugang für das Delegationsverfahren ebenfalls von einem abgeschlossenen Psychologie-, bei Kinder- und Jugendlichenpsychotherapeuten alternativ auch von einem abgeschlossenen Studium der Pädagogik oder Sozialpädagogik abhängig machen. Auch die Berufsbezeichnung „Psychologischer Psychotherapeut“ findet in dieser Zugangsvoraussetzung seine Grundlage.

Der Gesetzgeber wollte jedoch nicht nur das beibehalten, womit im Bereich des Delegationsverfahrens gute Erfahrungen gemacht worden sind, sondern er hat auch das Anliegen verfolgt, durch die Vorbildung der Ausbildungsbewerber eine gemeinsame Wissensgrundlage als Basis für die Ausbildung zu schaffen. Dieses Prinzip wird durch die Einbeziehung von Pädagogen und Sozialpädagogen im Bereich der Kinder- und Jugendlichenpsychotherapie zwar durchbrochen; es entspricht allerdings den dort bisher gemachten Erfahrungen und berücksichtigt die in diesen Studiengängen besonders vermittelten Kenntnisse im Umgang mit Kindern und Jugendlichen. Derartige Kenntnisse sind im Rahmen einer Tätigkeit in der Kinder- und Jugendlichenpsychotherapie von nicht unerheblicher Bedeutung und machen so die im Vergleich zu den Psychologen bestehenden Unterschiede in der Vorbildung teilweise wett. Ob sich die Regelung der Zugangsvoraussetzungen im Bereich der Kinder- und Jugendlichenpsychotherapie in der Praxis in der vom Gesetzgeber vorgestellten Weise bewährt, bleibt abzuwarten.

Andere Personen als Psychologen, Pädagogen oder Sozialpädagogen sind zukünftig von der Ausbildung zum Psychologischen Psychotherapeuten oder zum Kinder- und Jugendlichenpsychotherapeuten ausgeschlossen. Ein Verstoß gegen Artikel 12 GG dürfte hierin nicht liegen, weil die Psychotherapie-Richtlinien bereits seit 1976 vergleichbare Voraussetzungen für die Teilnahme am Delegationsverfahren festgelegt haben. Ein Vertrauensschutz konnte sich daher nur für dieses – durch Richtlinien geregelte – System entwickeln. Hinzu kommt, daß bereits das Gesetz von 1993 inklusive der dafür geleisteten Vorarbeiten von den gleichen Zugangsvoraussetzungen ausgegangen war. Außerdem hat der Bundesgesetzgeber aufgrund seiner in Artikel 74 Abs. 1 Nr. 19 GG enthaltenen Gesetzgebungskompetenz, die insbesondere auf der Verantwortung für das Wohl der Volksgesundheit beruht, das Recht, für Heilberufe besondere Zugangsvoraussetzungen festzuschreiben.

Im einzelnen ergeben sich die Anforderungen an die Zugangsvoraussetzungen für die Ausbildung zum Psychologischen Psychotherapeuten aus § 5 Abs. 2 Nr. 1 und für die Ausbildung zum Kinder- und Jugendlichenpsychotherapeuten aus § 5 Abs. 2 Nr. 2.

Zu § 5 Abs. 2 Nr. 1:

Psychologischer Psychotherapeut kann nach § 5 Abs. 2 Nr. 1 nur werden, wer eine an einer Universität oder gleichstehenden Hochschule bestandene Abschlußprüfung im Fach Psychologie nachweist, in der das Fach Klinische Psychologie mit eingeschlossen gewesen sein muß.

Dem deutschen Studienabschluß werden auch hier gleichwertige Studienabschlüsse aus anderen Mitgliedstaaten der EU oder des EWR sowie aus Drittstaaten gleichgestellt. Wiederum ist die Prüfung der Gleichwertigkeit Aufgabe der zuständigen Behörde. Obwohl das Gesetz keine ausdrückliche Regelung für den Fall des Vorliegens von wesentlichen Unterschieden enthält, dürfte deren Bejahen dazu führen, daß eine Zulassung zur Ausbildung nicht in Betracht kommt.

Wann und durch wen die Prüfung der Zugangsvoraussetzungen zu erfolgen hat, regelt das Gesetz nicht. Es handelt sich bei dieser Prüfung vielmehr um eine Aufgabe, die der zuständigen Behörde im Rahmen der Zulassung zur staatlichen Prüfung obliegt und die deshalb in den Ausbildungs- und Prüfungsverordnungen vorgesehen wird. Im eigenen Interesse des Ausbildungsbewerbers, der seinen Studienabschluß in einem anderen Land gemacht hat, dürfte es jedoch liegen, seine Zugangsberechtigung zur Ausbildung vor ihrem Antritt zu klären.

Auch den Ausbildungsstätten wird ein Recht auf eine Vorprüfung der Zugangsvoraussetzungen zuzugestehen sein, da sie sich bei Aufnahme eines Ausbildungsteilnehmers, der die gesetzlichen Zugangsvoraussetzungen nicht erfüllt, einem Schadensersatzrisiko aussetzen würden, wenn dieser seine Ausbildung mangels Zulassung zur Prüfung nicht abschließen kann.

Zu § 5 Abs. 2 Nr. 2:

Für die Zulassung zur Ausbildung zum Kinder- und Jugendlichenpsychotherapeuten gelten zunächst dieselben Zugangsvoraussetzungen wie für die Ausbildung zum Psychologischen Psychotherapeuten (§ 5 Abs. 2 Nr. 2 Buchstabe a)). Erweitert werden diese Regelungen in den Buchstaben b) bis d) um die bestandenen Abschlußprüfungen in den Studiengängen Pädagogik oder Sozialpädagogik. Hinsichtlich der im Ausland abgeschlossenen Studiengänge in diesen Fächern gilt das zu dem Psychologiestudium Gesagte entsprechend.

Darüber hinaus sind im Bereich der Kinder- und Jugendlichenpsychotherapie zwei Besonderheiten zu beachten: Zum einen setzen die Buchstaben b) bis d) kein Universitätsstudium voraus. Der Gesetzgeber spricht hier vielmehr allgemein von einer staatlichen oder staatlich anerkannten Hochschule, so daß im Gegensatz zu § 5 Abs. 2 Nr. 1 diese Zugangsvoraussetzung auch durch ein Studium an einer Fachhochschule erfüllt werden kann. Zum anderen stellt sich in diesem Zusammenhang die Frage danach, was unter einem abgeschlossenen Studium der Pädagogik oder Sozialpädagogik zu verstehen ist, da es sich hierbei um weite Studienfelder handelt, die z. B. auch die Lehramtsstudiengänge einschließen könnten.

Da die Länder für die Durchführung des PsychThG zuständig sind, wird es hauptsächlich ihre Aufgabe sein, festzulegen, was unter abgeschlossenen Pädagogik- und Sozialpädagogikstudiengängen zu verstehen ist. Hierbei haben sie die Situationen an den Hochschulen zu berücksichtigen. Aufgrund der Kultushoheit der Länder und der Freiheit von Forschung und Lehre konnten sich nämlich unterschiedlichste Studiengänge entwickeln, die in den einzelnen Ländern nicht unbedingt inhaltlich übereinstimmen oder gegenseitige Entsprechungen finden müssen. Hilfen für die Auslegung der Vorschrift ergeben sich allerdings aus den Formulierungen des Gesetzes und der Intention des Gesetzgebers.

Zunächst weist die ausdrückliche Erwähnung der Studiengänge Pädagogik oder Sozialpädagogik als Zugangsvoraussetzung darauf hin, daß andere pädagogische Studiengänge keinen Zugang zur Ausbildung in der Kinder- und Jugendlichenpsychotherapie eröffnen sollen. Auch Lehramtsausbildungen, deren Schwergewicht eher auf der Vermittlung fachspezifischer Kenntnisse als im Bereich der Pädagogik liegen dürfte, sind vom Gesetzgeber nicht eingeschlossen worden. Wie die Länder sich entscheiden werden, bleibt allerdings abzuwarten.

Bereits entschieden haben die Länder die Frage der Einbeziehung des Studiums der Sozialarbeit. Hier hat die Entwicklung gezeigt, daß einige Hochschulen in den Studiengängen Sozialpädagogik und Sozialarbeit keine Unterschiede mehr machen bzw. daß es sich lediglich um verschiedene Bezeichnungen für das gleiche Studium handelt. Bei Vorlage eines Gleichwertigkeitsnachweises sind die Länder daher geneigt, auch Absolventen des Studiums der Sozialarbeit zur Ausbildung in der Kinder- und Jugendlichenpsychotherapie zuzulassen.

Ganz allgemein läßt sich in diesem Zusammenhang feststellen, daß die Gesundheitsbehörden der Länder, denen die Federführung für die Durchführung des PsychThG zugewiesen ist, bei der Bewertung der Studienabschlüsse in nicht unerheblichem Maße auf die Zuarbeit ihrer Kultusministerien angewiesen sind. Es bleibt zu hoffen, daß es beiden in gemeinsamer Arbeit gelingt, die Zugangsvoraussetzungen des PsychThG für jeden Ausbildungsbewerber erkennbar zu formulieren. Dem Bundesgesetzgeber war eine genauere Regelung in diesem Bereich aufgrund der Kultushoheit der Länder nicht möglich.

c) Anrechnungen

§ 5 Abs. 3 PsychThG enthält eine Vorschrift, nach der andere abgeschlossene Ausbildungen auf die Ausbildungen nach § 5 Abs. 1 angerechnet werden können. Sie entspricht in ihrer Wirkung allerdings nicht dem § 2 Abs. 2 und 3, da Gegenstand der Regelung insbesondere andere im Inland abgeschlossene Ausbildungen im Bereich der Psychotherapie sind. Unter die Anrechnungsvorschrift des § 5 Abs. 3 fallen zusätzlich auch solche im Ausland abgeschlossenen Ausbildungen, die – weil sie nicht zur Berechtigung führen, den Beruf des Psychologischen Psychotherapeuten oder des Kinder- und Jugendlichenpsychotherapeuten auszuüben – nicht nach § 2 Abs. 2 oder 3 anerkannt werden können.

§ 5 Abs. 3 dürfte in der Übergangsphase des Gesetzes eine besondere Bedeutung für alle diejenigen Personen erlangen, die nicht unter die Übergangsbestimmungen des § 12 fallen und deshalb zunächst keine Approbation erhalten. Sie haben, sofern sie über eine abgeschlossene psychotherapeutische Ausbildung verfügen und die Zugangsvoraussetzungen des § 5 Abs. 2 erfüllen, nach § 5 Abs. 3 die Möglichkeit, ihre bereits abgeschlossene Ausbildung auf die neue, nach dem PsychThG geregelte Ausbildung zum Psychologischen Psychotherapeuten oder zum Kinder- und Jugendlichenpsychotherapeuten anrechnen zu lassen. Hieraus folgend kann sich dann zumindest die Ausbildungsdauer verkürzen, wenn auch die staatliche Prüfung nicht umgangen werden kann.

Eine Anrechnung kommt allerdings nur für gleichwertige Ausbildungsinhalte in Betracht, was von den zuständigen Behörden anhand der Ausbildungs- und Prüfungsverordnungen im Vergleich mit den vorzulegenden Curricula der abgeschlossenen Ausbildung genau zu prüfen ist. Je nach dem Umfang der Gleichwertigkeit verkürzt sich dann die neue Ausbildung um den Faktor X; in jedem Fall ist jedoch die im Gesetz und den Verordnungen geregelte staatliche Prüfung zu bestehen, um die Approbation zu erhalten.

8. Die Ausbildungsstätten

Die Ausbildungsstätten, an denen die Ausbildungen zum Psychologischen Psychotherapeuten und zum Kinder- und Jugendlichenpsychotherapeuten durchgeführt werden, bedürfen der staatlichen Anerkennung durch die Länder. Dies ist in § 6 PsychThG geregelt.

Grundsätzlich kommen als Ausbildungsstätten Hochschulen oder andere Einrichtungen in Betracht, die die in § 6 Abs. 2 aufgelisteten Anforderungen erfüllen. Darüber hinaus sind die Inhalte der Ausbildungs- und Prüfungsverordnungen im Rahmen der staatlichen Anerkennung der Ausbildungsstätten von Bedeutung.

Im Gegensatz zu der bisherigen Situation, insbesondere im Bereich der Ausbildungen nach den Psychotherapie-Richtlinien an KBV-anerkannten Instituten, trägt zukünftig die Ausbildungsstätte die Gesamtverantwortung für die Ausbildung. Aus dieser Verantwortung heraus ist sie verpflichtet, dem Ausbildungsteilnehmer alle die Bestandteile der Ausbildung anzubieten, zu deren Teilnahme er nach Gesetz und jeweiliger Verordnung verpflichtet ist. Dies gilt besonders für die praktische Tätigkeit, die einen in die drei- bzw. fünfjährige Ausbildung integrierten Bestandteil darstellt. Hieraus folgt z. B., daß nicht der Ausbildungsteilnehmer selbst sich eine psychiatrische klinische Einrichtung suchen muß, an der er seine praktische Tätigkeit ableistet, sondern die Ausbildungsstätte ihm diesen Platz zur Verfügung zu stellen hat. Aufgrund ihrer Verantwortung hat sie dabei sicherzustellen, daß die an Einrichtungen der praktischen Tätigkeit gestellten Anforderungen erfüllt sind und inhaltliche Vorgaben vom Ausbildungsteilnehmer abgeleistet werden können.

Kann eine Ausbildungsstätte die Durchführung aller Bestandteile der Ausbildung nicht allein gewährleisten, sieht § 6 Abs. 3 vor, daß eine andere Einrichtung diesen Teil übernehmen kann. In der Regel sind solche Auslagerungen der Ausbildung an andere Einrichtungen durch Kooperationsverträge sicherzustellen. Diese unterliegen im Rahmen der staatlichen Anerkennung der Ausbildungsstätten ebenfalls der Überprüfung durch die zuständigen Behörden.

Bei der staatlichen Anerkennung der Ausbildungsstätten, die auf Antrag erfolgt, haben die zuständigen Landesbehörden sicherzustellen, daß die Vorgaben von Gesetz und Verordnungen erfüllt werden. Ausbildungsstätten steht ein Anspruch auf Anerkennung daher nur dann zu, wenn sie eine Gewähr dafür bieten, daß die Ausbildungen gesetzes- und verordnungskonform durchgeführt werden können.

9. Die Ausbildungs- und Prüfungsverordnungen

§ 8 PsychThG ermächtigt das Bundesministerium für Gesundheit zum Erlaß von Ausbildungs- und Prüfungsverordnungen für die Berufe des Psychologischen Psychotherapeuten und des Kinder- und Jugendlichenpsychotherapeuten, in denen die Mindestanforderungen an die Ausbildungen und das Nähere über die staatlichen Prüfungen zu regeln sind. Weiterhin sollen die Verordnungen Vorschriften über die Erteilung der Approbationen, die Urkunden der Approbationen und die Anforderungen für die Anerkennung von Ausbildungen aus der EU oder dem EWR enthalten sowie weitere Vorgaben der Richtlinien 89/48/EWG und 92/51/EWG umsetzen. Darüber hinaus kann der Verordnungsgeber die Anrechnung von Ausbildungen nach § 5 Abs. 3 näher regeln und soll die Möglichkeiten für eine Unterbrechung der Ausbildungen bestimmen. Inhaltliche Vorgaben zur Gestaltung der Ausbildungen und der Prüfung enthalten ferner die Absätze 3 und 4 des § 8.

Die Verordnungen bedürfen der Zustimmung des Bundesrates, da die Länder aufgrund der ihnen übertragenen Aufgabe, die Durchführung der Ausbildungen und staatlichen Prüfungen zu überwachen sowie die Approbationen auszustellen, von den darin enthaltenen Regelungen besonders betroffen sind. Sie dienen dazu, eine möglichst bundeseinheitliche Ausbildung zum Psychologischen Psychotherapeuten und Kinder- und Jugendlichenpsychotherapeuten zu gewährleisten.

In den Absätzen 3 und 4 legt das Gesetz nähere Anforderungen an Inhalt und Struktur der Ausbildungen sowie die staatliche Prüfung fest. Der Verordnungsgeber kann im Rahmen der ihm übertragenen Kompetenzen die Ausbildungen unter Berücksichtigung dieser Vorgaben gestalten und in begrenztem Umfang ergänzende Forderungen stellen; er darf jedoch hinter die Vorgaben des Gesetzes nicht zurückweichen. Die vom Bundesministerium für Gesundheit zum 1. Januar 1999 erlassenen Verordnungen erfüllen die genannten Vorgaben. Mit ihrem Inkrafttreten dürfte sich die noch bestehende Unsicherheit über die neuen Ausbildungen gelegt haben. Bisher waren hiervon insbesondere diejenigen betroffen, die eine staatliche Anerkennung als Ausbildungsstätte im Sinne des Gesetzes anstreben. Um möglichst bald nach Inkrafttreten des Gesetzes einen positiven Anerkennungsbescheid zu erhalten, haben sie bereits frühzeitig alle Anforderungen sicherzustellen. Andererseits konnten die Verfahren zur staatlichen Anerkennung erst mit Inkrafttreten des Gesetzes am 1. 1. 1999 anlaufen, so daß die ersten Ausbildungsstätten ohnehin voraussichtlich erst im Verlauf des ersten Halb- bzw. Vierteljahres 1999 mit den Ausbildungen beginnen werden.

Die in den oben genannten Verordnungen vorgesehene Ausbildung besteht sowohl bei den Psychologischen Psychotherapeuten als auch bei den Kinder- und Jugendlichenpsychotherapeuten aus einer praktischen Tätigkeit, einer theoretischen Ausbildung, einer praktischen Ausbildung mit Krankenbehandlung unter Supervision sowie einer Selbsterfahrung. Sie erstreckt sich auf die Vermittlung von Grundkenntnissen in wissenschaftlich anerkannten psychotherapeutischen Verfahren sowie auf eine vertiefte Ausbildung in einem dieser Verfahren und schließt mit einer aus zwei Teilen bestehenden staatlichen Prüfung ab, die sowohl mündlich als auch schriftlich durchgeführt wird.

10. Behördliche Zuständigkeiten

Bei dem PsychThG handelt es sich um ein Bundesgesetz, das jedoch aufgrund der föderalen Struktur Deutschlands von den Ländern in eigener Zuständigkeit durchgeführt wird. Grundsätzlich ist es daher Aufgabe der Länder, die im einzelnen für Entscheidungen nach dem Gesetz zuständigen Behörden festzulegen. Um bei Landesgrenzen tangierenden Entscheidungen eine einheitliche Handhabung innerhalb Deutschlands zu gewährleisten, hat der Bundesgesetzgeber in § 10 jedoch eine Festlegung der örtlichen Zuständigkeit in bestimmten Bereichen getroffen. Die Regelung dient insbesondere auch den Interessen der Betroffenen und soll vermeiden, daß es bei Grenzfällen zu Auseinandersetzungen über die Zuständigkeit kommt. Den Ländern bleibt es dennoch überlassen, die funktional zuständige Behörde – unterste, mittlere, höhere Verwaltungsbehörde, Landesprüfungsamt o. ä. – im einzelnen festzulegen.

Außerdem entbinden die Regelungen des § 10 PsychThG die Länder nicht von weiter gehenden Zuständigkeitsfestlegungen sowohl für Entscheidungen, für die der Bundesgesetzgeber keine Aussagen getroffen hat, als auch für die nähere Bestimmung der örtlich zuständigen Behörden (Kreis oder kreisfreie Städte, Bezirksregierungen, Gesundheitsministerien). Neben der Aussage des § 10 ist daher für den Betroffenen die nach Landesverwaltungsrecht jeweils festgelegte Behörde Ansprechpartner für die einzelnen Entscheidungen nach dem Gesetz.

§ 10 Abs. 1 legt das zuständige Land für die Erteilung der Approbationen fest. Hierbei wird unterschieden zwischen den regulären, nach dem Gesetz vorgeschriebenen Ausbildungen, bei denen die Approbationsbehörde die zuständige Behörde des Landes ist, in dem die staatliche Prüfung abgelegt wurde, und den Übergangsfällen des § 12 sowie den Antragstellern, die mit einer im Ausland erworbenen Ausbildung, seien es EU-, EWR- oder Drittlandausbildungen, eine Approbation anstreben, bzw. Personen, die lediglich eine befristete Erlaubnis beantragen. In den letztgenannten Fällen ist die Behörde des Landes, in dem der Beruf ausgeübt werden soll, zur Entscheidung über die Erteilung von Approbation oder befristeter Erlaubnis berufen.

Absatz 2 betrifft die im Zusammenhang mit § 3 anstehenden Entscheidungen hinsichtlich Rücknahme, Widerruf und Ruhen der Approbation sowie des Verzichts auf sie.

Absatz 3 regelt die Zuständigkeit für den Fall eines Antrags auf Anrechnung einer anderen abgeschlossenen Ausbildung auf eine der Ausbildungen nach dem PsychThG. Zuständig ist hier die Behörde des Landes, in dem der Antragsteller an der Ausbildung nach dem PsychThG teilzunehmen beabsichtigt.

Schließlich ist nach Absatz 4 die Behörde des Landes für die Anerkennung einer Ausbildungsstätte zuständig, in dem diese ihren Sitz nehmen will.

11. Der wissenschaftliche Beirat

Nach § 1 Abs. 3 Satz 1 PsychThG ist unter dem Begriff der Ausübung von Psychotherapie jede mittels wissenschaftlich anerkannter psychotherapeutischer Verfahren vorgenommene Tätigkeit zur Feststellung, Heilung oder Linderung von Störungen mit Krankheitswert zu verstehen, bei denen Psychotherapie indiziert ist.

Nach § 8 Abs. 3 Nr. 1 haben sich die Ausbildungen zum Psychologischen Psychotherapeuten und zum Kinder- und Jugendlichenpsychotherapeuten auf die Vermittlung eingehender Grundkenntnisse in wissenschaftlich anerkannten psychotherapeutischen Verfahren und eine vertiefte Ausbildung in einem dieser Verfahren zu erstrecken.

An diesen zwei Beispielen wird die zentrale Bedeutung des Begriffs der „wissenschaftlich anerkannten psychotherapeutischen Verfahren“ deutlich, der sich als roter Faden durch das PsychThG zieht. Er kennzeichnet nicht nur den Tätigkeitsbereich des zukünftigen Psychologischen Psychotherapeuten oder Kinder- und Jugendlichenpsychotherapeuten, sondern auch die Ausbildung, die beiden zu vermitteln ist, um die Approbation zu erlangen. Seine Auslegung ist daher für das Gesetz von wesentlicher Bedeutung.

Eine Festlegung wissenschaftlich anerkannter psychotherapeutischer Verfahren ist im Gesetz nicht getroffen worden, um der Entwicklung auf dem Gebiet der Psychotherapie Rechnung tragen zu können. Andernfalls wäre eine Anerkennung neuer Verfahren ohne Änderung des Gesetzes nicht möglich gewesen. Außerdem hat es der Gesetzgeber nicht als seine primäre Aufgabe angesehen, Erkenntnisse der medizinischen bzw. psychotherapeutischen Wissenschaft und Forschung in einem Gesetz festzuschreiben. Das Abstellen auf den allgemeinen Begriff der „wissenschaftlich anerkannten psychotherapeutischen Verfahren“ gewährleistet daher – auch eine gesetzesökonomische – Entwicklung auf dem Gebiet der Psychotherapie.

Da es der Gesetzgeber vermieden hat, zu definieren, was unter wissenschaftlich anerkannten psychotherapeutischen Verfahren zu verstehen ist, und er die Entscheidung darüber den Landesbehörden überläßt, hat er diesen in § 11 PsychThG einen wissenschaftlichen Beirat zur Unterstützung zur Seite gestellt.

Nach § 11 PsychThG haben die Länder nämlich in Zweifelsfällen über die Frage der wissenschaftlichen Anerkennung eines Verfahrens ihre Entscheidung auf der Basis eines Gutachtens eines wissenschaftlichen Beirates zu treffen, der gemeinsam von der auf Bundesebene zuständigen Vertretung der Psychologischen Psychotherapeuten und der Kinder- und Jugendlichenpsychotherapeuten sowie der ärztlichen Psychotherapeuten in der Bundesärztekammer gebildet werden soll. Lediglich im Falle der Nichtkonstituierung des Beirates bis zum 31. 12. 1998 hat der Gesetzgeber die Möglichkeit einer Ersatzvornahme durch das Bundesministerium für Gesundheit vorgesehen.

Grundsätzlich entscheiden nach § 11 PsychThG die Länder die Frage, ob ein wissenschaftlich anerkanntes psychotherapeutisches Verfahren anzunehmen ist. Hierbei können sie sich auch auf bereits bestehende Erkenntnisse, Gutachten o. ä. stützen. Dies haben sie bei einigen Verfahren bereits getan und die sog. Richtlinienverfahren (Psychoanalyse, tiefenpsychologisch fundierte Psychotherapie, Verhaltenstherapie) als wissenschaftlich anerkannte psychotherapeutische Verfahren im Sinne des PsychThG angesehen. Auf der Grundlage des Forschungsgutachtens von Prof. Meyer, das 1991 vom Bundesministerium für Gesundheit veröffentlicht worden ist, ist außerdem die Gesprächstherapie als anerkennungsfähiges Verfahren im Gespräch. Mit der Anerkennung der genannten Verfahren dürften die Entscheidungsmöglichkeiten der Länder allerdings weitgehend erschöpft sein, so daß bei weiteren Verfahren, für die keine wissenschaftliche Basis erkennbar vorliegt, Zweifelsfälle anzunehmen sein dürften, sofern die zuständige Behörde über die Frage der Anerkennung nachdenkt. Andererseits gibt es jedoch auch Verfahren, in denen die Behörden im negativen Sinne keinen Zweifel hegen, so daß sie, weil sie ohnehin nicht als anerkennungsfähig in Betracht kommen, keiner Begutachtung durch den Beirat bedürfen. Es ist allerdings ebensowenig ausgeschlossen, daß einzelne Länder aufgrund anderer Kriterien zur Anerkennungsfähigkeit verschiedener Verfahren tendieren. Letztlich bleibt es daher der Anwendung des PsychThG nach seinem Inkrafttreten durch die Länder überlassen, welche psychotherapeutischen Verfahren von Beginn an zu den wissenschaftlich anerkannten Verfahren zählen. Dies kann in den Ländern auch zu einer unterschiedlichen Handhabung des PsychThG führen, was zwar nicht wünschenswert, aber aufgrund des föderalen Staatsaufbaus Deutschlands auch nicht immer zu vermeiden ist. Das Interesse an einer bundeseinheitlichen Lösung ist von den Ländern in der Vergangenheit jedoch häufig betont worden.

Hinsichtlich aller der Verfahren, in denen die Behörden jedoch eine Anerkennung in Betracht ziehen, sich jedoch letztlich aufgrund fehlender Sachkompetenz nicht in der Lage sehen, die Frage zu entscheiden, ist ein Zweifelsfall im Sinne des § 11 PsychThG anzunehmen, der die Einschaltung des wissenschaftlichen Beirates rechtfertigt. Dessen Aufgabe ist – in den Fällen der Anrufung durch die zuständigen Behörden – die Erstellung eines Gutachtens, das als Grundlage für die behördliche Entscheidung dienen soll. Als Entscheidungsträger ist die Behörde jedoch nicht verpflichtet, das Votum des Gutachtens zu übernehmen, wenn diesem auch eine starke Vermutung der Richtigkeit innewohnen dürfte.

Die Vorschrift des § 11 PsychThG schließt nicht aus, daß der wissenschaftliche Beirat eigeninitiativ tätig wird; er hat jedoch in solchen Fällen keinen Anspruch auf Berücksichtigung seiner Tätigkeit durch die Länder. Dies bedeutet, daß eine Begutachtung auf Vorrat mit einem daraus folgenden Anspruch auf Rechtswirksamkeit des Votums ausgeschlossen ist.

Hinsichtlich der Besetzung des Beirates äußert sich der Gesetzgeber nur wenig präzise. Er trifft lediglich die Aussage, daß er gemeinsam aus Vertretern der auf Bundesebene zuständigen Psychologischen Psychotherapeuten und Kinder- und Jugendlichenpsychotherapeuten sowie ärztlicher Psychotherapeuten zu bilden ist. Aus der insbesondere auch im Sozialversicherungsrecht zum Ausdruck kommenden Gleichberechtigung zwischen Ärzten und Psychotherapeuten sowie der vergleichbaren Interessenlage beider Berufsgruppen kann im Zusammenhang mit der Verwendung des Begriffs „gemeinsam“ aber auf die Intention des Gesetzgebers geschlossen werden. Danach sieht § 11 eine paritätische Besetzung des Beirates vor, wobei die beiden psychotherapeutischen Berufe eine Gruppe bilden, die genausogroß sein sollte wie die Gruppe der ärztlichen Psychotherapeuten.

Aus der Verwendung der Worte „in der Bundesärztekammer“ sowie der Begründung des Gesetzes in diesem Punkt ergibt sich als Wille des Gesetzgebers die organisatorische Ansiedlung des Beirates bei der Bundesärztekammer. Sein Anliegen hierbei war es, die dort bereits bestehenden Ressourcen zu nutzen.

Daneben dient § 11 – wie in der Gesetzesbegründung deutlich wird – auch dem Zweck, die Bildung von Psychotherapeutenkammern durch die Länder anzuregen. Eine eigene Gesetzgebungskompetenz zur Bildung von Kammern hat der Bund nämlich nicht. Ob und wann die Länder derartige Kammern einrichten werden, bleibt abzuwarten. Angesichts der Aufgaben, die die Landesärztekammern im berufsrechtlichen Bereich wahrnehmen, dürfte von seiten der Länder jedoch ein nicht unerhebliches Interesse an der Einrichtung solcher Kammern bestehen. Auch im Hinblick auf die Möglichkeiten, sich eine Standesordnung zu geben und so die Ausübung des psychotherapeutischen Berufs, der ja von einer besonderen Verantwortung gegenüber dem Patienten geprägt ist, zu überwachen, ist die Einrichtung von Kammern in ihrer Bedeutung nicht zu unterschätzen.

Die rudimentären Vorgaben hinsichtlich der Bildung, aber auch der Arbeit des Beirates durch den Gesetzgeber lassen den Beteiligten einen relativ großen Spielraum für eine Geschäftsordnung oder Satzung über die Beiratstätigkeit. Ihrer Vereinbarung bleibt es überlassen, in welcher Form die Zusammenarbeit geregelt werden soll, aber auch welchen Einfluß der Beirat über seine ihm gesetzlich zugewiesene Tätigkeit erlangen kann. Denkbar ist dabei insbesondere ein Einfluß der Entscheidungen des Beirates auf die ärztlichen Weiterbildungen im Bereich der Psychotherapie, was einerseits zu deren Weiterentwicklung beitragen, andererseits aber auch die Gleichwertigkeit beider psychotherapeutischer Berufe mit den ärztlichen Weiterbildungen in diesem Bereich deutlich machen würde.

Das Einbeziehen der ärztlichen Psychotherapeuten in den wissenschaftlichen Beirat ist aufgrund der unterschiedlichen Vorbildungen – einerseits Medizinstudium, andererseits Psychologiestudium bzw. Pädagogik-/Sozialpädagogikstudium – auch im Hinblick auf das Wohl des Patienten nicht zu unterschätzen. Die aus den genannten Grundrichtungen entstammenden Psychotherapeuten haben aufgrund der Vorbildung verschiedene Perspektiven und Herangehensweisen an psychotherapeutische Behandlungen entwickelt. Mit der Regelung der Berufe des Psychologischen Psychotherapeuten und des Kinder- und Jugendlichenpsychotherapeuten wird daher sicherlich auch ein Beitrag zu einer gegenseitigen Befruchtung der Berufsausübung geleistet; im übrigen ist nicht auszuschließen, daß das gleichberechtigte Nebeneinander von Ärzten und Psychologen in der Psychotherapie Deutschland über seine Grenzen hinweg in den Ruf einer besonders fortschrittlichen Regelung der Psychotherapie bringt.

12. Die Übergangsvorschriften

Den Übergangsvorschriften, die in § 12 PsychThG enthalten sind, kommt im Rahmen des PsychThG besondere Bedeutung zu. Diese ist in der Tatsache begründet, daß mit dem PsychThG die Berufe des Psychologischen Psychotherapeuten und des Kinder- und Jugendlichenpsychotherapeuten erstmalig einer gesetzlichen Regelung zugeführt werden, die zukünftig alle diejenigen ausschließt, die die vorgeschriebene Ausbildung nicht absolviert haben. Wer dennoch bis zum Inkrafttreten des Gesetzes auf dem Gebiet der Psychotherapie tätig war, kann nur dann weiterhin als approbierter Psychologischer Psychotherapeut oder Kinder- und Jugendlichenpsychotherapeut tätig sein, wenn er eine der in den Absätzen 1 bis 5 des § 12 PsychThG enthaltenen Übergangsvorschriften erfüllt. Ausgenommen hiervon sind lediglich die Ärzte, die ohnehin aufgrund ihrer ärztlichen Approbation wie bisher psychotherapeutisch arbeiten können.

Grundsätzlich gilt diese Aussage zwar auch für Heilpraktiker, seien es solche mit der umfassenden oder der sog. eingeschränkten Heilpraktikererlaubnis. Sie unterliegen durch das Gesetz jedoch zweierlei Beschränkungen: Zum einen ist es ihnen zukünftig verboten, die Bezeichnung „Psychotherapeut" zu verwenden, zum anderen haben sie durch die Zulassung der

Psychologischen Psychotherapeuten und der Kinder- und Jugendlichenpsychotherapeuten zur Leistungserbringung für die gesetzlichen Krankenkassen keine Möglichkeit mehr, ihre Leistungen von den Kassen erstattet zu bekommen. Psychotherapeutisch tätige Heilpraktiker dürften daher in Zukunft im wesentlichen auf Selbstzahler oder ggf. Privatpatienten angewiesen sein. Dementsprechend wichtig ist es für diejenigen, die bisher psychotherapeutisch tätig waren, aufgrund der Übergangsvorschriften des Gesetzes eine Approbation zu erhalten. Andernfalls steht ihnen der Weg zum Psychologischen Psychotherapeuten oder Kinder- und Jugendlichenpsychotherapeuten nur über die neue Ausbildung einschließlich der staatlichen Prüfung offen. Soweit sie nicht über die erforderliche Vorbildung (abgeschlossenes Psychologie-, bzw. bei Kinder- und Jugendlichenpsychotherapeuten auch abgeschlossenes Studium der Pädagogik oder Sozialpädagogik) verfügen, ist ihnen der Weg ins Gesetz gänzlich versperrt.

Entsprechend der dargestellten Bedeutung der Übergangsvorschriften sind diese in § 12 PsychThG enthaltenen Regelungen im Gesetzgebungsverfahren sehr umstritten gewesen und bis heute umstritten. Eine solche Auseinandersetzung ist allerdings auch nur schwer zu vermeiden, da Übergangsvorschriften einerseits den unterschiedlichen Anliegen der bisher tätigen Psychotherapeuten gerecht zu werden versuchen sollen, andererseits aber immer auch einen Ausgleich zu der neuen Regelung darstellen müssen. Der Gesetzgeber kann, um derartigen Anforderungen gerecht zu werden, durch seine bei der Gestaltung der Vorschriften zu treffenden Entscheidungen Ungerechtigkeiten in Einzelfällen nicht immer vermeiden. Zu erwähnen sind hierbei insbesondere sog. Ausschlußfristen, die auch vorliegend in § 12 enthalten sind. Im Zweifel werden daher die Gerichte zu prüfen haben, ob die konkret betroffene Vorschrift im ebenso konkreten Einzelfall den Anforderungen an die durch das GG geschützten Rechte genügt. Die weite Formulierung aller Absätze des § 12 PsychThG läßt dies jedoch vermuten.

§ 12 PsychThG unterscheidet im wesentlichen vier Gruppen von Psychotherapeuten, die im sog. Delegationsverfahren tätigen (Absatz 1), die in der ehemaligen DDR ausgebildeten (Absatz 2), die sog. Kostenerstattungspsychotherapeuten (Absatz 3) sowie die angestellt oder beamtet tätigen (Absatz 4). Absatz 5 enthält die Übergangsvorschriften für die Kinder- und Jugendlichenpsychotherapeuten, die nicht unter den Absatz 1 fallen.

Zu § 12 Abs. 1:

Nach Absatz 1 erhalten die Personen eine Approbation als Psychologische Psychotherapeuten oder Kinder- und Jugendlichenpsychotherapeuten, die im Zeitpunkt des Inkrafttretens des PsychThG, also am 1. 1. 1999, im Rahmen der kassenärztlichen Versorgung an der psychotherapeutischen Behandlung von gesetzlich Krankenversicherten im sog. Delegationsverfahren teilnehmen oder die Qualifikation für eine solche Teilnahme erfüllen. Bei den Delegationspsychotherapeuten hat der Gesetzgeber keine weiteren Voraussetzungen an die Approbation geknüpft, da diese Personen grundsätzlich über eine Ausbildung nach den Psychotherapie-Richtlinien verfügen müssen, an der sich die nunmehr im PsychThG geregelte Ausbildung zum Psychologischen Psychotherapeuten oder Kinder- und Jugendlichenpsychotherapeuten bereits orientiert hat.

Für die Erteilung der Approbation nach § 12 Abs. 1 reicht im übrigen auch aus, daß der Antragsteller die Qualifikation für die Teilnahme am Delegationsverfahren erworben hat, ohne tatsächlich daran teilzunehmen.

Selbstverständlich müssen die Delegationspsychotherapeuten auch die weiteren, in § 2 Abs. 1 Nr. 1, 3 und 4 genannten Voraussetzungen für die Erteilung der Approbation erfüllen.

Nach Absatz 1 darf es sich außerdem nicht um Ärzte handeln.

Eine Approbation als „Delegationspsychotherapeut" erhält darüber hinaus, wer die für die Mitwirkung am Delegationsverfahren erforderliche Qualifikation innerhalb von drei Jahren bei Vollzeitausbildung oder innerhalb von fünf Jahren bei Teilzeitausbildung nach Inkrafttreten des Gesetzes erfüllt. Dies gibt denjenigen, die sich zum Zeitpunkt des Inkrafttretens des Gesetzes in einer Ausbildung nach den Psychotherapie-Richtlinien befinden, die Möglichkeit, sie in einem angemessenen Zeitraum (bis 31. 12. 2001 bei Vollzeitausbildung, bis 31. 12. 2003 bei Teilzeitausbildung) abzuschließen. Mit Erfüllung der Qualifikation zur Teilnahme am Delegationsverfahren können die Absolventen der Ausbildung nach den Psychotherapie-Richtlinien eine Approbation nach dem PsychThG beantragen. Hierzu müssen sie die nach dem PsychThG vorgeschriebene staatliche Prüfung nicht ablegen.

Absatz 1 verlangt als Voraussetzung für die Erteilung der Approbation nicht, daß der Antragsteller über ein abgeschlossenes Psychologie- bzw. Pädagogik- oder Sozialpädagogikstudium verfügen muß, weil die Psychotherapie-Richtlinien bereits seit 1976 als Zugangsvoraussetzung für die Ausbildung entsprechende Studienabschlüsse verlangen. In der Anforderung an die Erfüllung der Qualifikation für die Mitwirkung am Delegationsverfahren sind daher die sonst im Gesetz geforderten Studienabschlüsse enthalten.

Die Tatsache, daß vor 1976 der Zugang zur Ausbildung nach den Psychotherapie-Richtlinien allgemein Akademikern eröffnet war, nimmt der Gesetzgeber in Kauf. Zum einen dürfte dieser Personenkreis relativ beschränkt sein, zum anderen ist er nach den in den Psychotherapie-Richtlinien enthaltenen Übergangsbestimmungen stets als am Delegationsverfahren teilnahmeberechtigt angesehen worden, so daß kein Anlaß bestand, dies nunmehr zu ändern.

Die Übergangsvorschrift des Absatzes 1 ist diejenige, die den Approbationsbehörden in der Übergangsphase die wenigsten Schwierigkeiten bereiten dürfte.

Zu § 12 Abs. 2:

Absatz 2 betrifft die sog. „Fachpsychologen in der Medizin" der ehemaligen DDR. Anträge auf Erteilung einer Approbation nach dieser Vorschrift dürften insbesondere aus den neuen Ländern zu erwarten sein. Auch die Antragsteller, die eine Approbation nach Absatz 2 anstreben, müssen zusätzlich zu den dort genannten Voraussetzungen die Anforderungen des § 2 Abs. 1 Nr. 1, 3 und 4 erfüllen.

Zu § 12 Abs. 3:

Die schwierigsten Entscheidungen haben die Approbationsbehörden im Rahmen der Anträge auf Erteilung einer Approbation nach den Absätzen 3 und 4 zu treffen. Diese unterscheiden sich in ihren Voraussetzungen nur geringfügig, betreffen allerdings unterschiedliche Personengruppen. Wegen der Vermischung des Angestellten- bzw. Beamtenstatus mit freiberuflicher Tätigkeit ist eine Kombination der Voraussetzungen möglich.

Auch Approbationen, die nach den Absätzen 3 und 4 erteilt werden sollen, werden hinsichtlich der Erfüllung der Voraussetzungen nach § 2 Abs. 1 Nr. 1, 3 und 4 überprüft.

Die Erteilung der Approbation auf der Grundlage des § 12 Abs. 3 PsychThG unterscheidet zwei Varianten. Beiden gemeinsam ist das Erfordernis eines an einer Universität oder einer gleichstehenden Hochschule abgeschlossenen Psychologiestudiums. Da das Gesetz in diesem Zusammenhang die Klinische Psychologie als Bestandteil der Abschlußprüfung nicht erwähnt, dürfte hier ein allgemeiner Abschluß in Psychologie, d. h. auch ein solcher, in dem dieses Fach nicht Bestandteil der Abschlußprüfung war, ausreichen.

Absatz 3 setzt darüber hinaus voraus, daß der Antragsteller zwischen dem 1. 1. 1989 und dem 31. 12. 1998 insgesamt mindestens sieben Jahre an der Versorgung von Versicherten einer Krankenkasse mitgewirkt hat oder daß seine Leistungen während dieser Zeit von einem Unternehmen der privaten Krankenversicherung vergütet oder von der Beihilfe als beihilfefähig anerkannt worden sind. Man wird hierbei eine gewisse Regelmäßigkeit der Tätigkeit fordern müssen, da es Anliegen des Gesetzgebers war, diejenigen in den Bestandsschutz einzubeziehen, die ihren Lebensunterhalt ganz oder zumindest teilweise durch psychotherapeutische Tätigkeit finanziert haben.

Dies kommt auch darin zum Ausdruck, daß der Gesetzgeber neben der siebenjährigen regelmäßigen Tätigkeit für die Erteilung der Approbation voraussetzt, daß der Antragsteller während des genannten Zeitraumes mindestens 4000 Stunden psychotherapeutischer Berufstätigkeit oder 60 dokumentierte und abgeschlossene Behandlungsfälle nachweisen kann. Ferner muß er über eine theoretische Ausbildung von mindestens 140 Stunden in wissenschaftlich anerkannten Verfahren verfügen.

Da der Beruf des Psychologischen Psychotherapeuten einen Heilberuf darstellt, ist bei der Frage der psychotherapeutischen Berufstätigkeit auf das Kriterium der „Krankenbehandlung" abzustellen. Auch bei den Behandlungsfällen muß es sich um Krankenbehandlung gehandelt haben.

Abgeschlossene Behandlungsfälle dürften im übrigen auch dann vorliegen, wenn es sich um eine abgebrochene Behandlung handelt. Da die Dauer der Behandlungsfälle nicht näher bestimmt ist, können grundsätzlich auch Kurzbehandlungen einbezogen werden. Ob jedoch eine auffällige Diskrepanz zwischen den Stunden der psychotherapeutischen Berufstätigkeit und den Gesamtstunden der dokumentierten Behandlungsfälle von den Approbationsbehörden ohne weiteres anerkannt werden wird, ist fraglich. Im Interesse der Gleichbehandlung und der Qualität des Berufs sollten zumindest vergleichbare Gesamtstundenzahlen gefordert werden dürfen.

Die theoretische Ausbildung ist in wissenschaftlich anerkannten psychotherapeutischen Verfahren nachzuweisen (vgl. hierzu Erläuterungen zum wissenschaftlichen Beirat). Eine zeitliche Eingrenzung dahin gehend, wann sie erfolgt sein muß, enthält das Gesetz nicht, so daß grundsätzlich auch vor dem 1. 1. 1989 absolvierte theoretische Ausbildungen anrechenbar sind.

Da eine Voraussetzung für die Approbationserteilung ein abgeschlossenes Psychologiestudium ist, können Teile dieses Studiums grundsätzlich nicht als theoretische Ausbildung gelten, es sei denn, es handelt sich hierbei um Kenntnisse aus dem Bereich der Klinischen Psychologie. Diese ist im Rahmen der Übergangsvorschriften – im Gegensatz zu § 5 Abs. 2 PsychThG – nicht als Bestandteil des Psychologiestudiums vorgeschrieben, so daß Personen, die das Fach Klinische Psychologie in ihrer Abschlußprüfung aufweisen, diese Kenntnisse ganz oder teilweise als „theoretische Ausbildung" in die Approbation einbringen dürfen.

Für den Fall, daß ein Antragsteller keine siebenjährige Tätigkeit im oben genannten Sinne oder während seiner siebenjährigen Tätigkeit keine 4000 Behandlungsstunden bzw. 60 Behandlungsfälle oder keines von beiden nachweisen kann, kommt die Erteilung der Approbation aufgrund der Variante 2 des Absatzes 3 in Betracht. Diese beinhaltet insgesamt vier Voraussetzungen, die kumulativ zu erbringen sind.

Zunächst muß der Antragsteller mindestens 2000 Stunden psychotherapeutischer Berufstätigkeit oder 30 dokumentierte und abgeschlossene Behandlungsfälle nachweisen. Es gelten hierbei dieselben Kriterien wie bei den 4000 Stunden oder 60 Fällen. Ferner muß er mindestens fünf Behandlungsfälle unter Supervision mit mindestens 250 Behandlungsstunden darlegen. Entgegen dem ursprünglichen Gesetzentwurf, in dem die Behandlungsfälle in ihrer Dauer festgelegt waren, haben die Änderungen im Gesundheitsausschuß hier zu einer flexibleren Handhabung geführt.

Hinsichtlich der Supervision dürfte nicht jede als „Supervision" bezeichnete Tätigkeit anzurechnen sein; es ist vielmehr erlaubt, Anforderungen an den Supervisor zu stellen. Um welche Kriterien es sich hierbei handelt, entscheiden die Länder; jedoch dürfte es nicht unzumutbar sein, nach einer Ausbildung zum Psychotherapeuten vom Supervisor eine mindestens dreijährige Berufstätigkeit zu verlangen, damit die von ihm supervidierten Behandlungen im Sinne des Gesetzes anerkannt werden können. Auch Supervisionen, die bei Ärzten stattgefunden haben, sind grundsätzlich anerkennungsfähig.

Die Anforderung der Nummer 2, die in der Nummer 3 ihre Fortsetzung findet, soll die im Vergleich zu der Variante 1 des § 12 Abs. 3 um die Hälfte reduzierte Berufstätigkeit (dort 4000, hier 2000 Stunden bzw. dort 60, hier 30 Behandlungsfälle) ausgleichen.

Für die nach Nummer 3 verlangte theoretische Ausbildung von 280 Stunden gilt das zu der Variante 1 Gesagte entsprechend.

Dem Charakter von Übergangsvorschriften, die Bestandsschutz gewährleisten sollen, entsprechend, kann schließlich nur derjenige eine Approbation nach § 12 Abs. 3 Satz 3 erhalten, der am 24. 6. 1997 für die gesetzliche Krankenkasse tätig war, seine Leistungen von einer privaten Krankenversicherung erstattet erhielt oder als beihilfefähig anerkannt bekam. Das Abstellen auf den 24. 6. 1997 ist Ausfluß aus dem Gesetzgebungsverfahren, da der Gesetzentwurf an diesem Tag in den Deutschen Bundestag eingebracht worden ist. Personen, die erst danach ihre psychotherapeutische Tätigkeit aufgenommen haben, sollten keinen Bestandsschutz genießen, da sie zum Zeitpunkt der Einbringung des Gesetzes noch über keinen schützenswerten Bestand verfügten. Sie müssen daher die nach dem PsychThG vorgeschriebene Ausbildung – ggf. nach § 5 Abs. 3 verkürzt – durchlaufen, um eine Approbation zu erhalten.

Die Aussage des Gesetzgebers, eine Tätigkeit am 24. 6. 1997 zu verlangen, ist auslegungsbedürftig dahin gehend, daß nicht nur jede Tätigkeit an diesem Tag zählt, sondern auch jede Tätigkeit, die vor dem genannten Zeitpunkt in dem genannten Sinne erbracht worden ist. Soweit sich ein Antragsteller daher am 24. 6. 1997 z.B. in Urlaub befand oder aus anderen Gründen tatsächlich keine psychotherapeutischen Behandlungen durchgeführt hat, ist dies als unschädlich anzusehen.

Zur Berücksichtigung von Erziehungszeiten:

Im Zusammenhang mit den Übergangsvorschriften der Absätze 3 und 4 ist im Gesetzgebungsverfahren vielfach die Frage von Müttern oder Vätern im Erziehungsurlaub problematisiert und kritisiert worden. Ohne daß der Gesetzgeber die Familienarbeit, die Mütter und Väter leisten, abwerten wollte, ist jedoch festzustellen, daß die Übergangsvorschriften des PsychThG genügend Spielraum für Mütter und auch Väter lassen, die ihrer Tätigkeit wegen Erziehungszeiten zeitweise nicht nachgehen konnten. Dies wird an der Variante 2 der Absätze 3 und 4 deutlich, deren Anforderungen im Gegensatz zur Variante 1, die 4000 Stunden psychotherapeutischer Berufstätigkeit im Zeitraum vom 1. 1. 1989 bis 31. 12. 1998 verlangt, zeitlich nicht beschränkt sind, so daß z. B. auch berufliche Tätigkeiten, die vor dem 1. 1. 1989 erbracht wurden, anerkennungsfähig sind.

Darüber hinaus entsprechen die in der Variante 1 des § 12 Abs. 3 und 4 geforderten 4000 Stunden beruflicher Tätigkeit bei einer wöchentlichen Arbeitszeit von 20 Stunden etwa einem Tätigkeitszeitraum von vier Jahren, die in der Variante 2 des § 12 Abs. 3 und 4 geforderten 2000 Stunden beruflicher Tätigkeit bei einer wöchentlichen Arbeitszeit von 10 Stunden etwa einem Zeitraum von fünf Jahren. Der Gesetzgeber hat dies im Hinblick auf die Qualität des Berufs bereits als unterstes Limit betrachtet und im Interesse der Patienten, die sich aufgrund der Approbation darauf verlassen dürfen, einem qualifizierten Behandler gegenüberzustehen, ein weiteres Zurückfahren dieser Anforderungen nicht mehr als möglich angesehen. Hierbei hatte er zusätzlich in Betracht zu ziehen, daß das PsychThG zwei dem Arzt vergleichbare Heilberufe schaffen sollte, die auf dem Gebiet der Psychotherapie gleichberechtigt mit den Ärzten tätig werden. Es mußte ihm daher erlaubt sein, entsprechend hohe Qualitätsanforderungen an die in diesen Berufen tätigen Personen zu stellen. Schließlich hatte er zu bedenken, daß Übergangsvorschriften dem Zweck dienen, einen Bestandsschutz von einiger Relevanz zu gewährleisten. Ein solcher konnte jedoch nur bei Personen bejaht werden, die vor Inkrafttreten des Gesetzes in einem relevanten Umfang psychotherapeutisch gearbeitet haben (Lebensgrundlage); er war im Interesse am Wohl des Patienten nicht beliebig auszuweiten. Im übrigen hat der Gesetzgeber stets darauf hingewiesen, daß eine Approbation nicht dadurch ausgeschlossen wird, daß jemand die Voraussetzungen des § 12 nicht erfüllt. Dieser hat vielmehr noch die Möglichkeit, die vorgeschriebene Ausbildung zu durchlaufen. Der beschwerlichere Weg zur Approbation wird denjenigen, die keine der in den verschiedenen Absätzen und Varianten des § 12 vorgesehenen Voraussetzungen erfüllen, daher im Interesse der Qualität des Berufs zugemutet.

Zu § 12 Abs. 4:

Die Übergangsvorschriften des Absatzes 4 entsprechen in ihren inhaltlichen Anforderungen im wesentlichen denen des Absatzes 3. Unterschiede bestehen darin, daß eine Tätigkeit im Angestellten- oder Beamtenverhältnis vorausgesetzt wird, die entweder in einer psychiatrischen, psychotherapeutischen, psychosomatischen oder neurologischen Einrichtung erfolgt ist und überwiegend psychotherapeutisch oder durch das hauptberufliche Durchführen psychotherapeutischer Behandlungen geprägt war.

Der Begriff der Einrichtung orientiert sich im wesentlichen an Krankenhäusern, psychotherapeutischen Praxen o. ä.; er unterliegt jedoch im einzelnen der Auslegung durch die Länder und kann wohl auch Einrichtungen umfassen, die z. B. von der Rentenversicherung getragen werden.

Maßgeblich kommt es auch im Rahmen des Absatzes 4 auf die psychotherapeutische Tätigkeit im Sinne der Legaldefinition des § 1 Abs. 3 PsychThG an. Aufgabe der Approbationsbehörden wird es daher sein, nur vermeintlich psychotherapeutische Tätigkeiten von tatsächlicher Krankenbehandlung abzugrenzen. Problematisch dürfte dabei insbesondere die Tätigkeit in Beratungsstellen sein, die in der Regel weniger als psychotherapeutische, denn als psychologische Tätigkeit geprägt ist. Indizien für das Vorliegen einer Krankenbehandlung stellen daher stets ärztliche Verordnungen, die das Behandlungserfordernis bestätigen, oder die Übernahme der Behandlungskosten durch die Krankenversicherungen bzw. die Sozialhilfe nach § 37 BSHG dar.

Eine überwiegende psychotherapeutische Tätigkeit ist dann anzunehmen, wenn sie zeitlich den überwiegenden Anteil der vorgesehenen Arbeitszeit in Anspruch genommen hat.

Im Gegensatz zu Absatz 3 sieht Absatz 4 Satz 2 Nr. 1 vor, daß die geforderten 4000 Stunden psychotherapeutischer Tätigkeit auch die Diagnostik und die notwendigen Fallbesprechungen umfassen sollen. Es dürfte daher im Rahmen des Absatzes 3 und im Hinblick auf die Gleichbehandlung zulässig sein, auch dort einen Abschlag vorzunehmen. Hierbei kann die Form der Vergütung durch die Krankenkassen als Indiz herangezogen werden, die jeweils 50 Minuten als eine Behandlungsstunde angesehen und dementsprechend erstattet haben.

Während in Absatz 3 eine theoretische Ausbildung in wissenschaftlich anerkannten Verfahren gefordert wird, verlangt Absatz 4 von den Antragstellern eine theoretische Ausbildung in dem Gebiet der Beschäftigung. Sie ist daher, sofern an der Arbeitsstelle auch psychotherapeutische Verfahren zur Anwendung kamen, die keine wissenschaftliche Anerkennung im Sinne des Gesetzes genießen, die weiter gehende Vorschrift. Die Intention des Gesetzgebers erklärt sich damit, daß – zumindest die gesetzlichen – Krankenkassen keine anderen Verfahren als Richtlinienverfahren erstatten durften, wenn sich dieses in der Realität auch anders dargestellt hat. In Einrichtungen war es demgegenüber möglich und zulässig, zusätzlich oder grundsätzlich andere psychotherapeutische Methoden anzuwenden. Dennoch wird man es als Intention des Gesetzgebers ansehen müssen, daß unter dem Begriff des „Gebietes der Beschäftigung" ein psychotherapeutisches Verfahren zu verstehen sein soll.

Zu § 12 Abs. 5:

Die Regelung des Absatzes 5 erstreckt die Übergangsvorschriften der Absätze 3 und 4 auch auf die Kinder- und Jugendlichenpsychotherapeuten. Die Voraussetzungen für einen erfolgreichen Antrag auf Approbation entsprechen daher den oben geschilderten, jedoch sind zwei Besonderheiten zu beachten. Zum einen können auch nach den Übergangsvorschriften Pädagogen und Sozialpädagogen eine Approbation erhalten. Hier kann der Begriff der Pädagogik weiter ausgelegt werden als im Rahmen des § 5 Abs. 2 Nr. 2, da Bestandsschutz zu gewährleisten ist und eine genaue Definition des Pädagogikstudiums in der Vergangenheit nicht erfolgte. In Betracht kommen hier daher grundsätzlich auch Lehrer, die besondere pädagogische Kenntnisse etwa in Form von Gleichwertigkeitsnachweisen vorlegen.

Hinsichtlich der zu erbringenden Tätigkeitsnachweise wird man im Rahmen der Approbation als Kinder- und Jugendlichentherapeut verlangen dürfen, daß die Behandlungsstunden oder Behandlungsfälle überwiegend, also mindestens zur Hälfte der Tätigkeit, in der Behandlung von Kindern und Jugendlichen nachgewiesen werden. Andernfalls würde der gesetzgeberische Zweck, einen speziell für die psychotherapeutische Behandlung von Kindern und Jugendlichen qualifizierten Beruf zu schaffen, im Rahmen der Übergangsvorschriften verfehlt. Die Patienten haben jedoch aufgrund der Approbation einen staatlich bescheinigten Anspruch auf einen für den Bereich der Kinder- und Jugendlichenpsychotherapie qualifizierten Behandler.

Insgesamt stellen die Übergangsvorschriften des § 12 PsychThG die Approbationsbehörden der Länder durch die Vielzahl der geregelten Fälle vor große Probleme. Die Länder haben daher, um die möglichst bundeseinheitliche Anwendung der Vorschriften zu erreichen, einheitliche Auslegungskriterien erarbeitet, die mehr oder weniger – dies zu entscheiden ist Aufgabe des einzelnen Landes – in Verwaltungsvorschriften o. ä. einfließen werden. Sie haben ferner Merkblätter für die Interessenten an einer Approbation erarbeitet, um diesen eine Hilfestellung für die Beibringung der Nachweise zu geben. Personen, die an einer Approbationserteilung interessiert sind, darf daher empfohlen werden, sich an die – für den Ort der geplanten Tätigkeit zuständigen – Landesbehörden zu wenden, um dort entsprechendes Informationsmaterial zu erhalten.

13. Die sonstigen Regelungen des Gesetzes

Die übrigen Regelungen des PsychThG in den §§ 3, 7 und 9 betreffen verwaltungstechnische Regelungen über Rücknahme, Widerruf und Ruhen der Approbation oder den Verzicht auf sie, den der Klarstellung dienenden Ausschluß der Geltung des Berufsbildungsgesetzes sowie eine Ermächtigung zum Erlaß einer Gebührenverordnung für privat krankenversicherte Personen. Sie sind im wesentlichen an die zuständigen Behörden gerichtet und werden von diesen entsprechend den Erfahrungen mit anderen einschlägigen Berufsgesetzen angewendet werden.

14. Änderungen sonstiger Gesetze

Neben dem PsychThG und den dadurch bedingten Änderungen des SGB V beinhaltet das Gesetz über die Berufe des Psychologischen Psychotherapeuten und des Kinder- und Jugendlichenpsychotherapeuten, zur Änderung des Fünften Buches Sozialgesetzbuch und anderer Gesetze noch eine Vielzahl weiterer Gesetzesänderungen, die ihre Ursache im PsychThG haben. Im Rahmen des Berufsrechts sind hierbei insbesondere die Änderungen des Siebten Buches Sozialgesetzbuch, des Strafgesetzbuches, der Strafprozeßordnung sowie der Abgabenordnung maßgeblich, die die Psychologischen Psychotherapeuten und die Kinder- und Jugendlichenpsychotherapeuten mit den dort jeweils geregelten Rechten und Befugnissen in eine Reihe mit den Ärzten stellen (vgl. hierzu im einzelnen den im Anhang abgedruckten Wortlaut).

Indirekte Gesetzesänderungen ergeben sich durch das PsychThG in weiteren Vorschriften, in denen allgemein von Angehörigen der Heilberufe die Rede ist, so daß eine ausdrückliche Änderung des Wortlautes nicht erforderlich war. Beispielhaft hierfür wäre das Umsatz- sowie das Einkommenssteuergesetz zu nennen.

Besondere Bedeutung hat die Änderung des § 132a StGB. Während § 1 Abs. 1 PsychThG lediglich die Berufsbezeichnungen schützt, jedoch einen Verstoß gegen diesen Schutz nicht sanktioniert, enthält der neue § 132a StGB die Sanktionen für einen Verstoß gegen § 1 Abs. 1 PsychThG. Im Gegensatz beispielsweise zu den nichtärztlichen Heilberufen, in denen ein

Verstoß gegen das Verbot, die geschützten Berufsbezeichnungen ohne Erlaubnis zu führen, als Ordnungswidrigkeit mit einer Geldstrafe bis zu 5000 DM geahndet wird, steht bei einem Verstoß gegen § 132a StGB mehr auf dem Spiel. Wie bei den Ärzten kommt auch hier eine Freiheitsstrafe bis zu einem Jahr oder Geldstrafe in Betracht. Es wird damit deutlich, welches Gewicht der Gesetzgeber dem Schutz der Berufsbezeichnung zubilligt. Zugleich kommt der Schutzzweck der Gesetze, das Wohl der Volksgesundheit und des Patienten zu bewahren, zum Ausdruck.

II.
Krankenversicherungsrechtlicher Teil

Die krankenversicherungsrechtliche Neuordnung der Leistungserbringung durch Psychologische Psychotherapeuten sowie Kinder- und Jugendlichenpsychotherapeuten (vom Gesetzgeber in einer Legaldefinition gemeinsam als Psychotherapeuten bezeichnet) folgt den Ordnungsprinzipien der Gleichberechtigung und der Integration, ohne die unterschiedlichen beruflichen Voraussetzungen (Berufsbilder) der psychotherapeutischen und ärztlichen Leistungserbringer zu negieren – „Integration, aber nicht Verschmelzung“.

1. Folgerungen aus der Neuregelung für den Versicherten

a) Erstzugangsrecht und Konsiliarbericht

Dem Versicherten stehen zukünftig neben dem psychotherapeutisch tätigen Arzt die Psychotherapeuten als Behandler gleichberechtigt zur Verfügung (Wegfall des Arztvorbehalts für psychotherapeutische Behandlungen). Der Patient erhält das Recht, den Psychotherapeuten ohne vorherigen Besuch eines Arztes direkt aufzusuchen (Erstzugangsrecht). Der Patient braucht also seine seelischen Probleme nicht erst – wie bisher – einem somatisch tätigen Arzt zu offenbaren, wenn er selbst bereits den Eindruck hat, er bräuchte professionelle psychotherapeutische Hilfe. Er hat vielmehr zukünftig das Wahlrecht zwischen einer großen Anzahl von psychotherapeutisch tätigen Ärzten und Psychotherapeuten. Diesem Wahlrecht kommt gerade bei psychischen Erkrankungen ein hoher Stellenwert zu, bei denen es nach Meinung aller Experten besonders auf eine optimale Patient/Behandler-Beziehung ankommt.

Das Erstzugangsrecht des Versicherten zum Psychotherapeuten ist allerdings verknüpft mit der Verpflichtung des Psychotherapeuten, vor Beginn der Behandlung (spätestens nach Ende der probatorischen – die psychotherapeutische Behandlung vorbereitenden – Sitzungen) den Konsiliarbericht eines Vertragsarztes zur Abklärung einer eventuell vorliegenden somatischen Erkrankung einzuholen. Darüber hinaus muß er, sofern der somatisch abklärende Vertragsarzt dies für erforderlich hält, das Konsilium eines psychiatrisch tätigen Vertragsarztes veranlassen. Die Einholung des Konsiliarberichts hat zum einen leistungsrechtliche Bedeutung: Der Konsiliarbericht muß dem Antrag des Versicherten auf Genehmigung einer psychotherapeutischen Behandlung durch seine Krankenkasse beigefügt werden. Er hat zum anderen auch Bedeutung für die Leistungserbringung durch den Psychotherapeuten: Beginnt dieser die Behandlung, ohne zuvor den Konsiliarbericht eingeholt zu haben, so ist das in der Regel ein Verstoß gegen seine vertragsärztlichen Pflichten.

Die Einzelheiten zu den Anforderungen an den somatisch abklärenden Konsiliararzt und an den Inhalt des Konsiliarberichts werden in den neuen, am 1. Januar 1999 in Kraft tretenden Psychotherapie-Richtlinien des Bundesausschusses der Ärzte und Krankenkassen geregelt (vgl. Anlage 13).

b) Verfahrensfestlegung durch den Bundesausschuß der Ärzte und Krankenkassen

Wie für die Leistungserbringung durch psychotherapeutisch tätige Ärzte sind auch für die psychotherapeutische Behandlung durch Psychotherapeuten die Psychotherapie-Richtlinien des Bundesausschusses für den Leistungsanspruch des Versicherten maßgeblich. Der Gesetzgeber hat die Konkretisierung des Leistungsanspruchs des Versicherten im Hinblick darauf, was der Versicherte als ausreichend, zweckmäßig und wirtschaftlich beanspruchen kann, dem Bundesausschuß der Ärzte und Krankenkassen übertragen. Dies gilt gleichermaßen für die somatische wie die psychotherapeutische Behandlung. Der Gesetzgeber hat dabei dem Anliegen der Psychotherapeuten, zukünftig das Spektrum der zugelassenen Behandlungsverfahren gleichgewichtig mit den Ärzten definieren zu können, dadurch Rechnung getragen, daß er ausdrücklich für die Beschlußfassung über die Psychotherapie-Richtlinien die Besetzung der Leistungserbringerbank mit psychotherapeutisch tätigen Leistungserbringern (paritätisch Ärzte/Psychotherapeuten) festgelegt hat, eine gesetzlich verbriefte Sonderstellung der psychotherapeutisch tätigen Leistungserbringer, die für andere Fachgruppen nicht existiert. In diesen Psychotherapie-Richtlinien legt der Bundesausschuß enumerativ fest, welche psychotherapeutischen Verfahren zur Behandlung der gesetzlich Versicherten zugelassen sind.

2. Folgerungen aus der Neuregelung für die Psychotherapeuten als Leistungserbringer

Wie die ärztlichen Leistungserbringer müssen auch die Psychotherapeuten zur Teilnahme an der psychotherapeutischen Versorgung der Versicherten berechtigt sein. Diese Teilnahmeberechtigung beinhaltet zugleich ihre gleichberechtigte Einbeziehung in die vertragsärztliche Versorgung (Integrationsmodell), vgl. § 72 Abs. 1 SGB V.

Teilnahmemöglichkeiten sind

- aufgrund der Übergangsvorschriften die bedarfsunabhängige Zulassung und die bedarfsunabhängige Ermächtigung zur Nachqualifikation (in überversorgten Gebieten) und
- zukünftig die bedarfsabhängige Zulassung und die bedarfsabhängige Ermächtigung (in nicht überversorgten Gebieten).

Von den Psychotherapeuten am begehrtesten ist die bedarfsunabhängige Zulassung oder zumindest die bedarfsunabhängige Ermächtigung zur Nachqualifikation, die die Niederlassung in jedem Planungsbereich in der Bundesrepublik, unabhängig vom örtlichen Versorgungsgrad, ermöglichen. Diese Teilnahmeformen sind im Gesetz gedacht für die Personen, die bisher bereits an der Versorgung der Versicherten teilgenommen haben.

Im einzelnen wird für die Teilnahmeberechtigung die Erfüllung folgender Voraussetzungen verlangt:

a) Für die bedarfsunabhängige Zulassung (§ 95 Abs. 10 SGB V)

- Erfüllung der materiellrechtlichen Zulassungsvoraussetzungen bis zum 31. Dezember 1998.

  Dies bedeutet zum einen, daß der Psychotherapeut bis zum 31. Dezember 1998 die Anforderungen für die Erteilung der Approbation aufgrund der Übergangsbestimmungen (§ 12 PsychThG) erfüllt hat, und zum anderen, daß er die für die Erteilung der Approbation geforderte Qualifikation (vgl. § 12 Abs. 1 – Delegationsverfahren), Weiterbildung (vgl. § 12 Abs. 2 – Fachpsychologe in der Medizin) oder die Behandlungsstunden, die Behandlungsfälle und die theoretische Ausbildung (vgl. § 12 Abs. 3 – Kostenerstattungspsychotherapeuten –, § 12 Abs. 4 – angestellte Psychotherapeuten – sowie § 12 Abs. 5 – Kinder- und Jugendlichenpsychotherapeuten) in Richtlinienverfahren erbracht haben muß. Maßgeblich sind dabei die Psychotherapie-Richtlinien, die bis zum 31. Dezember 1998 gelten. Dabei besteht für den Zulassungsausschuß keine Bindungswirkung an die Feststellungen der Approbationsbehörde, sondern der Zulassungsausschuß hat einen eigenständigen Beurteilungsspielraum bei der Gesetzesanwendung, z. B. was die Berücksichtigung der in dem Psychologiestudium abgeleisteten Theoriestunden, die Verfahrensidentität zwischen Praxis (z. B. 4000 Std.) und Theorie (z. B. 140 Std.), die Supervisorenqualifikation oder die Frage anbelangt, ob die für die Approbation und die Zulassung der Kinder- und Jugendlichenpsychotherapeuten geforderte praktische und theoretische Qualifikation lediglich überwiegend oder aber ausschließlich auf Kinder- und Jugendliche bezogen nachgewiesen werden muß.

- Stellung des Zulassungsantrags bis zum 31. Dezember 1998.
- Die Teilnahme am Einführungslehrgang nach § 17 Ärzte-ZV ist für diese Psychotherapeuten keine Antragsvoraussetzung, da die Ärzte-ZV nach Artikel 15 des Neuordnungsgesetzes für die Psychotherapeuten erst ab 1. Januar 1999 gilt.

- Auch die vorherige Eintragung in das Arztregister ist für diese Zulassungen nicht notwendig, sondern erst für die zukünftigen bedarfsabhängigen Zulassungen, vgl. § 95 Abs. 2 Satz 1 i. V. m. § 95c SGB V. Das bedeutet, daß das Vorliegen der Qualifikationsvoraussetzungen vom Zulassungsausschuß selbst geprüft werden muß und nicht wie zukünftig von der Arztregisterstelle bei der Kassenärztlichen Vereinigung.

- Vorlage der Approbationsurkunde bis zum 31. März 1999.

  Kann der Psychotherapeut die Approbationsurkunde nicht rechtzeitig bis zum 31. März 1999 vorlegen, so ist ihm bei Unverschulden nach § 27 SGB X Wiedereinsetzung in den vorigen Stand zu gewähren, da § 27 SGB X auch für materiellrechtliche Ausschlußfristen gilt und der Zweck der Fristsetzung, eine zeitnahe Bedarfsplanung zu ermöglichen, auch dann erreicht wird, wenn im Einzelfall einem Psychotherapeuten nachträglich eine bedarfsunabhängige Zulassung erteilt wird. Dabei muß dann allerdings in Kauf genommen werden, daß dieser Psychotherapeut bei der Feststellung des Soll-Versorgungsgrades zur Einrichtung der Bedarfsplanung durch die Bedarfsplanungs-Richtlinien möglicherweise nicht mitgezählt werden, sondern nur bei der Feststellung des Ist-Versorgungsgrades berücksichtigt werden kann. (Für die Feststellung des Soll-Versorgungsgrades werden die Zulassungen berücksichtigt, über die der Zulassungsausschuß bis zum 30. April 1999 entschieden hat.)

- Teilnahme an der ambulanten Versorgung der Versicherten im Rahmen des Delegationsverfahrens oder der Kostenerstattung nach § 13 Abs. 3 SGB V in der Zeit vom 25. Juni 1994 bis zum 24. Juni 1997, wobei diese Teilnahme nicht den gesamten Zeitraum umfassen muß.

  Dieses Kriterium „Teilnahme in dem Dreijahreszeitraum“ bezweckt, denjenigen Psychotherapeuten eine bedarfsunabhängige Teilnahmeberechtigung zu geben, die für diesen Zeitraum eine kontinuierliche Versichertenversorgung in niedergelassener, eigener Praxis nachweisen können. Ausgeschlossen werden damit die stationär tätigen und sonstige angestellte Psychotherapeuten. Diese Psychotherapeuten werden bei Vorliegen der Approbation und des Fachkundenachweises bedarfsabhängig zugelassen, nachdem sie in das Arztregister nach § 95c SGB V eingetragen worden sind und beim Zulassungsausschuß einen Antrag auf die Zulassung in einem nicht gesperrten Gebiet gestellt haben; Ausschlußfristen für diese Anträge auf bedarfsabhängige Zulassung sieht das Gesetz nicht vor, vgl. § 95 Abs. 2 Satz 3 Nr. 1 SGB V.

In welchem zeitlichen Umfang der Psychotherapeut in dem Dreijahreszeitraum tätig gewesen sein muß, sagt das Gesetz nicht, sondern überläßt die Ausfüllung dieser Voraussetzung dem Zulassungsausschuß, der seine Rechtsanwendung daran auszurichten hat, daß mit dieser Anforderung nur denjenigen Psychotherapeuten eine behandlungsunabhängige Teilnahmeberechtigung ermöglicht werden soll, die nachhaltig an der ambulanten psychotherapeutischen Versorgung der Versicherten mitgewirkt und sich dadurch eine Praxis aufgebaut haben (vgl. dazu S. 8 des Rundschreibens der KBV vom 18. 8. 1998).

Auch wird im Gesetz nichts darüber gesagt, ob die psychotherapeutischen Behandlungen, die ein Psychotherapeut im Rahmen der Ausbildung zum Delegationsverfahren in seinem zweiten Ausbildungsabschnitt durchgeführt hat (sog. Beauftragungsverfahren), bei der Prüfung der besitzstandswahrenden Vortätigkeit mitzuberücksichtigen sind. Dagegen spricht, daß diese Psychotherapeuten bei diesen Behandlungen unter der Verantwortung des Ausbildungsleiters stehen und sie deshalb an sich nicht Partner des Behandlungsvertrages sind. Andererseits wird ihnen von vielen Kassenärztlichen Vereinigungen eine Abrechnungsnummer gegeben, und sie führen diese Therapien, zumindest sofern es sich um tiefenpsychologisch fundierte oder analytische Verfahren handelt, in eigener niedergelassener Praxis durch. Deshalb sollte man diese Therapien im Beauftragungsverfahren, einschließlich der von den Verhaltenstherapeuten in den Räumen der Ausbildungsinstitute durchgeführten, bei der Prüfung der Frage der besitzstandswahrenden Vortätigkeit in dem Dreijahreszeitraum mitberücksichtigen.

b) Für die bedarfsunabhängige Ermächtigung zur Nachqualifikation (§ 95 Abs. 11 SGB V)

- Erfüllung der materiellrechtlichen Voraussetzungen für die Erteilung der Approbation aufgrund des § 12 PsychThG bis zum 31. Dezember 1998 und Erfüllung der sogenannten Sockelqualifikation bis zu diesem Datum. Dieser „Sockel" beträgt entweder 500 dokumentierte Behandlungsstunden oder 250 dokumentierte Behandlungsstunden unter qualifizierter Supervision, jeweils im Richtlinienverfahren. Die Qualifikation des Supervisors muß den Anforderungen entsprechen, die nach den Psychotherapie-Vereinbarungen nach § 135 Abs. 2 SGB V an einen Supervisor gestellt werden.
- Erfüllung der übrigen Teilnahmevoraussetzungen wie für die bedarfsunabhängige Zulassung, also Stellung des Antrags auf Erteilung der Ermächtigung bis zum 31. Dezember 1998, Vorlage der

Approbationsurkunde bis zum 31. März 1999 und eine besitzstandswahrende Vortätigkeit in dem Dreijahreszeitraum.

Diese besondere Form der Teilnahmeberechtigung „Ermächtigung zur Nachqualifikation“ ist für die „Nicht-Richtlinien“-Psychotherapeuten gedacht, die bisher schon auf Kosten der Krankenkassen psychotherapeutisch in eigener Praxis tätig waren. Sie erhalten die Möglichkeit, innerhalb der kommenden fünf Jahre sich in Richtlinienverfahren zu qualifizieren, um dann dasselbe Qualitätsniveau zu erreichen wie die sofort zugelassenen Psychotherapeuten. Das heißt, sie müssen nach Beendigung der Nachqualifikation die berufsrechtlichen Qualifikationsanforderungen aufgrund der Übergangsregelungen (z. B. 4000 Behandlungsstunden und 140 Stunden Theorie) in Richtlinienverfahren erfüllen. Die Ermächtigung wird bei erfolgreicher Nachqualifikation auf ihren Antrag vom Zulassungsausschuß in eine Zulassung umgewandelt.

Die gesetzliche Vergünstigung dieser besonderen Teilnahmeform ist, daß die Ermächtigten bereits während der Zeit ihrer Nachqualifikation in vollem Umfang an der psychotherapeutischen Versorgung der Versicherten teilnehmen (jede abgerechnete Stunde in Richtlinienverfahren zählt gleichzeitig für den Nachweis der Nachqualifikation) und dadurch die Kosten ihrer Nachqualifikation finanzieren können. Die Sockelqualifikation, die aus Qualitätsgründen bei Eintritt in die vertragsärztliche Versorgung verlangt wird, ist bei der Prüfung der Erfüllung der Nachqualifikationsanforderungen nach Abschluß der Nachqualifikation anzurechnen. Die Ermächtigung wird bei erfolgreicher Beendigung der Nachqualifikation auf Antrag des Psychotherapeuten durch den Zulassungsausschuß in eine bedarfsunabhängige Zulassung umgewandelt, und zwar auch dann, wenn der Planungsbereich gesperrt ist. Bei Abbruch der Nachqualifikation erlischt die Ermächtigung, spätestens jedoch nach fünf Jahren.

c) Sonderregelungen für Väter und Mütter (§ 95 Absätze 11a und 11b SGB V)

Die bedarfsunabhängigen Teilnahmemöglichkeiten der Zulassung und der Ermächtigung zur Nachqualifikation werden auch den Psychotherapeuten ermöglicht, die wegen der Erziehung eines Kindes in den ersten drei Lebensjahren bis zu drei Jahre nicht erwerbstätig sein konnten, und zwar indem

- der Dreijahreszeitraum, in dem die besitzstandswahrende Vortätigkeit stattgefunden haben muß,

- die Frist zur Erfüllung der Sockelqualifikation für die Ermächtigung zur Nachqualifikation und zur Stellung des entsprechenden Antrags auf Ermächtigung und
- der Nachqualifikationszeitraum

entsprechend verlängert werden.

Mit diesen Sonderregelungen wird sichergestellt, daß den Psychotherapeuten kindererziehungsbedingte Lücken in ihrer Erwerbsbiographie bei der Erfüllung der krankenversicherungsrechtlichen Voraussetzungen für die bedarfsunabhängige Zulassung und für die bedarfsunabhängige Ermächtigung zur Nachqualifikation nicht zum Nachteil gereichen.

d) Für die bedarfsabhängige Zulassung (§ 95 Abs. 2 SGB V)

Alle anderen Psychotherapeuten werden zukünftig – ebenso wie die überwiegend oder ausschließlich psychotherapeutisch tätigen Ärzte – bedarfsabhängig, d. h. nur noch in nicht gesperrten Planungsbereichen, zugelassen.

Dies sind im wesentlichen diejenigen approbierten Psychotherapeuten,

- die in Zukunft eine Ausbildung nach § 8 des Psychotherapeutengesetzes und dabei eine vertiefte Ausbildung in einem Richtlinienverfahren ableisten sowie
- die mit ihrer Approbation aufgrund der berufsrechtlichen Übergangsregelungen zwar gleichzeitig den krankenversicherungsrechtlich notwendigen Fachkundenachweis erworben, jedoch bis zum 31. Dezember 1998 keinen Zulassungsantrag gestellt haben.

3. Rechts- und Pflichtenstellung des einzelnen an der vertragsärztlichen Versorgung teilnehmenden Psychotherapeuten

- Zugelassene Psychotherapeuten haben dieselben Rechte und Pflichten wie Vertragsärzte; sie werden also insbesondere Mitglieder der Kassenärztlichen Vereinigungen.
- Die zur Nachqualifikation ermächtigten Psychotherapeuten und die zukünftig (bedarfsabhängig) ermächtigten Psychotherapeuten haben dieselben Rechte und Pflichten wie ermächtigte Vertragsärzte mit der Einschränkung, daß zwar die (bedarfsabhängig) ermächtigten Psycho-

therapeuten (wie die ermächtigten Vertragsärzte) nach Eintragung in das Arztregister außerordentliche Mitglieder ihrer Kassenärztlichen Vereinigung werden können, nicht jedoch die zur Nachqualifikation ermächtigten Psychotherapeuten, da diese wegen mangelnder Qualifikation (Fehlen des Fachkundenachweises) nicht in das Arztregister eingetragen werden können.

– Aus dem Pflichtenkatalog ist besonders hervorzuheben, daß nach § 20 Abs. 1 i. V. m. § 1 Abs. 3 Ärzte-ZV ein Psychotherapeut zur Ausübung der vertragsärztlichen Tätigkeit nicht geeignet ist, wenn er wegen einer anderen Tätigkeit

  a) in die Gefahr einer Interessenkollision bei der Behandlung eines Versicherten kommen kann, z. B. bei Nebentätigkeit in einer Beratungsstelle oder auch als Schulpsychologe (inhaltliche Anforderung), und

  b) nicht in ausreichendem Maße für die Versorgung der Versicherten zur Verfügung steht (zeitliche Anforderung).

  Obwohl § 20 Ärzte-ZV darauf ausdrücklich nicht abstellt, ist bei der Beurteilung der Frage, wann ein Psychotherapeut in ausreichendem Maße zur Verfügung steht, zu berücksichtigen, daß der Gesetzgeber für die psychotherapeutische Leistungserbringung die Bedarfsplanung eingeführt hat (ebenso wie dieser Umstand auch bei der Frage nach der Zulässigkeit des Fachgebietswechsels nach § 24 Abs. 3 Ärzte-ZV berücksichtigt wird) und jeden zugelassenen Psychotherapeuten mit dem Faktor 1 bei der Ermittlung des Versorgungsgrades berücksichtigt. Daraus folgt, daß dieser Leistungserbringer tatsächlich annähernd mit seiner vollen Arbeitskraft der vertragsärztlichen Versorgung zur Verfügung stehen muß, da anderenfalls die Verhältniszahlen und der vom Landesausschuß festgestellte Versorgungsgrad in einem Planungsbereich die ärztliche Versorgung nicht korrekt widerspiegeln (konsequenterweise werden Jobsharing-Partner und angestellte Ärzte bei der Feststellung des örtlichen Versorgungsgrades nicht mitgezählt, da in beiden Fällen der bisherige Praxisumfang nicht wesentlich überschritten werden darf).

  Diese Anforderungen an die Geeignetheit und insbesondere an den Umfang der vertragsärztlichen Tätigkeit gelten nicht nur für den zugelassenen Psychotherapeuten, sondern auch für den zur Nachqualifikation ermächtigten, da sich dessen Tätigkeit in Art und Umfang nicht von der eines zugelassenen Psychotherapeuten unterscheidet und er deshalb auch bei der Ermittlung des üblichen Versorgungsgrades mitberücksichtigt wird.

- Der Psychotherapeut hat ebenso wie der Vertragsarzt an seinem Praxissitz Sprechstunden abzuhalten, vgl. § 24 Abs. 2 Ärzte-ZV und § 17 Bundesmantelvertrag/Ärzte.
- Rechtliche Grenzen der Behandlungsbefugnis der Psychotherapeuten (§ 73 Abs. 2 Satz 2 SGB V)

  Wie bei Vertragsärzten ergeben sich auch die Grenzen des Behandlungsumfangs der Psychotherapeuten – ähnlich den Fachgebietsgrenzen bei den Ärzten – aus der berufsrechtlichen Umschreibung ihrer heilkundlichen Tätigkeit. Daraus folgt, daß die Tätigkeit des Psychotherapeuten in der vertragsärztlichen Versorgung der Versicherten nur die Behandlung von Störungen mit einem in den Psychotherapie-Richtlinien des Bundesausschusses der Ärzte und Krankenkassen zugelassenen Behandlungsverfahren umfaßt.

  Sie umfaßt dagegen insbesondere nicht

  - Maßnahmen zur Früherkennung von Krankheiten, Verordnung von medizinischen Leistungen der Rehabilitation, Belastungserprobung und Arbeitstherapie,
  - Anordnung der Hilfeleistung anderer Personen,
  - Verordnung von Arznei-, Verband-, Heil- und Hilfsmitteln, Krankentransporten sowie Krankenhausbehandlung oder Behandlung in Vorsorge- oder Rehabilitationseinrichtungen,
  - Verordnung häuslicher Krankenpflege und
  - Feststellung und Bescheinigung von Arbeitsunfähigkeit, die die Voraussetzung ist für die Zahlung von Krankengeld nach § 46 SGB V und für die Entgeltfortzahlung nach § 5 Abs. 1 Entgeltfortzahlungsgesetz.
- Erbringungs- und Abrechnungsbefugnis des teilnahmeberechtigten Psychotherapeuten

  Der Psychotherapeut erhält als „Psychologischer Psychotherapeut“ oder als „Kinder- und Jugendpsychotherapeut“ die Zulassung oder die Ermächtigung zur Nachqualifikation; beide Teilnahmeformen sind jedoch nicht bezogen auf ein bestimmtes Behandlungsverfahren. Welche Behandlungsverfahren er erbringen und abrechnen darf, ist entsprechend den bereits für Ärzte getroffenen Regelungen in den Psychotherapie-Vereinbarungen nach § 135 Abs. 2 SGB V zwischen der Kassenärztlichen Bundesvereinigung und den Spitzenverbänden der Krankenkassen zu vereinbaren. Dabei ist dem Psychotherapeuten auf jeden Fall die Abrechnungsbefugnis für das Verfahren zu erteilen, für das er zulassungsrechtlich seine Fachkunde, sei es aufgrund der Übergangsregelungen nach § 95c Satz 2 Nr. 3 SGB V oder zukünftig nach § 95c Satz 2 Nr. 1

SGB V, oder seine Sockelqualifikation nach § 95c Abs. 11 Satz 1 Nr. 1 SGB V nachgewiesen hat. Die Psychotherapie-Vereinbarungen haben darüber hinaus Regelungen für den Fall zu treffen, daß der Psychotherapeut ein anderes als das für seine Teilnahmeberechtigung maßgebliche Verfahren erbringen und abrechnen will.

4. Altersgrenzen für die Berechtigung zur Teilnahme an der ambulanten Versorgung der Versicherten entsprechend den Regelungen für Ärzte

a) Altersgrenze für den Zugang zur vertragsärztlichen Versorgung

Für Ärzte gilt seit dem 1. Januar 1993 für den Zugang zur vertragsärztlichen Versorgung die Altersgrenze von 55 Jahren; in diese Regelung werden die Psychotherapeuten einbezogen, vgl. §§ 25, 31 Abs. 9 i. V. m. § 1 Abs. 3 Ärzte-ZV.

Allerdings werden von diesem Zugangsverbot diejenigen Psychotherapeuten ausgenommen, die bis zum 31. Dezember 1998 den Antrag auf Zulassung oder Ermächtigung zur Nachqualifikation gestellt haben; vgl. § 47 Abs. 2 Ärzte-ZV. Diese Ausnahmeregelung will die Psychotherapeuten begünstigen, die in der Vergangenheit an der ambulanten Versorgung der Versicherten mitgewirkt und deshalb eine bedarfsunabhängige Teilnahmeberechtigung erhalten. Die Altersgrenze von 55 Jahren wird deshalb nur außer Kraft gesetzt durch Anträge auf bedarfsunabhängige Teilnahme von Psychotherapeuten, die diesen Antrag vor dem 31. Dezember 1998 gestellt haben und die eine besitzstandswahrende Vortätigkeit in dem Dreijahreszeitraum nachweisen können. Können sie diesen Nachweis nicht erbringen, so sind ihre Anträge keine wirksamen Anträge im Sinne des § 47 Abs. 2 Ärzte-ZV. (Anmerkung: Diese Anträge können auch nicht in Anträge auf bedarfsabhängige Zulassung umgedeutet werden, da wirksame Anträge auf bedarfsabhängige Zulassung erst ab Inkrafttreten der Neuregelung am 1. Januar 1999 und nach Eintragung ins Arztregister gestellt werden können, sondern müssen als sog. Vorratsanträge abgelehnt werden.)

b) Höchstalter für das Ende der vertragsärztlichen Tätigkeit

Für Vertragsärzte gilt außerdem seit dem 1. Januar 1993 die Altersgrenze von 68 Jahren für die vertragsärztliche Berufsausübung, es sei denn, der Vertragsarzt ist bei Vollendung des 68. Lebensjahres noch nicht 20 Jahre als Vertragsarzt tätig, jedoch bereits am 1. Januar 1993 als Vertragsarzt zugelassen. In diesem Fall hat er also schon vor diesem Datum seinen Lebensunterhalt und damit seine Alterssicherung mit einer Tätigkeit im Rahmen der vertragsärztlichen Versorgung finanziert. Diese Regelung hat der Gesetzgeber sinngemäß auf die Psychotherapeuten übertragen. Deshalb gilt auch für ihre psychotherapeutische Tätigkeit die Altersgrenze von 68 Jahren, es sei denn, daß sie bei der Vollendung des 68. Lebensjahres noch nicht 20 Jahre als zugelassene Psychotherapeuten gearbeitet haben. Außerdem müssen sie vor dem Inkrafttreten des Psychotherapeutengesetzes am 1. Januar 1999 an der ambulanten Versorgung der Versicherten mitgewirkt haben – sei es im Delegationsverfahren oder im Kostenerstattungsverfahren nach § 13 Abs. 3 SGB V, denn nur in diesem Fall hat sich die finanzielle Absicherung ihrer Alterssicherung in der Vergangenheit auf ihre Tätigkeit für die gesetzliche Krankenversicherung gegründet, was die Ausnahme von der 68-Jahres-Regelung rechtfertigt. Das bedeutet, daß jeder zugelassene Psychotherapeut, der vor Inkrafttreten der Neuregelung gesetzlich Versicherte freiberuflich psychotherapeutisch versorgt hat, von der Zulassung an gerechnet noch 20 Jahre im Rahmen der vertragsärztlichen Versorgung psychotherapeutisch tätig sein darf, wobei die Zeit der Ermächtigung zur Nachqualifikation mit zu berücksichtigen sein wird, vgl. § 95 Abs. 4 Satz 3 SGB V.

5. Organisationsrechtliche Auswirkungen der Integration

a) Mitgliedsrechtliche Stellung der Psychotherapeuten

Vertreterversammlungen der Kassenärztlichen Vereinigungen und der Kassenzahnärztlichen Bundesvereinigung (§ 80 Abs. 1a SGB V)

Aufgrund ihrer Mitgliedschaft in den Kassenärztlichen Vereinigungen haben Psychotherapeuten ebenso wie die Vertragsärzte das Recht, ihre Vertreter in die Vertreterversammlung der Kassenärztlichen Vereinigungen und der Kassenärztlichen Bundesvereinigung zu wählen. Das Gesetz sieht vor, daß die Psychotherapeuten ihre Vertreter getrennt von den übrigen Mitgliedern der Kassenärztlichen Vereinigung wählen.

Die Anzahl der Psychotherapeuten in der Vertreterversammlung der Kassenärztlichen Vereinigung errechnet sich entsprechend ihrem zahlenmäßigen Verhältnis zu der Gesamtzahl der Ärzte in der Kassenärztlichen Vereinigung. Höchstquote: ein Zehntel der Mitglieder der Vertreterversammlung; Bruchteile werden abgerundet (z. B. 55 Mitglieder der Vertreterversammlung; Höchstquote für die Psychotherapeuten: fünf Mitglieder).

Die Vertreter der Psychotherapeuten in der Vertreterversammlung bestehen aus ordentlichen und außerordentlichen Mitgliedern (entsprechend der Systematik bei den Ärzten). Die Anzahl der „außerordentlichen" Psychotherapeuten in der Vertreterversammlung errechnet sich aus dem

Verhältnis der in der Kassenärztlichen Vereinigung vorhandenen „außerordentlichen" Psychotherapeuten zu den „ordentlichen" Psychotherapeuten. Höchstquote: ein Fünftel; Bruchteile werden abgerundet, so daß es vorkommen kann, daß kein „außerordentlicher" Psychotherapeut Mitglied der Vertreterversammlung ist. Denn eine Mindestvertretungsgarantie ähnlich wie in § 79 Abs. 2 Satz 2 SGB V für die Vertretung der Kassenärztlichen Vereinigungen in der Vertreterversammlung der Kassenärztlichen Bundesvereinigung ist nicht vorgesehen. Dies bedeutet, daß erst bei einer Mitgliederzahl der Vertreterversammlung von 50 Personen die Psychotherapeuten ein außerordentliches Mitglied in die Vertreterversammlung der Kassenärztlichen Vereinigung entsenden können.

Das Wahlrecht selbst (z. B. Mehrheitswahl oder Verhältniswahl) ist im Gesetz nicht geregelt, sondern der Satzungsautonomie der Kassenärztlichen Vereinigung überlassen.

Diese Regelung ist gewählt worden, um einerseits die Repräsentanz der Psychotherapeuten in den Vertreterversammlungen der Kassenärztlichen Vereinigungen und der Kassenärztlichen Bundesvereinigung ausreichend sicherzustellen, andererseits um das Wahlrecht selbst (z. B. Verhältniswahl oder Persönlichkeitswahl) weiterhin der Satzungsautonomie der einzelnen Selbstverwaltungskörperschaften überlassen zu können.

b) Beratender Fachausschuß für Psychotherapie (§ 79b SGB V)

Der Fachausschuß ist eine gemischte Einrichtung aus Psychotherapeuten und Ärzten:

Fünf Psychologische Psychotherapeuten und ein Kinder- und Jugendlichenpsychotherapeut (Psychotherapeuten) sowie sechs Ärzte. Seine Aufgabe ist es, die Gremien der Kassenärztlichen Vereinigungen und der Kassenärztlichen Bundesvereinigung in psychotherapeutischen Versorgungsfragen von grundsätzlicher Bedeutung zu beraten.

Seine Mitglieder werden von der Vertreterversammlung aus dem Kreis der ordentlichen Mitglieder der Kassenärztlichen Vereinigung gewählt.

Für die erstmalige Besetzung (ab 1. Januar 1999) bis zum Ende der laufenden Wahlperiode der Vertreterversammlung werden die Psychotherapeuten von der zuständigen Aufsichtsbehörde ernannt. Für die Berufung der psychotherapeutischen Mitglieder des Fachausschusses durch die Aufsichtsbehörde sollten nur Psychotherapeuten in Betracht kommen, die voraussichtlich einen Antrag auf bedarfsunabhängige Zulassung stellen und die entsprechenden Zulassungsvoraussetzungen erfüllen werden. Diese Berufung sollte mit dem Vorbehalt versehen werden, daß sie widerrufen würde, wenn die Psychotherapeuten nicht mit Ablauf des ersten Halbjahres

1999 ordentliche Mitglieder der KV geworden sind; ggf. müßte eine Nachberufung aus dem Kreis der anderen bis dahin ordentlichen psychotherapeutischen Mitglieder erfolgen.

Die Einrichtung des beratenden Fachausschusses läßt die institutionellen Entscheidungsstrukturen unverändert: Vertreterversammlung und Vorstand sind weiterhin die alleinigen gesetzlichen Beschlußorgane der KV und der KBV. Allerdings haben sie vor ihrer Beschlußfassung in psychotherapeutischen Angelegenheiten den beratenden Fachausschuß um Stellungnahme zu bitten und sich bei der Entscheidungsfindung mit dessen Stellungnahme auseinanderzusetzen.

Die beteiligungspflichtigen Bereiche sind die die psychotherapeutische Versorgung berührenden wesentlichen (über den Einzelfall hinausgehenden) Fragen wie z. B. Psychotherapie-Vereinbarungen, Honorarverteilungsmaßstab, einheitlicher Bewertungsmaßstab. Die Einzelheiten und das Verfahren der Beteiligung werden in der Satzung konkretisiert.

c) Paritätische Besetzung der Zulassungs- und Berufungsausschüsse (§ 95 Abs. 13 SGB V)

Die Leistungserbringerbanken der Zulassungs- und Berufsausschüsse sind in Zulassungssachen der Psychotherapeuten sowie der überwiegend oder ausschließlich psychotherapeutisch tätigen Ärzte zur Hälfte mit Psychotherapeuten zu besetzen. Für die Bestellung der ärztlichen Vertreter macht das Gesetz keine Vorgabe; es ist deshalb sowohl zulässig, keine neuen ärztlichen Vertreter zu bestellen wie auch für diese Zulassungsangelegenheiten andere ärztliche Vertreter zu bestellen. Das Gesetz gibt auch keine Vorgabe für die numerische Anzahl der Mitglieder der Zulassungsausschüsse, sondern bestimmt lediglich, daß die Leistungserbringerbank mit Vertretern der Ärzte und der Psychotherapeuten in gleicher Zahl zu besetzen ist und daß unter den Psychotherapeuten ein Kinder- und Jugendlichenpsychotherapeut sein muß. Insofern ist § 95 Abs. 13 SGB V eine Sonderregelung gegenüber der Regelung in § 34 Abs. 1 Ärzte-ZV, wo die Anzahl der Vertreter auf der Leistungserbringerbank auf drei festgelegt wird.

Für die erstmalige Besetzung der Zulassungsgremien werden die Psychotherapeuten von den zuständigen Aufsichtsbehörden auf Vorschlag der für die beruflichen Interessen maßgeblichen Organisationen der Psychotherapeuten auf Landesebene berufen, da zu diesem Zeitpunkt noch keine Psychotherapeuten von den Kassenärztlichen Vereinigungen für die Zulassungsausschüsse bestellt werden können. Es besteht hier, ähnlich wie bei der Berufung der psychotherapeutischen Mitglieder der beratenden Fachausschüsse, das Problem, daß evtl. Mitglieder als Psychotherapeuten berufen werden könnten, die nicht die gesetzlichen Voraussetzungen für eine Mitgliedschaft erfüllen. Als Mitglieder in Betracht kommen die zugelassenen Psychotherapeuten und diejenigen, die zwar nicht zugelassen sind, die sich aber nach § 95c in das Arztregister haben eintragen lassen. Die bedarfsunabhängig ermächtigten Psychotherapeuten gehören dagegen nicht zum potentiellen Kreis der Mitglieder der Zulassungsausschüsse, da sie weder zugelassen (also keine ordentlichen Mitglieder) sind, noch in das Arztregister eingetragen werden können (also keine außerordentlichen Mitglieder sind).

Die Aufsichtsbehörden, die die erstmalige Berufung vornehmen, sollten hierbei ebenso verfahren wie bei der Berufung der Mitglieder des beratenden Fachausschusses, d. h., die dauerhafte Bestellung davon abhängig machen, daß die zu Beginn des Jahres berufenen Psychotherapeuten zumindest ab dem 2. Halbjahr 1999 die Voraussetzungen für die Mitgliedschaft erfüllen.

Die Amtsdauer der neuen psychotherapeutischen Mitglieder der Zulassungsgremien ist nicht besonders geregelt. Um eine einheitliche Amtsdauer aller Mitglieder der Zulassungsausschüsse zu gewährleisten, sollte auf die Amtsdauer dieser Mitglieder die Regelung des § 34 Abs. 4 SGB V angewendet werden, wonach bei der Neubestellung eines Mitglieds seine Amtsdauer mit der der übrigen Mitglieder endet, wodurch eine einheitliche Amtsdauer aller Mitglieder der Zulassungsgremien erreicht wird.

d) Sonderregelung für die Besetzung der Leistungserbringerbank des Bundesausschusses der Ärzte und Krankenkassen bei der Beschlußfassung über die Psychotherapie-Richtlinien (§ 91 Abs. 2a SGB V)

Das Gesetz legt fest, daß bei der Beschlußfassung über die Psychotherapie-Richtlinien die Leistungserbringerbank ausschließlich und paritätisch mit psychotherapeutisch tätigen Ärzten und Psychotherapeuten zu besetzen ist. Dabei brauchen die psychotherapeutisch tätigen Ärzte nicht ausschließlich oder überwiegend psychotherapeutisch tätig zu sein. Außerdem gibt der Gesetzgeber vor, daß sowohl ein ärztlicher wie ein psychologischer Kinder- und Jugendpsychotherapeut benannt werden müssen, damit in den Richtlinien die Besonderheiten der psychotherapeutischen Versorgung von Kindern und Jugendlichen ausreichend berücksichtigt werden.

Die Psychotherapie-Richtlinien betreffen im Gegensatz zu allen anderen Richtlinien zur vertragsärztlichen Behandlung nur eine einzige Behandlergruppe (die psychotherapeutisch tätigen Leistungserbringer). Deshalb hat der Gesetzgeber diese spezifische Besetzungsregelung getroffen; sie gilt nicht für die anderen Richtlinien des Bundesausschusses der Ärzte und Krankenkassen, für die die Auswahl der Vertreter der Leistungserbringer im Entscheidungsermessen der Kassenärztlichen Bundesvereinigung verbleibt.

In dieser neuen Besetzung tritt der Bundesausschuß der Ärzte und Krankenkassen schon vor dem 1. Januar 1999 zusammen und beschließt bis zum 31. Dezember 1998 erstmalig (neue) Psychotherapie-Richtlinien, damit mit Wirksamwerden der Integration ab 1. Januar 1999 die psychotherapeutische Krankenbehandlung auf der Grundlage dieser neuen Richtlinien erfolgen kann. Für diese erstmalige Beschlußfassung werden die Vertreter der Psychotherapeuten vom Bundesministerium für Gesundheit auf Vorschlag der für die beruflichen Interessen gebildeten Spitzenorganisation der Psychotherapeuten berufen. Für die späteren Beschlußfassungen werden die Psychotherapeuten – ebenso wie die ärztlichen Vertreter – von der Kassenärztlichen Bundesvereinigung nach entsprechender Wahl durch die Vertreterversammlung bestellt.

e) Einführung der Bedarfsplanung für psychotherapeutische Leistungserbringer (§ 101 Abs. 4 SGB V)

Für die psychotherapeutischen Leistungserbringer wird – entsprechend den Regelungen, die bereits im ärztlichen Bereich seit 1993 gelten – ab 1. Januar 1999 eine als örtliche Verteilungsregelung wirkende Bedarfsplanung eingeführt. Diese Bedarfsplanung ist eine gemeinsame Bedarfsplanung für Psychotherapeuten und überwiegend oder ausschließlich psychotherapeutisch tätige Ärzte, da beide Berufsgruppen im Kern dieselben Versorgungsbedürfnisse der Versicherten abdecken. Anders als die sonstige Bedarfsplanung, die sich an den durch das ärztliche Weiterbildungsrecht gebildeten Facharztgruppen orientiert, ist die psychotherapeutische Bedarfsplanung tätigkeitsbezogen; das Gesetz bringt das dadurch zum Ausdruck, daß es bestimmt, daß überwiegend oder ausschließlich psychotherapeutisch tätige Ärzte und Psychotherapeuten eine einheitliche planungsrechtliche Arztgruppe bilden. Wie entsprechend dieser Vorschrift die überwiegend und die ausschließlich psychotherapeutisch tätigen Ärzte zu bestimmen sind, wird in den Bedarfsplanungs-Richtlinien zu regeln sein.

Der Zulassungsstatus der überwiegend oder ausschließlich psychotherapeutisch tätigen Ärzte ändert sich durch ihre Einbeziehung in eine gemeinsame planungsrechtliche Arztgruppe mit dem Psychotherapeuten nicht. Sie werden weiterhin in ihrem jeweiligen Fachgebiet zugelassen, z. B. der psychotherapeutischen Medizin oder der Gynäkologie. Sie erhalten eine Zulassung allerdings nur dann, wenn der Planungsbereich für überwiegend oder ausschließlich psychotherapeutisch tätige Ärzte nicht gesperrt ist. Die Aufgabe der psychotherapeutischen Tätigkeit eines überwiegend oder ausschließlich psychotherapeutisch tätigen Vertragsarztes zugunsten einer überwiegenden oder ausschließlichen Tätigkeit in seinem Gebiet ist analog

§ 24 Abs. 4 Ärzte-ZV (Fachgebietswechsel) nur mit Genehmigung des Zulassungsausschusses möglich, wenn der Planungsbereich für das betreffende Fachgebiet gesperrt ist. Die Einzelheiten sind in den Bedarfsplanungs-Richtlinien zu regeln.

Da dieses Gesetz die gleichberechtigte Leistungserbringung durch Ärzte und Psychotherapeuten neu einführt und deshalb noch keine gesicherten Erkenntnisse über das zahlenmäßige Verhältnis beider Gruppen zueinander bestehen, wird für einen befristeten Zeitraum – zehn Jahre – jeder Gruppe ein Mindestversorgungsanteil von 40 % reserviert. Dies bedeutet, daß für diesen Zeitraum in jedem Planungsbereich jeweils 40 % des Soll-Bedarfs den psychotherapeutisch tätigen Ärzten und den Psychotherapeuten zur Bedarfsdeckung vorbehalten bleiben. In einem gesperrten Planungsbereich (Versorgungsgrad über 110 %) können also trotz der Sperrung psychotherapeutisch tätige Leistungserbringer zugelassen werden, sofern die für sie geltende Quote noch nicht ausgeschöpft ist. Dahingegen erhalten in gesperrten Gebieten Leistungserbringer, deren Quote ausgeschöpft ist, grundsätzlich keine Zulassung (nur ausnahmsweise bei qualitativem Sonderbedarf nach § 101 SGB V, z. B. wenn der Bedarf an Kinder- und Jugendlichenpsychotherapeuten nicht ausreichend gedeckt ist).

Die für die Bedarfsplanung maßgeblichen Verhältniszahlen, die das vom Gesetzgeber geforderte zahlenmäßige Verhältnis Leistungserbringer/Versicherte ausdrücken, werden vom Bundesausschuß der Ärzte und Krankenkassen bestimmt auf der Grundlage der am 1. Januar 1999 zugelassenen – überwiegend und ausschließlich – psychotherapeutisch tätigen Ärzte und der Psychotherapeuten, die bis zum 31. Dezember 1998 die Voraussetzungen zur bedarfsunabhängigen Zulassung erfüllen.

Die Psychotherapeuten, die die Voraussetzungen für die bedarfsunabhängige Ermächtigung erfüllen, werden bei der Ermittlung der Soll-Zahl nicht mit berücksichtigt, weil zum 1. Januar 1999 (dem Stichtag, auf den die Ermittlung des allgemeinen bedarfsgerechten Versorgungsgrades bezogen wird, vgl. § 101 Abs. 4 Satz 2 SGB V) nicht feststeht, ob sie dauerhaft an der Versorgung der Versicherten teilnehmen. Allerdings werden sie bei der Feststellung der örtlichen Verhältniszahl, die die konkrete Bedarfsdeckung im einzelnen Planungsbereich abbildet, mitgezählt, da sie wie die zugelassenen Leistungserbringer zur psychotherapeutischen Versorgung der Versicherten beitragen, vgl. § 101 Abs. 4 Satz 6 SGB V.

Über Zulassungsanträge (auf bedarfsabhängige Zulassung), die nach dem 31. Dezember 1998 gestellt werden, können die Zulassungsausschüsse erst nach Feststellung der Landesausschüsse der Ärzte und Krankenkassen, ob Überversorgung vorliegt, entscheiden. Liegt bis zu dieser erstmaligen Feststellung keine Überversorgung vor, so sind alle bis dahin gestellten Zulassungsanträge positiv zu bescheiden, auch wenn dies dann zur Überversorgung führt. Dies entspricht der Rechtslage, die für Zulassungsanträge galt, die nach Einführung der Zulassungsbeschränkungen durch das Gesundheitsstrukturgesetz nach dem 31. Januar 1993 gestellt worden waren; Nummer 23 der Bedarfsplanungs-Richtlinien, die eine lediglich begrenzte Öffnung des Planungsbereiches vorsieht, gilt erst „nach einer erstmaligen Feststellung von Überversorgung".

6. Vergütung der von Ärzten und Psychotherapeuten erbrachten psychotherapeutischen Leistungen

a) Grundsatz

Die Vergütung psychotherapeutischer Leistungen richtet sich unabhängig davon, ob diese von einem Arzt oder einem Psychotherapeuten erbracht werden, nach den allgemeinen vergütungsrechtlichen Regelungen wie z. B. den einheitlichen Bewertungsmaßstab (EBM) und den Regelungen zur Vereinbarung der Gesamtvergütung in den Gesamtverträgen.

b) Einführungsjahr 1999

Der Gesetzgeber hat den Gesamtvertragspartnern für das Jahr des Inkrafttretens den Maßstab für die Vereinbarung des Ausgabenvolumens für psychotherapeutische Leistungen vorgegeben, der sich daran orientiert, was die Krankenkassen im Jahre 1996 – d. h. bevor die Krankenkassen aufgrund der Urteile des LSG Nordrhein-Westfalen ihre Kostenerstattungspraxis erheblich eingeschränkt haben – für psychotherapeutische Leistungen im Rahmen der vertragsärztlichen Versorgung und der Kostenerstattung aufgewendet haben.

Nach diesem Maßstab setzt sich der im Gesamtvertrag zu vereinbarende Höchstbetrag für das Ausgabenvolumen zusammen aus der Summe

- des im Rahmen der vertragsärztlichen Versorgung im Jahre 1996 aufgewendeten Vergütungsvolumens für psychotherapeutische Leistungen durch Ärzte und Psychotherapeuten im Delegationsverfahren, fortgeschrieben mit den für die Jahre 1997 und 1998 vereinbarten Veränderungen, und der Grundlohnsummensteigerung im Jahr 1999 (Art. 9 des GKV-SolG) und
- des Betrages, den die Krankenkassen im Jahre 1997 für psychotherapeutische Leistungen im Rahmen der Kostenerstattung ausgegeben haben, wobei das Gesetz als Höchstbetrag für diesen Rechnungsposten ein Prozent der im Jahre 1997 von der Krankenkasse an die einzelne Kassenärztliche Vereinigung entrichteten Gesamtvergütung festlegt. Dieser Betrag wird durch Art. 14 Abs. 2 des GKV-SolG um 40 % er-

höht. Außerdem wird durch Art. 9 des GKV-SolG anstelle des ursprünglich vorgesehenen Bezugsjahres 1996 das Jahr 1997 als Bezugsjahr gewählt, da erst ab diesem Jahr die Krankenkassen gesonderte Konten für die Erfassung der Kostenerstattungsbeiträge für psychotherapeutische Leistungen eingeführt haben. Die Erhöhung um 40 % soll die Differenz ausgleichen, die im Jahr 1997 im Vergleich zu 1996 dadurch entstanden ist, daß die Krankenkassen aufgrund des Urteils des LSG Essen aus dem Herbst 1996 in geringerem Umfang Kostenerstattungspsychotherapie bewilligt haben.

Falls die Gesamtvertragsparteien über die Höhe der von den beteiligten Krankenkassen im Jahr 1997 gezahlten Kostenerstattungen keine Einigung erzielen, z. B. wenn die Krankenkassen nach Auffassung der betreffenden Kassenärztlichen Vereinigung nur unplausibel geringe Erstattungsbeträge melden, und deshalb der Vertragsinhalt vom Schiedsamt festgesetzt werden muß, so ist der im Gesetz festgelegte Höchstbetrag für den Rechnungsposten „Erstattungspsychotherapie 1997“ eine maßgebliche Orientierungsgröße für die Schiedsamtsentscheidung.

Die Gesamtvertragsparteien können dieses Ausgabenvolumen erhöhen, wenn

- die tatsächlichen Ausgaben der Krankenkassen für psychotherapeutische Leistungen im Rahmen der Kostenerstattung im Jahre 1997 das vom Gesetzgeber für diesen Zeitraum geschätzte Ausgabenvolumen überstiegen haben oder
- der rechnerische Punktwert, der für die Vergütung psychotherapeutischer Leistungen maßgeblich ist, den rechnerischen Vergütungspunktwert, der für haus- und fachärztliche Beratungs- und Betreuungsleistungen gilt, um mehr als 10 % unterschreitet.

Diese Regelung gibt den Gesamtvertragsparteien die Möglichkeit, das Ausgabenvolumen aufzustocken, wenn z. B. wegen einer unerwartet großen Anzahl psychotherapeutischer Leistungserbringer eine unverhältnismäßig hohe Mengenausweitung stattfindet.

c) Verteilung des Honorars für psychotherapeutische Leistungen zwischen ärztlichen und psychotherapeutischen Leistungserbringern

Für die Verteilung ärztlicher Leistungen gilt der Grundsatz der leistungsproportionalen Verteilung, wonach alle ärztlichen Leistungen prinzipiell gleichmäßig zu vergüten sind. Dieser Grundsatz gilt auch für psychotherapeutische Leistungen, die von Ärzten oder Psychotherapeuten erbracht werden. Dies ist durch Art. 14 des GKV-SolG ausdrücklich klargestellt worden.

d) Vergütung bis zur Entscheidung des Zulassungsausschusses über die Teilnahmeberechtigung der Psychotherapeuten (Artikel 10)

Artikel 10 der Neuregelung bestimmt, daß die Rechtsstellung der Psychotherapeuten, die bis zum 31. Dezember 1998 einen Antrag auf (bedarfsunabhängige) Teilnahme an der vertragsärztlichen Versorgung gestellt haben, bis zur Entscheidung des Zulassungsausschusses unberührt bleibt. Außerdem ist in Artikel 11 Abs. 3 bestimmt, daß das Vergütungsbudget für das Einführungsjahr zu vermindern ist um die Beträge, die die Krankenkassen zur Erfüllung von Kostenerstattungsansprüchen der Versicherten nach § 13 Abs. 3 SGB V aufgewendet haben (bis zur Höhe des bei Sachleistung zu zahlenden Betrages).

Artikel 10 gewährleistet, daß die psychotherapeutische Versorgung der Versicherten bis zur verwaltungsmäßigen Umsetzung der Integration durch die Entscheidungen der Zulassungsausschüsse weiterhin sichergestellt ist, indem bestimmt wird, daß die Psychotherapeuten weiterhin wie bisher entweder im Delegationsverfahren oder im Rahmen der Kostenerstattung nach § 13 Abs. 3 SGB V psychotherapeutische Leistungen zu Lasten der Krankenkassen erbringen dürfen und Artikel 10 regelt, daß die von den Krankenkassen für diese Leistungen aufzubringenden Beträge von dem Ausgabenbudget des Einführungsjahres abgezogen werden müssen.

Hinzuweisen ist in diesem Zusammenhang darauf, daß als von Artikel 10 begünstigte Psychotherapeuten nur diejenigen gemeint sind, die einen wirksamen Antrag auf bedarfsunabhängige Zulassung oder Ermächtigung gestellt haben, d. h., sie müssen bei Antragstellung nachweisen, daß sie die Voraussetzung der besitzstandswahrenden Vortätigkeit in dem Dreijahreszeitraum erfüllt haben, denn nur in diesem Fall kommt eine bedarfsunabhängige Teilnahmeberechtigung in Betracht.

Teil C

Anhänge

1.
Richtlinie des Rates vom 21. Dezember 1988 über eine allgemeine Regelung zur Anerkennung der Hochschuldiplome, die eine mindestens dreijährige Berufsausbildung abschließen

(89/48/EWG) (EG-ABl. L 019 v. 24. 01. 89, S. 16)
– Auszug –

Artikel 1

Im Sinne dieser Richtlinie gelten

a) als Diplom alle Diplome, Prüfungszeugnisse oder sonstige Befähigungsnachweise bzw. diese Diplome, Prüfungszeugnisse oder sonstigen Befähigungsnachweise insgesamt,

- die in einem Mitgliedstaat von einer nach seinen Rechts- und Verwaltungsvorschriften bestimmten zuständigen Stelle ausgestellt werden,
- aus denen hervorgeht, daß der Diplominhaber ein mindestens dreijähriges Studium oder ein dieser Dauer entsprechendes Teilzeitstudium an einer Universität oder einer Hochschule oder einer anderen Ausbildungseinrichtung mit gleichwertigem Niveau absolviert und gegebenenfalls die über das Studium hinaus erforderliche berufliche Ausbildung abgeschlossen hat, und
- aus denen hervorgeht, daß der Zeugnisinhaber über die beruflichen Voraussetzungen verfügt, die für den Zugang zu einem reglementierten Beruf oder dessen Ausübung in diesem Mitgliedstaat erforderlich sind,

wenn die durch das Diplom, das Prüfungszeugnis oder einen sonstigen Befähigungsnachweis bescheinigte Ausbildung überwiegend in der Gemeinschaft erworben wurde oder wenn dessen Inhaber eine dreijährige Berufserfahrung hat, die von dem Mitgliedstaat bescheinigt wird, der ein Diplom, Prüfungszeugnis oder einen sonstigen Befähigungsnachweis eines Drittlandes anerkannt hat.

Einem Diplom im Sinne von Unterabsatz 1 sind alle Diplome, Prüfungszeugnisse oder sonstigen Befähigungsnachweise bzw. diese Diplome, Prüfungszeugnisse oder sonstigen Befähigungsnachweise insgesamt gleichgestellt, die von einer zuständigen Stelle in einem Mitgliedstaat ausgestellt wurden, wenn sie eine in der Gemeinschaft erworbene und von einer zuständigen Stelle in diesem Mitgliedstaat als gleichwertig anerkannte Ausbildung abschließen und in diesem Mitgliedstaat in bezug auf den Zugang zu einem reglementierten Beruf oder dessen Ausübung dieselben Rechte verleihen;

b) als Aufnahmestaat der Mitgliedstaat, in dem ein Angehöriger eines Mitgliedstaates die Ausübung eines Berufs beantragt, der dort reglementiert ist, in dem er jedoch nicht das Diplom, auf das er sich beruft, erworben oder erstmals den betreffenden Beruf ausgeübt hat;

c) als reglementierter Beruf die reglementierte berufliche Tätigkeit oder die reglementierten beruflichen Tätigkeiten insgesamt, die in einem Mitgliedstaat den betreffenden Beruf ausmachen;

d) als reglementierte berufliche Tätigkeit eine berufliche Tätigkeit, deren Aufnahme oder Ausübung oder eine ihrer Arten der Ausübung in einem Mitgliedstaat direkt oder indirekt durch Rechts- oder Verwaltungsvorschriften an den Besitz eines Diploms gebunden ist. Als Art der Ausübung einer reglementierten beruflichen Tätigkeit gilt insbesondere

   – die Ausübung einer beruflichen Tätigkeit in Verbindung mit der Führung eines Titels, der nur von Personen geführt werden darf, die ein Diplom besitzen, das in einschlägigen Rechts- und Verwaltungsvorschriften festgelegt ist;

   – die Ausübung einer beruflichen Tätigkeit im Gesundheitswesen, wenn die Vergütung dieser Tätigkeit und/oder eine diesbezügliche Erstattung durch das einzelstaatliche System der sozialen Sicherheit an den Besitz eines Diploms gebunden ist.

   Eine berufliche Tätigkeit, auf die Unterabsatz 1 nicht zutrifft, wird einer reglementierten beruflichen Tätigkeit gleichgestellt, wenn sie von Mitgliedern eines Verbandes oder einer Organisation ausgeübt wird, dessen bzw. deren Ziel insbesondere die Förderung und Wahrung eines hohen Niveaus in dem betreffenden Beruf ist und der bzw. die zur Verwirklichung dieses Ziels von einem Mitgliedstaat in besonderer Form anerkannt wird und

   – seinen bzw. ihren Mitgliedern ein Diplom ausstellt,

   – sicherstellt, daß seine bzw. ihre Mitglieder die von ihm bzw. ihr festgelegten Regeln für das berufliche Verhalten beachten und

   – ihnen das Recht verleiht, einen Titel zu führen bzw. bestimmte Kernbuchstaben zu verwenden oder einen diesem Diplom entsprechenden Status in Anspruch zu nehmen.

   Ein nicht erschöpfendes Verzeichnis von Verbänden oder Organisationen, die zum Zeitpunkt der Genehmigung dieser Richtlinie die Bedingungen des Unterabsatzes 2 erfüllen, ist im Anhang enthalten. Wenn ein Mitgliedstaat einen Verband oder eine Organisation nach den Bestimmungen des Unterabsatzes 2 anerkennt, setzt er die Kommission davon in Kenntnis. Die Kommission veröffentlicht diese Information im Amtsblatt der Europäischen Gemeinschaften;

e) als Berufserfahrung die tatsächliche und rechtmäßige Ausübung des betreffenden Berufs in einem Mitgliedstaat;

f) als Anpassungslehrgang die Ausübung eines reglementierten Berufs, die in dem Aufnahmestaat unter der Verantwortung eines qualifizierten Berufsangehörigen erfolgt und gegebenenfalls mit einer Zusatzausbildung einhergeht. Der Lehrgang ist Gegenstand einer Bewertung. Die Einzelheiten des Anpassungslehrgangs und seiner Bewertung sowie die Rechtslage des zugewanderten Lehrgangsteilnehmers werden von der zuständigen Stelle des Aufnahmestaates festgelegt;

g) als Eignungsprüfung eine ausschließlich die beruflichen Kenntnisse des Antragstellers betreffende und von den zuständigen Stellen des Aufnahmestaates durchgeführte Prüfung, mit der die Fähigkeit des Antragstellers, in diesem Mitgliedstaat einen reglementierten Beruf auszuüben, beurteilt werden soll.

   Für die Zwecke dieser Prüfung erstellen die zuständigen Stellen ein Verzeichnis der Sachgebiete, die aufgrund eines Vergleichs zwischen der in ihrem Staat verlangten Ausbildung und der bisherigen Ausbildung des Antragstellers von dem Diplom oder dem bzw. den Prüfungszeugnis(sen), die/das der Antragsteller vorlegt, nicht abgedeckt werden.

   Die Eignungsprüfung muß dem Umstand Rechnung tragen, daß der Antragsteller in seinem Heimat- oder Herkunftsmitgliedstaat über eine berufliche Qualifikation verfügt. Sie erstreckt sich auf Sachgebiete, die aus den in dem Verzeichnis enthaltenen Sachgebieten auszuwählen sind und deren Kenntnis eine wesentliche Voraussetzung für eine Ausübung des Berufs im Aufnahmestaat ist. Diese Prüfung kann sich auch auf die Kenntnis der sich auf die betreffenden Tätigkeiten im Aufnahmestaat beziehenden berufsständischen Regeln erstrecken. Die Modalitäten der Eignungsprüfung werden von den zuständigen Stellen des Aufnahmestaates unter Wahrung der Bestimmungen des Gemeinschaftsrechts festgelegt.

   Im Aufnahmestaat wird die Rechtslage des Antragstellers, der sich dort auf die Eignungsprüfung vorbereiten will, von den zuständigen Stellen dieses Staats festgelegt.

Artikel 2

Diese Richtlinie gilt für alle Angehörigen eines Mitgliedstaats, die als Selbständige oder abhängig Beschäftigte einen reglementierten Beruf in einem anderen Mitgliedstaat ausüben wollen.

Diese Richtlinie gilt nicht für Berufe, die Gegenstand einer Einzelrichtlinie sind, mit der in den Mitgliedstaaten eine gegenseitige Anerkennung der Diplome eingeführt wird.

Artikel 3

Wenn der Zugang zu einem reglementierten Beruf oder dessen Ausübung im Aufnahmestaat von dem Besitz eines Diploms abhängig gemacht wird, kann die zuständige Stelle einem Angehörigen eines Mitgliedstaats den Zugang zu diesem Beruf oder dessen Ausübung unter denselben Voraussetzungen wie bei Inländern nicht wegen mangelnder Qualifikation verweigern,

a) wenn der Antragsteller das Diplom besitzt, das in einem anderen Mitgliedstaat erforderlich ist, um Zugang zu diesem Beruf in seinem Hoheitsgebiet zu erhalten oder ihn dort auszuüben, und wenn dieses Diplom in einem Mitgliedstaat erworben wurde, oder

b) wenn der Antragsteller diesen Beruf vollzeitlich zwei Jahre lang in den vorhergehenden zehn Jahren in einem anderen Mitgliedstaat ausgeübt hat, der diesen Beruf nicht gemäß Artikel 1 Buchstabe c) und Buchstabe d) Absatz 1 reglementiert, sofern der Betreffende dabei im Besitz von einem oder mehreren Ausbildungsnachweisen war,

   - die in einem Mitgliedstaat von einer nach dessen Rechts- und Verwaltungsvorschriften bestimmten zuständigen Stelle ausgestellt worden waren;
   - aus denen hervorgeht, daß der Inhaber ein mindestens dreijähriges Studium oder ein dieser Dauer entsprechendes Teilzeitstudium an einer Universität oder einer Hochschule oder einer anderen Ausbildungseinrichtung mit gleichwertigem Niveau in einem Mitgliedstaat absolviert und gegebenenfalls die über das Studium hinaus erforderliche berufliche Ausbildung abgeschlossen hatte und
   - die er zur Vorbereitung auf die Ausübung dieses Berufs erworben hatte.

   Dem Ausbildungsnachweis nach Unterabsatz 1 sind ein jedes Prüfungszeugnis bzw. Prüfungszeugnisse insgesamt gleichgestellt, die von einer zuständigen Stelle in einem Mitgliedstaat ausgestellt werden, wenn sie eine in der Gemeinschaft erworbene Ausbildung bestätigen und von diesem Mitgliedstaat als gleichwertig anerkannt werden, sofern diese Anerkennung den übrigen Mitgliedstaaten und der Kommission mitgeteilt worden ist.

Artikel 4

(1) Artikel 3 hindert den Aufnahmestaat nicht daran, vom Antragsteller ebenfalls zu verlangen,

a) daß er Berufserfahrung nachweist, wenn die Ausbildungsdauer, die er gemäß Artikel 3 Buchstaben a) und b) nachweist, um mindestens ein Jahr unter der in dem Aufnahmestaat geforderten Ausbildungsdauer liegt. In diesem Fall darf die Dauer der verlangten Berufserfahrung

- das Doppelte der fehlenden Ausbildungszeit nicht überschreiten, wenn sich diese auf ein Studium und/oder auf ein unter der Aufsicht eines Ausbilders absolviertes und mit einer Prüfung abgeschlossenes Berufspraktikum bezieht;
- die fehlende Ausbildungszeit nicht überschreiten, wenn sich diese auf eine mit Unterstützung eines qualifizierten Berufsangehörigen erworbene Berufspraxis bezieht.

Bei Diplomen im Sinne von Artikel 1 Buchstabe a) letzter Absatz bestimmt sich die Dauer der als gleichwertig anerkannten Ausbildung nach der in Artikel 1 Buchstabe a) Unterabsatz 1 definierten Ausbildung.

Bei Anwendung des vorliegenden Buchstabens ist die Berufserfahrung gemäß Artikel 3 Buchstabe b) anzurechnen.

Die Dauer der verlangten Berufserfahrung darf auf keinen Fall vier Jahre überschreiten;

b) daß er einen höchstens dreijährigen Anpassungslehrgang absolviert oder eine Eignungsprüfung ablegt,

- wenn seine bisherige Ausbildung gemäß Artikel 3 Buchstaben a) und b) sich auf Fächer bezieht, die sich wesentlich von denen unterscheiden, die von dem Diplom abgedeckt werden, das in dem Aufnahmestaat vorgeschrieben ist, oder
- wenn in dem in Artikel 3 Buchstabe b) vorgesehenen Fall der reglementierte Beruf in dem Aufnahmestaat eine oder mehrere reglementierte berufliche Tätigkeiten umfaßt, die in dem Heimat- oder Herkunftsmitgliedstaat des Antragstellers nicht Bestandteil des betreffenden reglementierten Berufs sind, und wenn dieser Unterschied in einer besonderen Ausbildung besteht, die in dem Aufnahmestaat gefordert wird und sich auf Fächer bezieht, die sich wesentlich von denen unterscheiden, die von dem Diplom abgedeckt werden, das der Antragsteller vorweist, oder
- wenn in dem in Artikel 3 Buchstabe b) vorgesehenen Fall der reglementierte Beruf in dem Aufnahmestaat eine oder mehrere reglementierte berufliche Tätigkeiten umfaßt, die nicht Bestandteil des vom Antragsteller in seinem Heimat- oder Herkunftsmitgliedstaat ausgeübten Berufs sind, und wenn dieser Unterschied in einer besonderen Ausbildung besteht, die in dem Aufnahmestaat gefordert wird und sich auf Fächer bezieht, die sich wesentlich von denen unterscheiden, die von dem oder den Befähigungsnachweisen abgedeckt werden, die der Antragsteller vorweist.

Wenn der Aufnahmestaat von dieser Möglichkeit Gebrauch macht, muß er dem Antragsteller die Wahl zwischen dem Anpassungslehrgang und der Eignungsprüfung lassen. Abweichend von diesem Grundsatz kann der Aufnahmestaat einen Anpassungslehrgang oder eine Eignungsprüfung vorschreiben, wenn es sich um Berufe handelt, deren Ausübung eine genaue Kenntnis des nationalen Rechts erfordert und bei denen die Beratung und/oder der Beistand in Fragen des innerstaatlichen Rechts ein wesentlicher und ständiger Bestandteil der beruflichen Tätigkeit ist. Wenn der Aufnahmestaat bei anderen Berufen von der Wahlmöglichkeit des Antragstellers abweichen möchte, ist das Verfahren des Artikels 10 anzuwenden.

(2) Jedoch kann der Aufnahmestaat von den Möglichkeiten im Sinne von Absatz 1 Buchstaben a) und b) nicht gleichzeitig Gebrauch machen.

Artikel 6

(1) Die zuständige Behörde eines Aufnahmestaates, die für den Zugang zu einem reglementierten Beruf einen Nachweis der Ehrenhaftigkeit, ein Führungszeugnis oder eine Bescheinigung darüber, daß der Betreffende nicht in Konkurs geraten ist, fordert, oder die Ausübung dieses Berufs bei schwerwiegendem standeswidrigem Verhalten oder bei einer strafbaren Handlung untersagt, erkennt bei Angehörigen der anderen Mitgliedstaaten, die diesen Beruf im Hoheitsgebiet des Aufnahmestaates ausüben wollen, die von den zuständigen Behörden des Heimat- oder Herkunftmitgliedstaats ausgestellten Bescheinigungen, aus denen hervorgeht, daß diesen Anforderungen Genüge geleistet ist, als ausreichenden Nachweis an.

Werden von den zuständigen Stellen des Heimat- oder Herkunftmitgliedstaats die in Unterabsatz 1 genannten Dokumente nicht ausgestellt, so werden sie durch eine eidesstattliche Erklärung – oder in den Staaten, in denen es keine eidesstattliche Erklärung gibt, durch eine feierliche Erklärung – ersetzt, die der Betreffende vor einer zuständigen Justiz- oder Verwaltungsbehörde oder gegebenenfalls vor einem Notar oder einer entsprechend bevollmächtigten Berufsorganisation des Heimat- oder Herkunftmitgliedstaates abgegeben hat, die eine diese eidesstattliche oder feierliche Erklärung bestätigende Bescheinigung ausstellen.

(2) Fordert die zuständige Behörde des Aufnahmestaats von den Angehörigen ihres Staats für den Zugang zu einem reglementierten Beruf oder dessen Ausübung eine Bescheinigung über die körperliche oder geistige Gesundheit, so erkennt sie die Vorlage der Bescheinigung, die im Heimat- oder Herkunftsmitgliedstaat gefordert wird, hierfür als ausreichenden Nachweis an.

Wird im Heimat- oder Herkunftsmitgliedstaat für die Aufnahme oder die Ausübung des betreffenden Berufs ein derartiges Zeugnis nicht verlangt, so erkennt der Aufnahmestaat bei Staatsangehörigen des Heimat- oder Herkunftsmitgliedstaats eine von den zuständigen Behörden dieses Staats ausgestellte Bescheinigung an, die den Bescheinigungen des Aufnahmestaats entspricht.

(3) Die zuständige Behörde des Aufnahmestaats kann verlangen, daß die Nachweise und Bescheinigungen nach den Absätzen 1 und 2 bei ihrer Vorlage nicht älter als drei Monate sind.

(4) Fordert die zuständige Behörde des Aufnahmestaats von den Angehörigen ihres Staats für den Zugang zu einem reglementierten Beruf oder dessen Ausübung einen Eid oder eine feierliche Erklärung, so sorgt sie für den Fall, daß die Formel dieses Eides oder dieser Erklärung von den Angehörigen der anderen Mitgliedstaaten nicht verwendet werden kann, dafür, daß den Betreffenden eine geeignete und gleichwertige Formel zur Verfügung steht.

Artikel 7

(1) Die zuständige Behörde des Aufnahmestaats erkennt den Angehörigen der Mitgliedstaaten, die die Voraussetzungen für den Zugang zu einem reglementierten Beruf und dessen Ausübung im Hoheitsgebiet des Aufnahmestaats erfüllen, das Recht zu, die diesem Beruf entsprechende Berufsbezeichnung des Aufnahmestaats zu führen.

(2) Die zuständige Behörde des Aufnahmestaats erkennt den Angehörigen der Mitgliedstaaten, die die Voraussetzungen für den Zugang zu einem reglementierten Beruf und dessen Ausübung im Hoheitsgebiet des Aufnahmestaats erfüllen, das Recht zu, ihre im Heimat- oder Herkunftsmitgliedstaat bestehende rechtmäßige Ausbildungsbezeichnung und gegebenenfalls ihre Abkürzung in der Sprache dieses Staats zu führen. Der Aufnahmestaat kann vorschreiben, daß neben dieser Bezeichnung Name und Ort der Lehranstalt oder des Prüfungsausschusses, die bzw. der diese Ausbildungsbezeichnung verliehen hat, aufgeführt werden.

(3) Wird ein Beruf in dem Aufnahmestaat durch einen Verband oder eine Organisation gemäß Artikel 1 Buchstabe d) reglementiert, so sind Staatsangehörige der Mitgliedstaaten zur Führung der Berufsbezeichnung oder der Kennbuchstaben, die von dem betreffenden Verband oder der betreffenden Organisation verliehen werden, nur berechtigt, wenn sie ihre Mitgliedschaft bei diesem Verband oder dieser Organisation nachweisen können.

Sofern der Verband oder die Organisation die Aufnahme von Qualifikationsanforderungen abhängig macht, kann er bzw. sie dies gegenüber Angehörigen anderer Mitgliedstaaten, welche über ein Diplom im Sinne von Artikel 1 Buchstabe a) oder eine Berufsbefähigung im Sinne von Artikel 3 Buchstabe b) verfügen, nur unter den in dieser Richtlinie, insbesondere in den Artikeln 3 und 4, niedergelegten Bedingungen tun.

Artikel 8

(1) Der Aufnahmestaat erkennt als Nachweis dafür, daß die in den Artikeln 3 und 4 genannten Voraussetzungen erfüllt sind, die von den zuständigen Behörden der Mitgliedstaaten ausgestellten Bescheinigungen an, die der Antragsteller mit seinem Antrag auf Ausübung des betreffenden Berufs vorzulegen hat.

(2) Das Verfahren zur Prüfung eines Antrags auf Ausübung eines reglementierten Berufs muß so rasch wie möglich durchgeführt und mit einer mit Gründen versehenen Entscheidung der zuständigen Behörde des Aufnahmestaats spätestens vier Monate nach Vorlage der vollständigen Unterlagen des Betreffenden abgeschlossen werden. Gegen diese Entscheidung oder gegen die Unterlassung einer Entscheidung kann ein gerichtlicher Rechtsbehelf nach innerstaatlichem Recht eingelegt werden.

2.
Richtlinie 92/51/EWG des Rates vom 18. Juni 1992 über eine zweite allgemeine Regelung zur Anerkennung beruflicher Befähigungsnachweise in Ergänzung zur Richtlinie 89/48/EWG (92/51/EWG); geändert durch die Richtlinie 94/38/EWG vom 26. Juli 1994 zur Änderung der Anhänge C und D der Richtlinie 92/51/EWG des Rates . . .

(EG-ABl. L 209 v. 24. 07. 92, S. 25 bzw.
EG-ABl. L 217 v. 23. 08. 94, S. 8)
– Auszug –

Artikel 1

Im Sinne dieser Richtlinie gelten

a) als „Diplom“ jeder Ausbildungsnachweis bzw. mehrere solcher Nachweise zusammen,

- die in einem Mitgliedstaat von einer nach dessen Rechts- und Verwaltungsvorschriften bestimmten zuständigen Stelle ausgestellt werden,
- aus denen hervorgeht, daß der Diplominhaber erfolgreich
  i) entweder einen nicht in Artikel 1 Buchstabe a) zweiter Gedankenstrich der Richtlinie 89/48/EWG genannten postsekundären Ausbildungsgang von mindestens einem Jahr oder eine Teilzeitausbildung von entsprechender Dauer absolviert hat – wobei eine der Voraussetzungen für die Zulassung zu einem solchen Ausbildungsgang in der Regel der Abschluß der für die Aufnahme eines Hochschulstudiums erforderlichen Sekundarausbildung ist – und daß er gegebenenfalls die über diesen postsekundären Ausbildungsgang hinaus erforderliche berufliche Ausbildung abgeschlossen hat
  ii) oder einen der in Anhang C aufgeführten Ausbildungsgänge absolviert hat, und
- aus denen hervorgeht, daß der Diplominhaber über die beruflichen Qualifikationen verfügt, die für den Zugang zu einem reglementierten Beruf oder dessen Ausübung in diesem Mitgliedstaat erforderlich sind,

wenn die durch diesen Nachweis bescheinigte Ausbildung überwiegend in der Gemeinschaft oder außerhalb derselben an Ausbildungseinrichtungen, die eine Ausbildung gemäß den Rechts- und Verwaltungsvorschriften eines Mitgliedstaats vermitteln, erworben wurde oder wenn dessen Inhaber eine dreijährige Berufserfahrung hat, die von dem Mitgliedstaat bescheinigt wird, der einen Ausbildungsnachweis eines Drittlandes anerkannt hat.

Einem Diplom im Sinne des Unterabsatzes 1 gleichgestellt sind jeder Ausbildungsnachweis bzw. mehrere solcher Nachweise zusammen, die von einer zuständigen Behörde in einem Mitgliedstaat ausgestellt wurden, wenn sie eine in der Gemeinschaft erworbene und von einer zuständigen Behörde in diesem Mitgliedstaat als gleichwertig anerkannte Ausbildung abschließen und in diesem Mitgliedstaat in bezug auf den Zugang zu einem reglementierten Beruf oder dessen Ausübung dieselben Rechte verleihen;

b) als „Prüfungszeugnis" jeder Ausbildungsnachweis bzw. mehrere solcher Nachweise zusammen,

- die in einem Mitgliedstaat von einer nach seinen Rechts- und Verwaltungsvorschriften bestimmten zuständigen Behörde ausgestellt werden,

- aus denen hervorgeht, daß der Zeugnisinhaber nach Abschluß einer Sekundarschulausbildung

  entweder einen nicht unter Buchstabe a) fallenden Ausbildungsgang oder eine nicht unter Buchstabe a) fallende berufliche Ausbildung in einer Ausbildungseinrichtung bzw. in einem Unternehmen oder im Wechsel in einer Ausbildungseinrichtung und in einem Unternehmen, gegebenenfalls ergänzt durch das zusätzlich zu diesem Studien- oder Berufsausbildungsgang vorgeschriebene Praktikum bzw. die vorgeschriebene Berufspraxis, abgeschlossen hat

  oder das zusätzlich zu dieser Sekundarschulausbildung vorgeschriebene Praktikum abgeschlossen hat bzw. über entsprechende Berufspraxis in der vorgeschriebenen Dauer verfügt, oder

- aus denen hervorgeht, daß der Zeugnisinhaber nach Abschluß einer Sekundarschulausbildung technischer oder beruflicher Art gegebenenfalls

  entweder einen Ausbildungsgang oder eine berufliche Ausbildung gemäß dem zweiten Gedankenstrich abgeschlossen hat

  oder das zusätzlich zu dieser Sekundarschulausbildung technischer oder beruflicher Art vorgeschriebene Praktikum abgeleistet hat bzw. über entsprechende Berufspraxis in der vorgeschriebenen Dauer verfügt, und

- aus denen hervorgeht, daß der Zeugnisinhaber über die beruflichen Qualifikationen verfügt, die für den Zugang zu einem reglementierten Beruf oder dessen Ausübung in diesem Mitgliedstaat erforderlich sind,

wenn die durch diesen Nachweis bescheinigte Ausbildung überwiegend in der Gemeinschaft oder außerhalb derselben an Ausbildungseinrichtungen, die eine Ausbildung gemäß den Rechts- und Verwaltungsvorschriften eines Mitgliedstaats vermitteln, erworben wurde oder wenn dessen Inhaber eine zweijährige Berufserfahrung hat, die von dem Mitgliedstaat bescheinigt wird, der einen Ausbildungsnachweis eines Drittlands anerkannt hat.

Einem Prüfungszeugnis im Sinne von Unterabsatz 1 gleichgestellt sind jeder Ausbildungsnachweis bzw. mehrere solcher Nachweise zusammen, die von einer zuständigen Behörde in einem Mitgliedstaat ausgestellt wurden, wenn sie eine in der Gemeinschaft erworbene und von einer zuständigen Behörde in einem Mitgliedstaat als gleichwertig anerkannte Ausbildung abschließen und in diesem Mitgliedstaat in bezug auf den Zugang zu einem reglementierten Beruf oder dessen Ausübung dieselben Rechte verleihen;

c) als „Befähigungsnachweis" jeder Nachweis

- der eine Ausbildung abschließt und nicht Teil eines Diploms im Sinne der Richtlinie 89/48/EWG bzw. eines Diploms oder Prüfungszeugnisses im Sinne der vorliegenden Richtlinie ist oder
- der im Anschluß an eine Beurteilung der persönlichen Eigenschaften, der Fähigkeiten oder der Kenntnisse des Antragstellers, die von einer gemäß den Rechts- und Verwaltungsvorschriften eines Mitgliedstaats bestimmten Stelle als wesentliche Voraussetzungen für die Ausübung eines Berufs angesehen werden, erteilt wird, ohne daß der Nachweis einer vorherigen Ausbildung erforderlich ist;

d) als „Aufnahmestaat" der Mitgliedstaat, in dem ein Angehöriger eines Mitgliedstaates die Ausübung eines Berufs beantragt, der dort reglementiert ist, in dem er jedoch nicht den oder die Ausbildungsnachweise bzw. den Befähigungsnachweis, auf den/die er sich beruft, erworben oder erstmals den betreffenden Beruf ausgeübt hat;

e) als „reglementierter Beruf" die reglementierte berufliche Tätigkeit oder die reglementierten beruflichen Tätigkeiten, die zusammen in einem Mitgliedstaat den betreffenden Beruf ausmachen;

f) als „reglementierte berufliche Tätigkeit" eine berufliche Tätigkeit, bei der die Aufnahme oder Ausübung oder eine der Arten ihrer Ausübung in einem Mitgliedstaat direkt oder indirekt durch Rechts- oder Verwaltungsvorschriften an den Besitz eines „Ausbildungs- oder Befähigungsnachweises“ gebunden ist. Als Art der Ausübung der reglementierten beruflichen Tätigkeit gilt insbesondere

- die Ausübung einer beruflichen Tätigkeit in Verbindung mit der Führung eines Titels, der nur von Personen geführt werden darf, die einen Ausbildungs- oder Befähigungsnachweis besitzen, die in einschlägigen Rechts- und Verwaltungsvorschriften festgelegt sind;
- die Ausübung einer beruflichen Tätigkeit im Gesundheitswesen, wenn die Vergütung dieser Tätigkeit und/oder eine diesbezügliche Erstattung durch das einzelstaatliche System der sozialen Sicherheit an den Besitz eines Ausbildungs- oder Befähigungsnachweises gebunden ist.

Eine berufliche Tätigkeit, auf die Unterabsatz 1 nicht zutrifft, wird einer reglementierten beruflichen Tätigkeit gleichgestellt, wenn sie von Mitgliedern eines Verbandes oder einer Organisation ausgeübt wird, dessen bzw. deren Ziel insbesondere die Förderung und Wahrung eines hohen Niveaus in dem betreffenden Beruf ist und der bzw. die zur Verwirklichung dieses Ziels von einem Mitgliedstaat in besonderer Form anerkannt wird und

- seinen bzw. ihren Mitgliedern einen Ausbildungsnachweis ausstellt,
- sicherstellt, daß seine bzw. ihre Mitglieder die von ihm bzw. ihr festgelegten Regeln für das berufliche Verhalten beachten, und
- ihnen das Recht verleiht, eine Berufsbezeichnung zu führen bzw. bestimmte Kennbuchstaben zu verwenden oder einen diesem Ausbildungsnachweis entsprechenden Status in Anspruch zu nehmen.

Erkennt ein Mitgliedstaat einen Verband oder eine Organisation, der bzw. die die Voraussetzungen des Unterabsatzes 2 erfüllt, gemäß jenem Unterabsatz an, so setzt er die Kommission hiervon in Kenntnis.

g) als „reglementierte Ausbildung“ jede Ausbildung,
   - die speziell auf die Ausübung eines bestimmten Berufs ausgerichtet ist und
   - die aus einem gegebenenfalls durch eine Berufsausbildung, ein Berufspraktikum oder eine Berufspraxis ergänzten Ausbildungsgang besteht, dessen Struktur und Niveau in den Rechts- und Verwaltungsvorschriften dieses Mitgliedstaats festgelegt sind oder von der zu diesem Zweck bestimmten Stelle kontrolliert bzw. genehmigt werden;

h) als „Berufserfahrung“ die tatsächliche und regelmäßige Ausübung des betreffenden Berufs in einem Mitgliedstaat;

i) als „Anpassungslehrgang“ die Ausübung eines reglementierten Berufs, die in dem Aufnahmestaat unter der Verantwortung eines qualifizierten

Berufsangehörigen erfolgt und gegebenenfalls mit einer Zusatzausbildung einhergeht. Der Lehrgang ist Gegenstand einer Bewertung. Die Einzelheiten des Anpassungslehrgangs und seiner Bewertung werden von den zuständigen Behörden des Aufnahmestaates festgelegt.

Die Rechtsstellung des Lehrgangsteilnehmers im Aufnahmestaat, insbesondere hinsichtlich des Aufenthaltsrechts sowie der Pflichten, Rechte und Sozialleistungen, der Entschädigungen und Entgelte, wird von den zuständigen Behörden dieses Mitgliedstaats in Übereinstimmung mit dem geltenden Gemeinschaftsrecht festgelegt;

j) als „Eignungsprüfung" eine ausschließlich die beruflichen Kenntnisse des Antragstellers betreffende und von den zuständigen Stellen des Aufnahmestaates durchgeführte Prüfung, mit der die Fähigkeit des Antragstellers, in diesem Mitgliedstaat einen reglementierten Beruf auszuüben, beurteilt werden soll.

Für die Zwecke dieser Prüfung erstellen die zuständigen Behörden ein Verzeichnis der Sachgebiete, die aufgrund eines Vergleichs zwischen der in ihrem Staat verlangten Ausbildung und der bisherigen Ausbildung des Antragstellers von dem bzw. den Ausbildungsnachweisen, die der Antragsteller vorlegt, nicht abgedeckt werden.

Die Eignungsprüfung muß dem Umstand Rechnung tragen, daß der Antragsteller in seinem Heimat- oder Herkunftsmitgliedstaat über eine berufliche Qualifikation verfügt. Sie erstreckt sich auf Sachgebiete, die aus den in dem Verzeichnis nach Unterabsatz 2 enthaltenen Sachgebieten auszuwählen sind und deren Kenntnis eine wesentliche Voraussetzung für eine Ausübung des Berufs im Aufnahmestaat ist. Die Modalitäten der Eignungsprüfung werden von den zuständigen Stellen des Aufnahmestaates festgelegt.

Im Aufnahmestaat wird die Rechtsstellung des Antragstellers, der sich dort auf die Eignungsprüfung vorbereiten will, von den zuständigen Behörden dieses Staats in Übereinstimmung mit dem geltenden Gemeinschaftsrecht festgelegt.

Artikel 2

Diese Richtlinie gilt für alle Angehörigen eines Mitgliedstaats, die als Selbständige oder abhängig Beschäftigte einen reglementierten Beruf in einem Aufnahmestaat ausüben wollen.

Diese Richtlinie gilt weder für Berufe, die Gegenstand einer Einzelrichtlinie sind, mit der in den Mitgliedstaaten eine gegenseitige Anerkennung der Diplome eingeführt wird, noch für Tätigkeiten, die Gegenstand einer in Anhang A aufgeführten Richtlinie sind.

Die in Anhang B aufgeführten Richtlinien gelten für die Ausübung der in diesen Richtlinien genannten Tätigkeiten in abhängiger Beschäftigung.

Artikel 3

Wird der Zugang zu einem reglementierten Beruf oder dessen Ausübung im Aufnahmestaat von dem Besitz eines Diploms im Sinne dieser Richtlinie oder der Richtlinie 89/48/EWG abhängig gemacht, so kann die zuständige Behörde unbeschadet der Anwendung der Richtlinie 89/48/EWG einem Angehörigen eines Mitgliedstaats den Zugang zu diesem Beruf oder dessen Ausübung unter denselben Voraussetzungen wie bei Inländern nicht wegen mangelnder Qualifikation verweigern,

a) wenn der Antragsteller das Diplom im Sinne dieser Richtlinie oder der Richtlinie 89/48/EWG besitzt, das in einem anderen Mitgliedstaat erforderlich ist, um Zugang zu diesem Beruf in seinem Hoheitsgebiet zu erhalten oder ihn dort auszuüben, und wenn dieses Diplom in einem Mitgliedstaat erworben wurde, oder

b) wenn der Antragsteller diesen Beruf vollzeitlich zwei Jahre lang oder während einer dieser Zeit entsprechenden Dauer teilzeitlich in den vorhergehenden zehn Jahren in einem anderen Mitgliedstaat ausgeübt hat, der diesen Beruf weder gemäß Artikel 1 Buchstabe e) und Artikel 1 Buchstabe f) Unterabsatz 1 dieser Richtlinie noch gemäß Artikel 1 Buchstabe c) und Buchstabe d) Absatz 1 der Richtlinie 89/48/EWG reglementiert, sofern der Betreffende dabei im Besitz von einem oder mehreren Ausbildungsnachweisen war,

   - die in einem Mitgliedstaat von einer nach dessen Rechts- und Verwaltungsvorschriften bestimmten zuständigen Behörde ausgestellt worden waren;
   - aus denen hervorgeht, daß der Inhaber der Nachweise erfolgreich einen nicht in Artikel 1 Buchstabe a) zweiter Gedankenstrich der Richtlinie 89/48/EWG genannten postsekundären Ausbildungsgang von mindestens einem Jahr oder eine Teilzeitausbildung von entsprechender Dauer absolviert hat, wobei eine der Voraussetzungen für die Zulassung zu einem solchen Ausbildungsgang in der Regel der Abschluß der für die Aufnahme eines Hochschulstudiums erforderlichen Sekundarausbildung ist, und daß er gegebenenfalls die als Bestandteil dieses Ausbildungsgangs vorgesehene berufliche Ausbildung abgeschlossen hat, oder
   - mit denen eine reglementierte Ausbildung im Sinne von Anhang D nachgewiesen wird und
   - die er zur Vorbereitung auf die Ausübung dieses Berufs erworben hatte.

Die in Unterabsatz 1 dieses Buchstabens genannte zweijährige Berufserfahrung darf jedoch nicht verlangt werden, wenn der oder die hier genannte(n) Ausbildungsnachweis(e) des Antragstellers den Abschluß einer reglementierten Ausbildung bestätigen.

Dem Ausbildungsnachweis nach Unterabsatz 1 dieses Buchstabens sind ein Ausbildungsnachweis bzw. mehrere solcher Nachweise zusammen gleichgestellt, die von einer zuständigen Behörde in einem Mitgliedstaat ausgestellt wurden, wenn sie eine in der Gemeinschaft erworbene Ausbildung bestätigen und von diesem Mitgliedstaat als gleichwertig anerkannt werden, sofern diese Anerkennung den übrigen Mitgliedstaaten und der Kommission mitgeteilt worden ist.

Abweichend von Absatz 1 dieses Artikels braucht der Aufnahmemitgliedstaat diesen Artikel nicht anzuwenden, wenn der Zugang zu einem reglementierten Beruf oder dessen Ausübung in diesem Staat vom Besitz eines Diploms im Sinne der Richtlinie 89/48/EWG abhängig gemacht wird, das unter anderem den erfolgreichen Abschluß eines postsekundären Ausbildungsgangs von mehr als vier Jahren voraussetzt.

Artikel 4

(1) Artikel 3 hindert den Aufnahmestaat nicht daran, vom Antragsteller ebenfalls zu verlangen,

a) daß er Berufserfahrung nachweist, wenn die Ausbildungsdauer, die er gemäß Artikel 3 Absatz 1 Buchstabe a) oder b) nachweist, um mindestens ein Jahr unter der in dem Aufnahmestaat geforderten Ausbildungsdauer liegt. In diesem Fall darf die Dauer der verlangten Berufserfahrung

   - das Doppelte der fehlenden Ausbildungszeit nicht überschreiten, wenn sich diese auf einen postsekundären Ausbildungsgang und/oder auf ein unter der Aufsicht eines Ausbilders absolviertes und mit einer Prüfung abgeschlossenes Berufspraktikum bezieht;

   - die fehlende Ausbildungszeit nicht überschreiten, wenn sich diese auf eine mit Unterstützung eines qualifizierten Berufsangehörigen erworbene Berufspraxis bezieht.

   Bei Diplomen im Sinne des Artikels 1 Buchstabe a) Unterabsatz 2 bestimmt sich die Dauer der als gleichwertig anerkannten Ausbildung nach der in Artikel 1 Buchstabe a) Unterabsatz 1 definierten Ausbildung.

   Bei Anwendung des vorliegenden Buchstabens ist die Berufserfahrung gemäß Artikel 3 Absatz 1 Buchstabe b) anzurechnen.

Die Dauer der verlangten Berufserfahrung darf auf keinen Fall vier Jahre überschreiten.

Die Berufserfahrung darf allerdings nicht von einem Antragsteller verlangt werden, der im Besitz eines Diploms über den Abschluß eines postsekundären Ausbildungsgangs im Sinne des Artikels 1 Buchstabe a) zweiter Gedankenstrich oder eines Diploms im Sinne des Artikels 1 Buchstabe a) der Richtlinie 89/48/EWG ist und der seinen Beruf in einem Aufnahmestaat ausüben möchte, in dem der Besitz eines Diploms oder eines Ausbildungsnachweises gefordert wird, das bzw. der einen Ausbildungsgang im Sinne der Anhänge C und D abschließt;

b) daß er einen höchstens dreijährigen Anpassungslehrgang absolviert oder eine Eignungsprüfung ablegt,

- wenn seine bisherige Ausbildung gemäß Artikel 3 Absatz 1 Buchstabe a) oder b) sich auf theoretische und/oder praktische Fachgebiete bezieht, die sich wesentlich von denen unterscheiden, die von dem Diplom im Sinne dieser Richtlinie oder der Richtlinie 89/48/EWG abgedeckt werden, das in dem Aufnahmestaat vorgeschrieben ist, oder

- wenn in dem in Artikel 3 Absatz 1 Buchstabe a) vorgesehenen Fall der reglementierte Beruf in dem Aufnahmestaat eine oder mehrere reglementierte berufliche Tätigkeiten umfaßt, die in dem Heimat- oder Herkunftsmitgliedstaat des Antragstellers nicht Bestandteil des betreffenden reglementierten Berufs sind, und wenn dieser Unterschied in einer besonderen Ausbildung besteht, die in dem Aufnahmestaat gefordert wird und sich auf theoretische und/oder praktische Fachgebiete bezieht, die sich wesentlich von denen unterscheiden, die von dem Diplom im Sinne dieser Richtlinie oder der Richtlinie 89/48/EWG abgedeckt werden, das der Antragsteller vorweist, oder

- wenn in dem in Artikel 3 Absatz 1 Buchstabe b) vorgesehenen Fall der reglementierte Beruf in dem Aufnahmestaat eine oder mehrere reglementierte berufliche Tätigkeiten umfaßt, die nicht Bestandteil des vom Antragsteller in seinem Heimat- oder Herkunftsmitgliedstaat ausgeübten Berufs sind, und wenn dieser Unterschied in einer besonderen Ausbildung besteht, die in dem Aufnahmestaat gefordert wird und sich auf theoretische und/oder praktische Fachgebiete bezieht, die sich wesentlich von denen unterscheiden, die von dem oder den Ausbildungsnachweisen abgedeckt werden, die der Antragsteller vorweist.

Macht der Aufnahmestaat von der Möglichkeit nach Unterabsatz 1 dieses Buchstabens Gebrauch, so muß er dem Antragsteller die Wahl zwischen dem Anpassungslehrgang und der Eignungsprüfung lassen. Möchte der Aufnahmestaat, der ein Diplom im Sinne der Richtlinie 89/

48/EWG oder dieser Richtlinie verlangt, von der Wahlmöglichkeit des Antragstellers abweichen, ist das Verfahren des Artikels 14 anzuwenden.

Abweichend von Unterabsatz 2 dieses Buchstabens kann sich der Aufnahmestaat die Entscheidung zwischen einem Anpassungslehrgang und einer Eignungsprüfung vorbehalten, wenn

- es sich um einen Beruf handelt, dessen Ausübung eine genaue Kenntnis des nationalen Rechts erfordert und bei dem die Beratung und/oder der Beistand in Fragen des innerstaatlichen Rechts ein wesentlicher und ständiger Bestandteil der Tätigkeit ist, oder
- der Aufnahmestaat den Zugang zu dem Beruf oder dessen Ausübung vom Besitz eines Diploms im Sinne der Richtlinie 89/48/EWG abhängig macht, das unter anderem den erfolgreichen Abschluß eines postsekundären Ausbildungsgangs von mehr als drei Jahren oder eine dieser Dauer entsprechenden Teilzeitausbildung voraussetzt, und der Antragsteller weder ein Diplom im Sinne dieser Richtlinie oder einen oder mehrere Ausbildungsnachweise gemäß Artikel 3 Absatz 1 Buchstabe b) dieser Richtlinie besitzt, der bzw. die nicht von Artikel 3 Buchstabe b) der Richtlinie 89/48/EWG erfaßt ist bzw. sind.

(2) Der Aufnahmestaat kann jedoch von den Möglichkeiten im Sinne des Absatzes 1 Buchstaben a) und b) nicht gleichzeitig Gebrauch machen.

Artikel 5

Wird der Zugang zu einem reglementierten Beruf oder dessen Ausübung im Aufnahmestaat von dem Besitz eines Diploms abhängig gemacht, so kann die zuständige Behörde einem Angehörigen eines Mitgliedstaats den Zugang zu diesem Beruf oder dessen Ausübung unter denselben Voraussetzungen wie bei Inländern nicht wegen mangelnder Qualifikation verweigern,

a) wenn der Antragsteller das Prüfungszeugnis besitzt, das in einem anderen Mitgliedstaat erforderlich ist, um Zugang zu diesem Beruf in seinem Hoheitsgebiet zu erhalten oder ihn dort auszuüben, und wenn dieses Prüfungszeugnis in einem Mitgliedstaat erworben wurde oder

b) wenn der Antragsteller in den vorangegangenen zehn Jahren diesen Beruf vollzeitlich zwei Jahre lang in einem anderen Mitgliedstaat ausgeübt hat, der diesen Beruf nicht im Sinne des Artikels 1 Buchstabe e) und Buchstabe f) Unterabsatz 1 reglementiert, sofern der Betreffende dabei im Besitz von einem oder mehreren Ausbildungsnachweisen war,

   - die in einem Mitgliedstaat von einer nach dessen Rechts- und Verwaltungsvorschriften bestimmten zuständigen Behörde ausgestellt worden waren und

- aus denen hervorgeht, daß der Zeugnisinhaber nach Abschluß einer Sekundarschulausbildung

  entweder einen nicht unter Buchstabe a) fallenden Ausbildungsgang oder eine nicht unter Buchstabe a) fallende berufliche Ausbildung in einer Ausbildungseinrichtung bzw. in einem Unternehmen oder im Wechsel in einer Ausbildungseinrichtung und in einem Unternehmen, gegebenenfalls ergänzt durch das Praktikum bzw. die Berufspraxis, die Bestandteil dieses Ausbildungsgangs sind, abgeschlossen hat

  oder das als Bestandteil dieser Sekundarschulausbildung vorgesehene Praktikum abgeschlossen hat bzw. über entsprechende Berufspraxis in der vorgesehenen Dauer verfügt, oder

- aus denen hervorgeht, daß der Zeugnisinhaber nach Abschluß einer Sekundarschulausbildung technischer oder beruflicher Art gegebenenfalls

  entweder einen Ausbildungsgang oder eine berufliche Ausbildung gemäß dem zweiten Gedankenstrich abgeschlossen hat

  oder das als Bestandteil dieser Sekundarschulausbildung technischer oder beruflicher Art vorgesehene Praktikum abgeleistet hat bzw. über entsprechende Berufspraxis in der vorgesehenen Dauer verfügt, und

- die er zur Vorbereitung auf die Ausübung dieses Berufs erworben hatte.

die obengenannte zweijährige Berufserfahrung darf jedoch nicht verlangt werden, wenn die hier genannten Ausbildungsnachweis(e) des Antragstellers den Abschluß einer reglementierten Ausbildung bestätigen.

Jedoch kann der Aufnahmestaat verlangen, daß der Antragsteller einen höchstens dreijährigen Anpassungslehrgang absolviert oder eine Eignungsprüfung ablegt. Der Aufnahmestaat muß dem Antragsteller die Wahl zwischen dem Anpassungslehrgang und der Eignungsprüfung lassen.

Möchte der Aufnahmestaat von der Wahlmöglichkeit des Antragstellers abweichen, ist das Verfahren des Artikels 14 anzuwenden.

Artikel 6

Wird der Zugang zu einem reglementierten Beruf oder dessen Ausübung im Aufnahmestaat von dem Besitz eines Prüfungszeugnisses abhängig gemacht, so kann die zuständige Stelle einem Angehörigen eines Mitgliedstaats den Zugang zu diesem Beruf oder dessen Ausübung unter denselben Voraussetzungen wie bei Inländern nicht wegen mangelnder Qualifikation verweigern,

a) wenn der Antragsteller das Diplom im Sinne dieser Richtlinie oder der Richtlinie 89/48/EWG oder das Prüfungszeugnis besitzt, das in einem anderen Mitgliedstaat erforderlich ist, um Zugang zu diesem Beruf in dessen Hoheitsgebiet zu erhalten oder ihn dort auszuüben, und wenn dieses Diplom in einem Mitgliedstaat erworben wurde oder

b) wenn der Antragsteller in den vorangegangenen zehn Jahren diesen Beruf vollzeitlich zwei Jahre lang oder während einer dieser Zeit entsprechenden Dauer teilzeitlich in einem anderen Mitgliedstaat ausgeübt hat, der diesen Beruf nicht gemäß Artikel 1 Buchstabe e) und Artikel 1 Buchstabe f) Unterabsatz 1 reglementiert, sofern der Betreffende dabei im Besitz von einem oder mehreren Ausbildungsnachweisen war,

- die in einem Mitgliedstaat von einer nach dessen Rechts- und Verwaltungsvorschriften bestimmten zuständigen Stelle ausgestellt worden waren und

- aus denen hervorgeht, daß ihr Inhaber eine nicht in Artikel 1 Buchstabe a) zweiter Gedankenstrich der Richtlinie 89/48/EWG genannte postsekundäre Ausbildung von mindestens einem Jahr oder eine Teilzeitausbildung von entsprechender Dauer absolviert hat, wobei eine der Voraussetzungen für die Zulassung zu einem solchen Ausbildungsgang in der Regel der Abschluß der für die Aufnahme eines Hochschulstudiums erforderlichen Sekundärausbildung ist, und daß er gegebenenfalls als Bestandteil dieses Ausbildungsgangs eine vorgesehene etwaige berufliche Ausbildung abgeschlossen hat, oder

- aus denen hervorgeht, daß der Zeugnisinhaber nach Abschluß einer Sekundarschulausbildung

  entweder einen nicht unter Buchstabe a) fallenden Ausbildungsgang oder eine nicht unter Buchstabe a) fallende berufliche Ausbildung in einer Ausbildungseinrichtung bzw. in einem Unternehmen oder im Wechsel in einer Ausbildungseinrichtung und in einem Unternehmen gegebenenfalls ergänzt durch das Praktikum bzw. die Berufspraxis, die Bestandteil dieses Ausbildungsgangs sind, abgeschlossen hat

  oder das als Bestandteil dieser Sekundarschulausbildung vorgesehene Praktikum abgeschlossen hat bzw. über entsprechende Berufspraxis in der vorgesehenen Dauer verfügt, oder

- aus denen hervorgeht, daß der Zeugnisinhaber nach Abschluß einer Sekundarschulausbildung technischer oder beruflicher Art gegebenenfalls

  entweder einen Ausbildungsgang oder eine berufliche Ausbildung gemäß dem dritten Gedankenstrich abgeschlossen hat oder das als Bestandteil dieser Sekundarschulausbildung technischer oder beruflicher Art vorgesehene Praktikum abgeleistet hat bzw. über entsprechende Berufspraxis in der vorgesehenen Dauer verfügt, und

– die er zur Vorbereitung auf die Ausübung dieses Berufs erworben hatte.

Die obengenannte Berufserfahrung darf jedoch nicht verlangt werden, wenn die hier genannten Ausbildungsnachweis(e) des Antragstellers den Abschluß einer reglementierten Ausbildung bestätigen;

c) wenn der Antragsteller, der weder ein Diplom noch ein Prüfungszeugnis noch einen Ausbildungsnachweis im Sinne des Artikels 3 Absatz 1 Buchstabe b) oder des Buchstabens b) des vorliegenden Artikels besitzt, den betreffenden Beruf in den vorangegangenen zehn Jahren vollzeitlich in drei aufeinanderfolgenden Jahren oder teilzeitlich während einer dieser Zeit entsprechenden Dauer in einem anderen Mitgliedstaat ausgeübt hat, der diesen Beruf nicht gemäß Artikel 1 Buchstabe e) und Buchstabe f) Unterabsatz 1 reglementiert.

Dem Ausbildungsnachweis nach Absatz 1 Buchstabe b) sind ein Ausbildungsnachweis bzw. mehrere solche Nachweise zusammen gleichgestellt, die von einer zuständigen Behörde in einem Mitgliedstaat ausgestellt wurden, wenn sie eine in der Gemeinschaft erworbene Ausbildung bestätigen und von diesem Mitgliedstaat als gleichwertig anerkannt werden, sofern diese Anerkennung den übrigen Mitgliedstaaten und der Kommission mitgeteilt worden ist.

Artikel 7

Artikel 6 hindert den Aufnahmestaat nicht daran, vom Antragsteller weiterhin zu verlangen,

a) daß er einen höchstens zweijährigen Anpassungslehrgang absolviert oder sich einer Eignungsprüfung unterzieht, wenn sich seine bisherige Ausbildung gemäß Artikel 5 Absatz 1 Buchstabe a) oder b) auf theoretische und/oder praktische Fachgebiete bezieht, die sich wesentlich von denen unterscheiden, die von dem Prüfungszeugnis abgedeckt werden, das in dem Aufnahmestaat vorgeschrieben ist, oder wenn es in den Tätigkeitsbereichen Unterschiede gibt, die im Aufnahmestaat dadurch charakterisiert sind, daß eine spezifische Ausbildung sich auf theoretische und/oder praktische Fachgebiete erstreckt, die sich wesentlich von denen unterscheiden, die durch den Ausbildungsnachweis des Antragstellers abgedeckt sind.

Macht der Aufnahmestaat von dieser Möglichkeit Gebrauch, so muß er dem Antragsteller die Wahl zwischen dem Anpassungslehrgang und der

Eignungsprüfung lassen. Möchte der Aufnahmestaat, der ein Prüfungszeugnis verlangt, von der Wahlmöglichkeit des Antragstellers abweichen, ist das Verfahren des Artikels 14 anzuwenden;

b) daß er einen höchstens zweijährigen Anpassungslehrgang absolviert oder sich einer Eignungsprüfung unterzieht, wenn er in dem in Artikel 6 Buchstabe c) bezeichneten Fall weder ein Diplom noch ein Prüfungszeugnis noch einen Ausbildungsnachweis vorlegen kann. Der Aufnahmestaat kann sich die Wahl zwischen dem Anpassungslehrgang und der Eignungsprüfung vorbehalten.

Artikel 8

Macht ein Aufnahmestaat den Zugang zu einem reglementierten Beruf oder dessen Ausübung vom Besitz eines Befähigungsnachweises abhängig, so kann die zuständige Behörde einem Angehörigen eines Mitgliedstaats den Zugang zu diesem Beruf oder dessen Ausübung unter denselben Voraussetzungen wie bei Inländern nicht wegen mangelnder Qualifikation verweigern,

a) wenn der Antragsteller den Befähigungsnachweis besitzt, der in einem anderen Mitgliedstaat erforderlich ist, um Zugang zu diesem Beruf in seinem Hoheitsgebiet zu erhalten oder ihn dort auszuüben, und wenn dieser Befähigungsnachweis in einem Mitgliedstaat erworben wurde oder

b) wenn der Antragsteller die in anderen Mitgliedstaaten erworbenen Qualifikationen nachweist,

wobei der betreffende Befähigungsnachweis bzw. die betreffenden Qualifikationen insbesondere in den Bereichen Gesundheit, Sicherheit, Umweltschutz und Verbraucherschutz Garantien geben müssen, die den von den Rechts- und Verwaltungsvorschriften des Aufnahmestaats geforderten gleichwertig sind.

Besitzt der Antragsteller einen solchen Befähigungsnachweis nicht oder weist er diese Qualifikation nicht nach, so finden die Rechts- und Verwaltungsvorschriften des Aufnahmestaats Anwendung.

Artikel 9

Wird der Zugang zu einem reglementierten Beruf oder dessen Ausübung im Aufnahmestaat nur vom Besitz eines Nachweises über eine allgemeine Schulbildung von Primar- oder Sekundarniveau abhängig gemacht, so kann die zuständige Behörde einem Staatsangehörigen eines Mitgliedstaats den Zugang zu diesem Beruf oder dessen Ausübung unter denselben Voraussetzungen wie bei Inländern nicht wegen mangelnder Qualifikation verweigern, wenn der Antragsteller einen förmlichen Ausbildungsnachweis des entsprechenden Niveaus besitzt, der in einem anderen Mitgliedstaat ausgestellt wurde.

Dieser Ausbildungsnachweis muß in dem betreffenden Mitgliedstaat von einer nach seinen Rechts- und Verwaltungsvorschriften bestimmten zuständigen Stelle ausgestellt worden sein.

Artikel 10

(1) Die zuständige Behörde eines Aufnahmestaates, die für den Zugang zu einem reglementierten Beruf einen Nachweis der persönlichen Zuverlässigkeit, ein Führungszeugnis oder eine Bescheinigung darüber, daß der Betreffende nicht in Konkurs geraten ist, fordert oder die Ausübung dieses Berufs bei schwerwiegendem standeswidrigem Verhalten oder bei einer strafbaren Handlung untersagt, erkennt bei Staatsangehörigen der anderen Mitgliedstaaten, die diesen Beruf im Hoheitsgebiet des Aufnahmestaates ausüben wollen, die von den zuständigen Behörden des Heimat- oder Herkunftsmitgliedstaats ausgestellten Bescheinigungen, aus denen hervorgeht, daß diesen Anforderungen Genüge geleistet wird, als ausreichenden Nachweis an.

Werden von den zuständigen Stellen des Heimat- oder Herkunftsmitgliedstaats die in Unterabsatz 1 genannten Urkunden nicht ausgestellt, so werden sie durch eine eidesstattliche Erklärung – oder in den Staaten, in denen es keine eidesstattliche Erklärung gibt, durch eine feierliche Erklärung – ersetzt, die der Betreffende vor einer zuständigen Justiz- oder Verwaltungsbehörde oder gegebenenfalls vor einem Notar oder einer entsprechend bevollmächtigten Berufsorganisation des Heimat- oder Herkunftsmitgliedstaates abgegeben hat, die eine diese eidesstattliche oder feierliche Erklärung bestätigende Bescheinigung ausstellen.

(2) Fordert die zuständige Behörde des Aufnahmestaats von den Angehörigen ihres Staates für den Zugang zu einem reglementierten Beruf oder dessen Ausübung eine Bescheinigung über die körperliche oder geistige Gesundheit, so erkennt sie die Vorlage der Bescheinigung, die im Heimat- oder Herkunftsmitgliedstaat gefordert wird, hierfür als ausreichenden Nachweis an.

Wird im Heimat- oder Herkunftsmitgliedsstaat für die Aufnahme oder die Ausübung des betreffenden Berufs ein derartiges Zeugnis nicht verlangt, so erkennt der Aufnahmestaat bei Staatsangehörigen des Heimat- oder Herkunftsmitgliedstaats eine von den zuständigen Behörden dieses Staats ausgestellte Bescheinigung an, die den Bescheinigungen des Aufnahmestaats entspricht.

(3) Die zuständige Behörde des Aufnahmestaats kann verlangen, daß die Nachweise und Bescheinigungen nach den Absätzen 1 und 2 bei ihrer Vorlage nicht älter als drei Monate sind.

(4) Fordert die zuständige Behörde des Aufnahmestaats von den Angehörigen ihres Staates für den Zugang zu einem reglementierten Beruf oder dessen Ausübung einen Eid oder eine feierliche Erklärung, so sorgt sie für den Fall, daß die Formel dieses Eides oder dieser Erklärung von den Staatsangehörigen der anderen Mitgliedstaaten nicht verwendet werden kann, dafür, daß den Betreffenden eine geeignete und gleichwertige Formel zur Verfügung steht.

Artikel 11

(1) Die zuständige Behörde des Aufnahmestaats erkennt den Staatsangehörigen der Mitgliedstaaten, die die Voraussetzungen für den Zugang zu einem reglementierten Beruf und dessen Ausübung im Hoheitsgebiet des Aufnahmestaats erfüllen, das Recht zu, die diesem Beruf entsprechende Berufsbezeichnung des Aufnahmestaats zu führen.

(2) Die zuständige Behörde des Aufnahmestaats erkennt den Staatsangehörigen der Mitgliedstaaten, die die Voraussetzungen für den Zugang zu einem reglementierten Beruf und dessen Ausübung im Hoheitsgebiet des Aufnahmestaats erfüllen, das Recht zu, ihre im Heimat- oder Herkunftsmitgliedstaat bestehende rechtmäßige Ausbildungsbezeichnung und gegebenenfalls ihre Abkürzung in der Sprache dieses Staates zu führen. Der Aufnahmestaat kann vorschreiben, daß neben dieser Bezeichnung Name und Ort der Lehranstalt oder des Prüfungsausschusses, die bzw. der diese Ausbildungsbezeichnung verliehen hat, aufgeführt werden.

(3) Wird ein Beruf in dem Aufnahmestaat durch einen Verband oder eine Organisation gemäß Artikel 1 Buchstabe f) reglementiert, so sind Staatsangehörige der Mitgliedstaaten zur Führung der Berufsbezeichnung oder der entsprechenden Abkürzung, die von dem betreffenden Verband oder der betreffenden Organisation verliehen werden, nur berechtigt, wenn sie ihre Mitgliedschaft bei diesem Verband oder dieser Organisation nachweisen können.

Macht der Verband oder die Organisation die Aufnahme eines Mitglieds von Qualifikationsanforderungen abhängig, so kann er bzw. sie dies gegenüber Staatsangehörigen anderer Mitgliedstaaten, welche über ein Diplom im Sinne von Artikel 1 Buchstabe a) oder ein Prüfungszeugnis im Sinne von Artikel 1 Buchstabe b) oder einen Ausbildungsnachweis im Sinne von Artikel 3 Absatz 1 Buchstabe b) oder von Artikel 5 Absatz 1 Buchstabe b) oder Artikel 9 verfügen, nur unter den in dieser Richtlinie, insbesondere in den Artikeln 3, 4 und 5, niedergelegten Bedingungen tun.

Artikel 12

(1) Der Aufnahmestaat erkennt als Beweismittel dafür, daß die in den Artikeln 3 bis 9 genannten Voraussetzungen erfüllt sind, die von den zuständigen Behörden der Mitgliedstaaten ausgestellten Bescheinigungen an, die der Antragsteller mit seinem Antrag auf Ausübung des betreffenden Berufs vorzulegen hat.

(2) Das Verfahren zur Prüfung eines Antrags auf Ausübung eines reglementierten Berufs muß so rasch wie möglich durchgeführt und mit einer mit Gründen versehenen Entscheidung der zuständigen Behörde des Aufnahmestaats spätestens vier Monate nach Vorlage der vollständigen Unterlagen des Betreffenden abgeschlossen werden. Gegen diese Entscheidung oder gegen die Unterlassung einer Entscheidung kann ein gerichtlicher Rechtsbehelf nach innerstaatlichem Recht eingelegt werden.

...

3.
Heilpraktikergesetz mit 1. Durchführungsverordnung

Heilpraktikergesetz – Auszug
vom 18. 02. 1939 (RGBl. I 259)

§ 1

(1) Wer die Heilkunde, ohne als Arzt bestallt zu sein, ausüben will, bedarf dazu der Erlaubnis.

(2) Ausübung der Heilkunde im Sinne dieses Gesetzes ist jede berufs- oder gewerbsmäßig vorgenommene Tätigkeit zur Feststellung, Heilung oder Linderung von Krankheiten, Leiden oder Körperschäden bei Menschen, auch wenn sie im Dienste von anderen ausgeübt wird.

(3) ...

§ 5

Wer, ohne zur Ausübung des ärztlichen Berufs berechtigt zu sein und ohne eine Erlaubnis nach § 1 zu besitzen, die Heilkunde ausübt, wird mit Freiheitsstrafe bis zu einem Jahr oder mit Geldstrafe bestraft.

1. Durchführungsverordnung zum Heilpraktikergesetz – Auszug
vom 18. 02. 1939 (RGBl. I 259)

...

§ 2

(1) Die Erlaubnis wird nicht erteilt,

a) wenn der Antragsteller das 25. Lebensjahr noch nicht vollendet hat,

b) ...

c) ...

d) wenn er nicht mindestens eine abgeschlossene Volksschulbildung nachweisen kann,

e) ...

f) wenn sich aus Tatsachen ergibt, daß ihm die ... sittliche Zuverlässigkeit fehlt, insbesondere, wenn schwere strafrechtliche oder sittliche Verfehlungen vorliegen,

g) wenn ihm infolge eines körperlichen Leidens oder wegen Schwäche seiner geistigen oder körperlichen Kräfte oder wegen einer Sucht die für die Berufsausübung erforderliche Eignung fehlt,

h) wenn mit Sicherheit anzunehmen ist, daß er die Heilkunde neben einem anderen Beruf ausüben wird,

i) wenn sich aus einer Überprüfung der Kenntnisse und Fähigkeiten des Antragstellers durch das Gesundheitsamt ergibt, daß die Ausübung der Heilkunde durch den Betreffenden eine Gefahr für die Volksgesundheit bedeuten würde.

(2) ...

§ 3

(1) Über den Antrag entscheidet die untere Verwaltungsbehörde im Benehmen mit dem Gesundheitsamt.

(2) Der Bescheid ist dem Antragsteller und der zuständigen Ärztekammer zuzustellen; das Gesundheitsamt erhält eine Abschrift des Bescheides. Der ablehnende Bescheid ist mit Gründen zu versehen.

(3) ...

4.
Bürgerliches Gesetzbuch – Auszug
vom 18. 08. 1996, zuletzt geändert durch Gesetz vom 19. 12. 1998 (BGBl. I 3843)

...

§ 823

(1) Wer vorsätzlich oder fahrlässig das Leben, den Körper, die Gesundheit, die Freiheit, das Eigentum oder ein sonstiges Recht eines anderen widerrechtlich verletzt, ist dem anderen zum Ersatz des daraus entstehenden Schadens verpflichtet.

(2) Die gleiche Verpflichtung trifft denjenigen, welcher gegen ein den Schutz eines anderen bezweckendes Gesetz verstößt. Ist nach dem Inhalt des Gesetzes ein Verstoß gegen dieses auch ohne Verschulden möglich, so tritt die Ersatzpflicht nur im Falle des Verschuldens ein.

...

§ 826

Wer in einer gegen die guten Sitten verstoßenden Weise einem anderen vorsätzlich Schaden zufügt, ist dem anderen zum Ersatz des Schadens verpflichtet.

§ 827

Wer im Zustand der Bewußtlosigkeit oder in einem die freie Willensbestimmung ausschließenden Zustand krankhafter Störung der Geistestätigkeit einem anderen Schaden zufügt, ist für den Schaden nicht verantwortlich. Hat er sich durch geistige Getränke oder ähnliche Mittel in einen vorübergehenden Zustand dieser Art versetzt, so ist er für den Schaden, den er in diesem Zustand widerrechtlich verursacht, in gleicher Weise verantwortlich, wie wenn ihm Fahrlässigkeit zur Last fiele; die Verantwortlichkeit tritt nicht ein, wenn er ohne Verschulden in den Zustand geraten ist.

...

§ 847

(1) Im Falle der Verletzung des Körpers oder der Gesundheit sowie im Falle der Freiheitsentziehung kann der Verletzte auch wegen des Schadens, der nicht Vermögensschaden ist, eine billige Entschädigung in Geld verlangen.

(2) Ein gleicher Anspruch steht einer Frauensperson zu, gegen die ein Verbrechen oder Vergehen wider die Sittlichkeit begangen oder die durch Hinterlist, Drohung oder unter Mißbrauch eines Abhängigkeitsverhältnisses zur Gestattung der außerehelichen Beiwohnung bestimmt wird.

5.
Strafgesetzbuch – Auszug
vom 15. 05. 1871, zuletzt geändert durch Gesetz vom 25. 08. 1998 (BGBl. I 2501)

. . .

§ 77 Antragsberechtigte

(1) Ist die Tat nur auf Antrag verfolgbar, so kann, soweit das Gesetz nichts anderes bestimmt, der Verletzte den Antrag stellen.

(2) Stirbt der Verletzte, so geht sein Antragsrecht in den Fällen, die das Gesetz bestimmt, auf den Ehegatten und die Kinder über. Hat der Verletzte weder einen Ehegatten noch Kinder hinterlassen oder sind sie vor Ablauf der Antragsfrist gestorben, so geht das Antragsrecht auf die Eltern und, wenn auch sie vor Ablauf der Antragsfrist gestorben sind, auf die Geschwister und die Enkel über. Ist ein Angehöriger an der Tat beteiligt oder ist seine Verwandtschaft erloschen, so scheidet er bei dem Übergang des Antragsrechts aus. Das Antragsrecht geht nicht über, wenn die Verfolgung dem erklärten Willen des Verletzten widerspricht.

(3) Ist der Antragsberechtigte geschäftsunfähig oder beschränkt geschäftsfähig, so können der gesetzliche Vertreter in den persönlichen Angelegenheiten und derjenige, dem die Sorge für die Person des Antragstellers zusteht, den Antrag stellen.

(4) Sind mehrere antragsberechtigt, so kann jeder den Antrag selbständig stellen.

. . .

§ 77b Antragsfrist

(1) Eine Tat, die nur auf Antrag verfolgbar ist, wird nicht verfolgt, wenn der Antragsberechtigte es unterläßt, den Antrag bis zum Ablauf einer Frist von drei Monaten zu stellen. Fällt das Ende der Frist auf einen Sonntag, einen allgemeinen Feiertag oder einen Sonnabend, so endet die Frist mit Ablauf des nächstes Werktages.

(2) Die Frist beginnt mit dem Ablauf des Tages, an dem der Berechtigte von der Tat und der Person des Täters Kenntnis erlangt. Hängt die Verfolgbarkeit der Tat auch von einer Entscheidung über die Nichtigkeit oder Auflösung einer Ehe ab, so beginnt die Frist nicht vor Ablauf des Tages, an dem der Berechtigte von der Rechtskraft der Entscheidung Kenntnis erlangt. Für den Antrag des gesetzlichen Vertreters und des Sorgeberechtigten kommt es auf dessen Kenntnis an.

(3) Sind mehrere antragsberechtigt oder mehrere an der Tat beteiligt, so läuft die Frist für und gegen jeden gesondert.

(4) Ist durch Tod des Verletzten das Antragsrecht auf Angehörige übergegangen, so endet die Frist frühestens drei Monate und spätestens sechs Monate nach dem Tod des Verletzten.

(5) Der Lauf der Frist ruht, wenn ein Antrag auf Durchführung eines Sühneversuchs gemäß § 380 der Strafprozeßordnung bei der Vergleichsbehörde eingeht, bis zur Ausstellung der Bescheinigung nach § 380 Abs. 1 Satz 2 der Strafprozeßordnung.

. . .

§ 132a Mißbrauch von Titeln, Berufsbezeichnungen und Abzeichen

(1) Wer unbefugt

1. inländische oder ausländische Amts- oder Dienstbezeichnungen, akademische Grade, Titel oder öffentliche Würden führt,
2. die Berufsbezeichnung Arzt, Zahnarzt, Psychologischer Psychotherapeut, Kinder- und Jugendlichenpsychotherapeut, Psychotherapeut, Tierarzt, Apotheker, Rechtsanwalt, Patentanwalt, Wirtschaftsprüfer, vereidigter Buchprüfer, Steuerberater oder Steuerbevollmächtigter führt,
3. die Bezeichnung öffentlich bestellter Sachverständiger führt oder
4. inländische oder ausländische Uniformen, Amtskleidungen oder Amtsabzeichen trägt,

wird mit Freiheitsstrafe bis zu einem Jahr oder Geldstrafe bestraft.

(2) Den in Absatz 1 genannten Bezeichnungen, akademischen Graden, Titeln, Würden, Uniformen, Amtskleidungen oder Amtsabzeichen stehen solche gleich, die ihnen zum Verwechseln ähnlich sind.

(3) Die Absätze 1 und 2 gelten auch für Amtsbezeichnungen, Titel, Würden, Amtskleidungen und Amtsabzeichen der Kirchen und anderen Religionsgesellschaften des öffentlichen Rechts.

(4) Gegenstände, auf die sich eine Straftat nach Absatz 1 Nr. 4, allein oder in Verbindung mit Absatz 2 oder 3 bezieht, können eingezogen werden.

. . .

§ 174a Sexueller Mißbrauch von Gefangenen, behördlich Verwahrten oder Kranken und Hilfsbedürftigen in Einrichtungen

(1) Wer sexuelle Handlungen an einer gefangenen oder auf behördliche Anordnung verwahrten Person, die ihm zur Erziehung, Ausbildung, Beaufsichtigung oder Betreuung anvertraut ist, unter Mißbrauch seiner Stellung

vornimmt oder an sich von der gefangenen oder verwahrten Person vornehmen läßt, wird mit Freiheitsstrafe bis zu fünf Jahren oder mit Geldstrafe bestraft.

(2) Ebenso wird bestraft, wer eine Person, die in einer Einrichtung für kranke oder hilfsbedürftige Menschen stationär aufgenommen und ihm zur Beaufsichtigung oder Betreuung anvertraut ist, dadurch mißbraucht, daß er unter Ausnutzung der Krankheit oder Hilfsbedürftigkeit dieser Person sexuelle Handlungen an ihr vornimmt oder an sich von ihr vornehmen läßt.

(3) Der Versuch ist strafbar.

...

§ 174c Sexueller Mißbrauch unter Ausnutzung eines Beratungs-, Behandlungs- oder Betreuungsverhältnisses

Wer sexuelle Handlungen an einer Person, die ihm wegen einer geistigen oder seelischen Krankheit oder Behinderung einschließlich einer Suchtkrankheit zur Beratung, Behandlung oder Betreuung anvertraut ist, unter Mißbrauch des Beratungs-, Behandlungs- oder Betreuungsverhältnisses vornimmt oder an sich von ihr vornehmen läßt, wird mit Freiheitsstrafe bis zu fünf Jahren oder mit Geldstrafe bestraft.

(2) Ebenso wird bestraft, wer sexuelle Handlungen an einer Person, die ihm zur psychotherapeutischen Behandlung anvertraut ist, unter Mißbrauch des Behandlungsverhältnisses vornimmt oder an sich von ihr vornehmen läßt.

(3) Der Versuch ist strafbar.

...

§ 179 Sexueller Mißbrauch widerstandsunfähiger Personen

(1) Wer eine andere Person, die

1. wegen einer geistigen oder seelischen Krankheit oder Behinderung einschließlich einer Suchtkrankheit oder wegen einer tiefgreifenden Bewußtseinsstörung oder
2. körperlich

zum Widerstand unfähig ist, dadurch mißbraucht, daß er unter Ausnutzung der Widerstandsunfähigkeit sexuelle Handlungen an ihr vornimmt oder an sich von ihr vornehmen läßt, wird mit Freiheitsstrafe von sechs Monaten bis zu zehn Jahren bestraft.

(2) Ebenso wird bestraft, wer eine widerstandsunfähige Person (Absatz 1) dadurch mißbraucht, daß er sie unter Ausnutzung der Widerstandsunfähig-

keit dazu bestimmt, sexuelle Handlungen an einem Dritten vorzunehmen oder von einem Dritten an sich vornehmen zu lassen.

(3) Der Versuch ist strafbar.

(4) Auf Freiheitsstrafe nicht unter einem Jahr ist zu erkennen, wenn

1. der Täter mit dem Opfer den Beischlaf vollzieht oder ähnliche sexuelle Handlungen an ihm vornimmt oder an sich von ihm vornehmen läßt, die mit einem Eindringen in den Körper verbunden sind,
2. die Tat von mehreren gemeinschaftlich begangen wird oder
3. der Täter das Opfer durch die Tat in die Gefahr einer schweren Gesundheitsschädigung oder einer erheblichen Schädigung der körperlichen oder seelischen Entwicklung bringt.

(5) In minder schweren Fällen der Absätze 1, 2 und 4 ist auf Freiheitsstrafe von drei Monaten bis zu fünf Jahren zu erkennen.

(6) § 176a Abs. 4 und § 176b gelten entsprechend.

...

§ 201 Verletzung der Vertraulichkeit des Wortes

(1) Mit Freiheitsstrafe bis zu drei Jahren oder mit Geldstrafe wird bestraft, wer unbefugt

1. das nichtöffentlich gesprochene Wort eines anderen auf einen Tonträger aufnimmt oder
2. eine so hergestellte Aufnahme gebraucht oder einem Dritten zugänglich macht.

(2) Ebenso wird bestraft, wer unbefugt

1. das nicht zu seiner Kenntnis bestimmte nichtöffentlich gesprochene Wort eines anderen mit einem Abhörgerät abhört oder
2. das nach Absatz 1 Nr. 1 aufgenommene oder nach Absatz 2 Nr. 1 abgehörte nichtöffentlich gesprochene Wort eines anderen im Wortlaut oder seinem wesentlichen Inhalt nach öffentlich mitteilt.

Die Tat nach Satz 1 Nr. 2 ist nur strafbar, wenn die öffentliche Mitteilung geeignet ist, berechtigte Interessen eines anderen zu beeinträchtigen. Sie ist nicht rechtswidrig, wenn die öffentliche Mitteilung zur Wahrnehmung überragender öffentlicher Interessen gemacht wird.

(3) Mit Freiheitsstrafe bis zu fünf Jahren oder mit Geldstrafe wird bestraft, wer als Amtsträger oder als für den öffentlichen Dienst besonders Verpflichteter die Vertraulichkeit des Wortes verletzt (Absätze 1 und 2).

(4) Der Versuch ist strafbar.

(5) Die Tonträger und Abhörgeräte, die der Täter oder Teilnehmer verwendet hat, können eingezogen werden. § 74a ist anzuwenden.

...

§ 203 Verletzung von Privatgeheimnissen

(1) Wer unbefugt ein fremdes Geheimnis, namentlich ein zum persönlichen Lebensbereich gehörendes Geheimnis oder ein Betriebs- oder Geschäftsgeheimnis, offenbart, das ihm als

1. Arzt, Zahnarzt, Tierarzt, Apotheker oder Angehörigen eines anderen Heilberufs, der für die Berufsausübung oder die Führung der Berufsbezeichnung eine staatlich geregelte Ausbildung erfordert,
2. Berufspsychologen mit staatlich anerkannter wissenschaftlicher Abschlußprüfung,
3. Rechtsanwalt, Patentanwalt, Notar, Verteidiger in einem gesetzlich geordneten Verfahren, Wirtschaftsprüfer, vereidigtem Buchprüfer, Steuerberater, Steuerbevollmächtigten oder Organ oder Mitglied eines Organs einer Wirtschaftsprüfungs-, Buchprüfungs- oder Steuerberatungsgesellschaft,
4. Ehe-, Familien-, Erziehungs- oder Jugendberater sowie Berater für Suchtfragen in einer Beratungsstelle, die von einer Behörde oder Körperschaft, Anstalt oder Stiftung des öffentlichen Rechts anerkannt ist,

4a. Mitglied oder Beauftragten einer anerkannten Beratungsstelle nach §§ 3 und 8 des Schwangerschaftskonfliktgesetzes,

5. staatlich anerkanntem Sozialarbeiter oder staatlich anerkanntem Sozialpädagogen oder
6. Angehörigen eines Unternehmens der privaten Kranken-, Unfall- oder Lebensversicherung oder einer privatärztlichen Verrechnungsstelle

anvertraut worden oder sonst bekanntgeworden ist, wird mit Freiheitsstrafe bis zu einem Jahr oder mit Geldstrafe bestraft.

(2) Ebenso wird bestraft, wer unbefugt ein fremdes Geheimnis, namentlich ein zum persönlichen Lebensbereich gehörendes Geheimnis oder ein Betriebs- oder Geschäftsgeheimnis, offenbart, das ihm als

1. Amtsträger,
2. für den öffentlichen Dienst besonders Verpflichteten,
3. Person, die Aufgaben oder Befugnisse nach dem Personalvertretungsrecht wahrnimmt,
4. Mitglied eines für ein Gesetzgebungsorgan des Bundes oder eines Landes tätigen Untersuchungsausschusses, sonstigen Ausschusses oder Rates, das nicht selbst Mitglied des Gesetzgebungsorgans ist, oder als Hilfskraft eines solchen Ausschusses oder Rates oder

5. öffentlich bestelltem Sachverständigen, der auf die gewissenhafte Erfüllung seiner Obliegenheiten auf Grund eines Gesetzes förmlich verpflichtet worden ist,

anvertraut worden oder sonst bekanntgeworden ist. Einem Geheimnis im Sinne des Satzes 1 stehen Einzelangaben über persönliche oder sachliche Verhältnisse eines anderen gleich, die für Aufgaben der öffentlichen Verwaltung erfaßt worden sind. Satz 1 ist jedoch nicht anzuwenden, soweit solche Einzelangaben anderen Behörden oder sonstigen Stellen für Aufgaben der öffentlichen Verwaltung bekanntgegeben werden und das Gesetz dies nicht untersagt.

(3) Den in Absatz 1 Genannten stehen ihre berufsmäßig tätigen Gehilfen und die Personen gleich, die bei ihnen zur Vorbereitung auf den Beruf tätig sind. Den in Absatz 1 und den in Satz 1 Genannten steht nach dem Tod des zur Wahrung des Geheimnisses Verpflichteten ferner gleich, wer das Geheimnis von dem Verstorbenen oder aus dessen Nachlaß erlangt hat.

(4) Die Absätze 1 bis 3 sind auch anzuwenden, wenn der Täter das fremde Geheimnis nach dem Tod des Betroffenen unbefugt offenbart.

(5) Handelt der Täter gegen Entgelt oder in der Absicht, sich oder einen anderen zu bereichern oder einen anderen zu schädigen, so ist die Strafe Freiheitsstrafe bis zu zwei Jahren oder Geldstrafe.

§ 204 Verwertung fremder Geheimnisse

(1) Wer unbefugt ein fremdes Geheimnis, namentlich ein Betriebs- oder Geschäftsgeheimnis, zu dessen Geheimhaltung er nach § 203 verpflichtet ist, verwertet, wird mit Freiheitsstrafe bis zu zwei Jahren oder mit Geldstrafe bestraft.

(2) § 203 Abs. 4 gilt entsprechend.

§ 205 Strafantrag

(1) In den Fällen des § 201 Abs. 1 und 2 und der §§ 202 bis 204 wird die Tat nur auf Antrag verfolgt.

(2) Stirbt der Verletzte, so geht das Antragsrecht nach § 77 Abs. 2 auf die Angehörigen über; dies gilt nicht in den Fällen des § 202a. Gehört das Geheimnis nicht zum persönlichen Lebensbereich des Verletzten, so geht das Antragsrecht bei Straftaten nach §§ 203 und 204 auf die Erben über. Offenbart oder verwertet der Täter in den Fällen der §§ 203 und 204 das Geheimnis nach dem Tod des Betroffenen, so gelten die Sätze 1 und 2 sinngemäß.

. . .

§ 223 Körperverletzung

(1) Wer eine andere Person körperlich mißhandelt oder an der Gesundheit schädigt, wird mit Freiheitsstrafe bis zu fünf Jahren oder mit Geldstrafe bestraft.

(2) Der Versuch ist strafbar.

...

§ 229 Fahrlässige Körperverletzung

Wer durch Fahrlässigkeit die Körperverletzung einer anderen Person verursacht, wird mit Freiheitsstrafe bis zu drei Jahren oder mit Geldstrafe bestraft.

§ 230 Strafantrag

(1) Die vorsätzliche Körperverletzung nach § 223 und die fahrlässige Körperverletzung nach § 229 werden nur auf Antrag verfolgt, es sei denn, daß die Strafverfolgungsbehörde wegen des besonderen öffentlichen Interesses an der Strafverfolgung ein Einschreiten von Amts wegen für geboten hält. Stirbt die verletzte Person, so geht bei vorsätzlicher Körperverletzung das Antragsrecht nach § 77 Abs. 2 auf die Angehörigen über.

(2) Ist die Tat gegen einen Amtsträger, einen für den öffentlichen Dienst besonders Verpflichteten oder einen Soldaten der Bundeswehr während der Ausübung seines Dienstes oder in Beziehung auf seinen Dienst begangen, so wird sie auch auf Antrag des Dienstvorgesetzten verfolgt. Dasselbe gilt für Träger von Ämtern der Kirchen und anderen Religionsgesellschaften des öffentlichen Rechts.

...

§ 277 Fälschung von Gesundheitszeugnissen

Wer unter der ihm nicht zustehenden Bezeichnung als Arzt oder als eine andere approbierte Medizinalperson oder unberechtigt unter dem Namen solcher Personen ein Zeugnis über seinen oder eines anderen Gesundheitszustand ausstellt oder ein derartiges echtes Zeugnis verfälscht und davon zur Täuschung von Behörden oder Versicherungsgesellschaften Gebrauch macht, wird mit Freiheitsstrafe bis zu einem Jahr oder mit Geldstrafe bestraft.

§ 278 Ausstellen unrichtiger Gesundheitszeugnisse

Ärzte und andere approbierte Medizinalpersonen, welche ein unrichtiges Zeugnis über den Gesundheitszustand eines Menschen zum Gebrauch bei einer Behörde oder Versicherungsgesellschaft wider besseres Wissen ausstellen, werden mit Freiheitsstrafe bis zu zwei Jahren oder mit Geldstrafe bestraft.

§ 279 Gebrauch unrichtiger Gesundheitszeugnisse

Wer, um eine Behörde oder eine Versicherungsgesellschaft über seinen oder eines anderen Gesundheitszustand zu täuschen, von einem Zeugnis der in §§ 277 oder 278 bezeichneten Art Gebrauch macht, wird mit Freiheitsstrafe bis zu einem Jahr oder mit Geldstrafe bestraft.

6.
Strafprozeßordnung – Auszug
vom 01. 02. 1877, zuletzt geändert durch Gesetz vom 07. 09. 1998 (BGBl. I 2646)

...

§ 53

(1) Zur Verweigerung des Zeugnisses sind ferner berechtigt

1. Geistliche über das, was ihnen in ihrer Eigenschaft als Seelsorger anvertraut worden oder bekanntgeworden ist;
2. Verteidiger des Beschuldigten über das, was ihnen in dieser Eigenschaft anvertraut worden oder bekanntgeworden ist;
3. Rechtsanwälte, Patentanwälte und Steuerbevollmächtigte, Ärzte, Zahnärzte, Psychologische Psychotherapeuten, Kinder- und Jugendlichenpsychotherapeuten, Apotheker und Hebammen über das, was ihnen in dieser Eigenschaft anvertraut worden oder bekanntgeworden ist, Rechtsanwälten stehen dabei sonstige Mitglieder einer Rechtsanwaltskammer gleich;

3a. Mitglieder oder Beauftragte einer anerkannten Beratungsstelle nach den §§ 3 und 8 des Schwangerschaftskonfliktgesetzes über das, was ihnen in dieser Eigenschaft anvertraut worden oder bekanntgeworden ist;

3b. Berater für Fragen der Betäubungsmittelabhängigkeit in einer Beratungsstelle, die eine Behörde oder eine Körperschaft, Anstalt oder Stiftung des öffentlichen Rechts anerkannt oder bei sich eingerichtet hat, über das, was ihnen in dieser Eigenschaft anvertraut worden oder bekanntgeworden ist;

4. Mitglieder des Bundestages, eines Landtages oder einer zweiten Kammer über Personen, die ihnen in ihrer Eigenschaft als Mitglieder dieser Organe oder denen sie in dieser Eigenschaft Tatsachen anvertraut haben, sowie über diese Tatsachen selbst;
5. Personen, die bei der Vorbereitung, Herstellung oder Verbreitung von periodischen Druckwerken oder Rundfunksendungen berufsmäßig mitwirken oder mitgewirkt haben, über die Person des Verfassers, Einsenders oder Gewährsmanns von Beiträgen und Unterlagen sowie über die ihnen im Hinblick auf ihre Tätigkeiten gemachten Mitteilungen, soweit es sich um Beiträge, Unterlagen und Mitteilungen für den redaktionellen Teil handelt.

(2) Die in Absatz 1 Nr. 2 bis 3b Genannten dürfen das Zeugnis nicht verweigern, wenn sie von der Verpflichtung zur Verschwiegenheit entbunden sind.

§ 53a

(1) Den in § 53 Abs. 1 Nr. 1 bis 4 Genannten stehen ihre Gehilfen und die Personen gleich, die zur Vorbereitung auf den Beruf an der berufsmäßigen Tätigkeit teilnehmen. Über die Ausübung des Rechts dieser Hilfspersonen, das Zeugnis zu verweigern, entscheiden die in § 53 Abs. 1 Nr. 1 bis 4 Genannten, es sei denn, daß diese Entscheidung in absehbarer Zeit nicht herbeigeführt werden kann.

(2) Die Entbindung von der Verpflichtung zur Verschwiegenheit (§ 53 Abs. 2) gilt auch für die Hilfspersonen.

. . .

§ 97

(1) Der Beschlagnahme unterliegen nicht

1. schriftliche Mitteilungen zwischen dem Beschuldigten und den Personen, die nach § 52 oder § 53 Abs. 1 Nr. 1 bis 3b das Zeugnis verweigern dürfen;
2. Aufzeichnungen, welche die in § 53 Abs. 1 Nr. 1 bis 3b Genannten über die ihnen vom Beschuldigten anvertrauten Mitteilungen oder über andere Umstände gemacht haben, auf die sich das Zeugnisverweigerungsrecht erstreckt;
3. andere Gegenstände einschließlich der ärztlichen Untersuchungsbefunde, auf die sich das Zeugnisverweigerungsrecht der in § 53 Abs. 1 Nr. 1 bis 3b Genannten erstreckt.

(2) Diese Beschränkungen gelten nur, wenn die Gegenstände im Gewahrsam der zur Verweigerung des Zeugnisses Berechtigten sind. Der Beschlagnahme unterliegen auch nicht Gegenstände, auf die sich das Zeugnisverweigerungsrecht der Ärzte, Zahnärzte, Psychologischen Psychotherapeuten, Kinder- und Jugendlichenpsychotherapeuten, Apotheker und Hebammen erstreckt, wenn sie im Gewahrsam einer Krankenanstalt sind, sowie Gegenstände, auf die sich das Zeugnisverweigerungsrecht der in § 53 Abs. 1 Nr. 3a und 3b genannten Personen erstreckt, wenn sie im Gewahrsam der in dieser Vorschrift bezeichneten Beratungsstelle sind. Die Beschränkungen der Beschlagnahme gelten nicht, wenn die zur Verweigerung des Zeugnisses Berechtigten einer Teilnahme oder einer Begünstigung, Strafvereitelung oder Hehlerei verdächtig sind oder wenn es sich um Gegenstände handelt, die durch eine Straftat hervorgebracht oder zur Begehung einer Straftat gebraucht oder bestimmt sind oder die aus einer Straftat herrühren.

(3) Soweit das Zeugnisverweigerungsrecht der Mitglieder des Bundestages, eines Landtages oder einer zweiten Kammer reicht (§ 53 Abs. 1 Nr. 4), ist die Beschlagnahme von Schriftstücken unzulässig.

(4) Die Absätze 1 bis 3 sind entsprechend anzuwenden, soweit die in § 53a Genannten das Zeugnis verweigern dürfen.

(5) Soweit das Zeugnisverweigerungsrecht der in § 53 Abs. 1 Nr. 5 genannten Personen reicht, ist die Beschlagnahme von Schriftstücken, Ton-, Bild- und Datenträgern, Abbildungen und anderen Darstellungen, die sich im Gewahrsam dieser Personen oder der Redaktion, des Verlages, der Druckerei oder der Rundfunkanstalt befinden, unzulässig. Absatz 2 Satz 3 gilt entsprechend.

...

7.
Fünftes Buch Sozialgesetzbuch – Gesetzliche Krankenversicherung – Auszug

vom 20. 12. 1988, zuletzt geändert durch Gesetz vom 19. 12. 1998 (BGBl. I 3853)

...

§ 27 Krankenbehandlung

(1) Versicherte haben Anspruch auf Krankenbehandlung, wenn sie notwendig ist, um eine Krankheit zu erkennen, zu heilen, ihre Verschlimmerung zu verhüten oder Krankheitsbeschwerden zu lindern. Die Krankenbehandlung umfaßt

1. ärztliche Behandlung einschließlich Psychotherapie als ärztliche und psychotherapeutische Behandlung,
2. zahnärztliche Behandlung einschließlich der Versorgung mit Zahnersatz,
3. Versorgung mit Arznei-, Verband-, Heil- und Hilfsmitteln,
4. häusliche Krankenpflege und Haushaltshilfe,
5. Krankenhausbehandlung,
6. medizinische und ergänzende Leistungen zur Rehabilitation sowie Belastungserprobung und Arbeitstherapie.

Bei der Krankenbehandlung ist den besonderen Bedürfnissen psychisch Kranker Rechnung zu tragen, insbesondere bei der Versorgung mit Heilmitteln und bei der medizinischen Rehabilitation. Zur Krankenbehandlung gehören auch Leistungen zur Herstellung der Zeugungs- oder Empfängnisfähigkeit, wenn diese Fähigkeit nicht vorhanden war oder durch Krankheit oder wegen einer durch Krankheit erforderlichen Sterilisation verlorengegangen war.

...

§ 28 Ärztliche und zahnärztliche Behandlung

...

(3) Die psychotherapeutische Behandlung einer Krankheit wird durch Psychologische Psychotherapeuten und Kinder- und Jugendlichenpsychotherapeuten (Psychotherapeuten), soweit sie zur psychotherapeutischen Behandlung zugelassen sind, sowie durch Vertragsärzte entsprechend den Richtlinien nach § 92 durchgeführt. Spätestens nach den probatorischen Sitzungen gemäß § 92 Abs. 6a hat der Psychotherapeut vor Beginn der Behandlung den Konsiliarbericht eines Vertragsarztes zur Abklärung einer somatischen Erkrankung sowie, falls der somatisch abklärende Vertragsarzt dies für erforderlich hält, eines psychiatrisch tätigen Vertragsarztes einzuholen.

...

§ 72 Sicherstellung der vertragsärztlichen und vertragszahnärztlichen Versorgung

(1) Ärzte, Zahnärzte, Psychotherapeuten und Krankenkassen wirken zur Sicherstellung der vertragsärztlichen Versorgung der Versicherten zusammen. Soweit sich die Vorschriften dieses Kapitels auf Ärzte beziehen, gelten sie entsprechend für Zahnärzte und Psychotherapeuten, sofern nichts Abweichendes bestimmt ist.

(2) Die vertragsärztliche Versorgung ist im Rahmen der gesetzlichen Vorschriften und der Richtlinien der Bundesausschüsse durch schriftliche Verträge der Kassenärztlichen Vereinigungen mit den Verbänden der Krankenkassen so zu regeln, daß eine ausreichende, zweckmäßige und wirtschaftliche Versorgung der Versicherten unter Berücksichtigung des allgemein anerkannten Standards der medizinischen Erkenntnisse gewährleistet ist und die ärztlichen Leistungen angemessen vergütet werden.

...

§ 73 Kassenärztliche Versorgung

...

(2) Die vertragsärztliche Versorgung umfaßt die

1. ärztliche Behandlung,
2. zahnärztliche Behandlung einschließlich der Versorgung mit Zahnersatz; kieferorthopädische Behandlung nach Maßgabe des § 28 Absatz 2,
3. Maßnahmen zur Früherkennung von Krankheiten,
4. ärztliche Betreuung bei Schwangerschaft und Mutterschaft,
5. Verordnung von medizinischen Leistungen der Rehabilitation, Belastungserprobung und Arbeitstherapie,
6. Anordnung der Hilfeleistung anderer Personen,
7. Verordnung von Arznei-, Verband-, Heil- und Hilfsmitteln, Krankentransporten sowie Krankenhausbehandlung oder Behandlung in Vorsorge- oder Rehabilitationseinrichtungen,
8. Verordnung häuslicher Krankenpflege,
9. Ausstellung von Bescheinigungen und Erstellung von Berichten, die die Krankenkassen oder der Medizinische Dienst (§ 275) zur Durchführung ihrer gesetzlichen Aufgaben oder die die Versicherten für den Anspruch auf Fortzahlung des Arbeitsentgelts benötigen,
10. medizinischen Maßnahmen zur Herbeiführung einer Schwangerschaft nach § 27a Absatz 1,
11. ärztlichen Maßnahmen nach den §§ 24a und 24b.

Die Nummern 2 bis 8, 10 und 11 sowie 9, soweit sich diese Regelung auf die Feststellung und die Bescheinigung von Arbeitsunfähigkeit bezieht, gelten nicht für Psychotherapeuten.

...

§ 79b Beratender Fachausschuß für Psychotherapie

Bei den Kassenärztlichen Vereinigungen und der Kassenärztlichen Bundesvereinigung wird ein beratender Fachausschuß für Psychotherapie gebildet. Der Ausschuß besteht aus fünf Psychologischen Psychotherapeuten und einem Kinder- und Jugendlichenpsychotherapeuten sowie Vertretern der Ärzte in gleicher Zahl, die von der Vertreterversammlung aus dem Kreis der ordentlichen Mitglieder ihrer Kassenärztlichen Vereinigung in unmittelbarer und geheimer Wahl gewählt werden. Für die Wahl der Mitglieder des Fachausschusses bei der Kassenärztlichen Bundesvereinigung gilt Satz 2 mit der Maßgabe, daß die von den Psychotherapeuten gestellten Mitglieder des Fachausschusses zugelassene Psychotherapeuten sein müssen. Abweichend von Satz 2 werden für die laufende Wahlperiode der Kassenärztlichen Vereinigungen und der Kassenärztlichen Bundesvereinigung die von den Psychotherapeuten gestellten Mitglieder des Fachausschusses auf Vorschlag der für die beruflichen Interessen maßgeblichen Organisationen der Psychotherapeuten auf Landes- und Bundesebene von der jeweils zuständigen Aufsichtsbehörde berufen. Dem Ausschuß ist vor Entscheidungen der Kassenärztlichen Vereinigungen und der Kassenärztlichen Bundesvereinigung in den die Sicherstellung der psychotherapeutischen Versorgung berührenden wesentlichen Fragen rechtzeitig Gelegenheit zur Stellungnahme zu geben. Seine Stellungnahmen sind in die Entscheidungen einzubeziehen. Das Nähere regelt die Satzung. Die Befugnisse der Vertreterversammlungen der Kassenärztlichen Vereinigungen und der Kassenärztlichen Bundesvereinigung bleiben unberührt.

§ 80 Wahlen

(1) Die ordentlichen und die außerordentlichen Mitglieder der Kassenärztlichen Vereinigungen wählen getrennt aus ihrer Mitte in unmittelbarer und geheimer Wahl die Mitglieder der Vertreterversammlungen. Die außerordentlichen Mitglieder der Kassenärztlichen Vereinigungen sind im Verhältnis ihrer Zahl zu der der ordentlichen Mitglieder in der Vertreterversammlung vertreten, höchstens aber mit einem Fünftel der Mitglieder der Vertreterversammlung. Die Vertreter der ordentlichen Mitglieder jeder Vertreterversammlung wählen aus dem Kreise der ordentlichen Mitglieder ihrer Kassenärztlichen Vereinigung in unmittelbarer und geheimer Wahl die ihr zustehenden Mitglieder der Vertreterversammlung der Kassenärztlichen

Bundesvereinigung. Entsprechendes gilt für die außerordentlichen Mitglieder.

(1a) Die Psychotherapeuten, die ordentliche und außerordentliche Mitglieder der Kassenärztlichen Vereinigungen sind, wählen getrennt aus ihrer Mitte und getrennt von den übrigen Mitgliedern in unmittelbarer und geheimer Wahl ihre Mitglieder in die Vertreterversammlungen. Sie sind im Verhältnis zu ihrer Zahl zu der der ordentlichen und außerordentlichen ärztlichen Mitglieder der Kassenärztlichen Vereinigungen in der Vertreterversammlung vertreten, höchstens aber mit einem Zehntel der Mitglieder der Vertreterversammlung. Der Anteil, der auf die Psychotherapeuten entfällt, die außerordentliche Mitglieder sind, ergibt sich aus dem Verhältnis ihrer Zahl zu der der Psychotherapeuten, die ordentliche Mitglieder der Kassenärztlichen Vereinigung sind, beträgt aber höchstens ein Fünftel der Psychotherapeuten in der Vertreterversammlung. Absatz 1 Satz 3 und 4 gilt für die Wahl der Vertreter der Psychotherapeuten in die Vertreterversammlung der Kassenärztlichen Bundesvereinigung entsprechend.

(2) Die Vertreterversammlung wählt in unmittelbarer und geheimer Wahl

1. aus ihrer Mitte einen Vorsitzenden und einen stellvertretenden Vorsitzenden,
2. die Mitglieder des Vorstandes,
3. den Vorsitzenden des Vorstandes und den stellvertretenden Vorsitzenden des Vorstandes.

Der Vorsitzende der Vertreterversammlung und sein Stellvertreter dürfen nicht zugleich Vorsitzender oder stellvertretender Vorsitzender des Vorstandes sein.

(3) Die Mitglieder der Selbstverwaltungsorgane der Kassenärztlichen Vereinigungen und der Kassenärztlichen Bundesvereinigung werden für vier Jahre gewählt. Die Amtsdauer endet ohne Rücksicht auf den Zeitpunkt der Wahl jeweils mit dem Schluß des vierten Kalenderjahres. Die Gewählten bleiben nach Ablauf dieser Zeit bis zu Amtsübernahme ihrer Nachfolger im Amt.

...

§ 85 Gesamtvergütung

(1) Die Krankenkasse entrichtet nach Maßgabe des Gesamtvertrages für die gesamte vertragsärztliche Versorgung mit befreiender Wirkung eine Gesamtvergütung an die Kassenärztliche Vereinigung.

...

(3) Die Vertragsparteien des Gesamtvertrages vereinbaren die Veränderungen der Gesamtvergütungen unter Berücksichtigung der Praxiskosten, der für die vertragsärztliche Tätigkeit aufzuwendenden Arbeitszeit sowie der Art und des Umfangs der ärztlichen Leistungen, soweit sie auf einer gesetzlichen oder satzungsmäßigen Leistungsausweitung beruhen. Bei der Vereinbarung von Veränderungen der Gesamtvergütungen ist der Grundsatz der Beitragsstabilität (§ 71) in bezug auf das Ausgabenvolumen für die Gesamtheit der zu vergütenden vertragsärztlichen Leistungen zu beachten.

. . .

§ 91 Bundesausschüsse

(1) Die Kassenärztlichen Bundesvereinigungen, die Bundesverbände der Krankenkassen, die Bundesknappschaft und die Verbände der Ersatzkassen bilden einen Bundesausschuß der Ärzte und Krankenkassen und einen Bundesausschuß der Zahnärzte und Krankenkassen.

(2) Die Bundesausschüsse bestehen aus einem unparteiischen Vorsitzenden, zwei weiteren unparteiischen Mitgliedern, neun Vertretern der Ärzte, drei Vertretern der Ortskrankenkassen, zwei Vertretern der Ersatzkassen, je einem Vertreter der Betriebskrankenkassen, der Innungskrankenkassen, der landwirtschaftlichen Krankenkassen sowie der knappschaftlichen Krankenversicherung. Über den Vorsitzenden sowie die zwei weiteren unparteiischen Mitglieder sowie über deren Stellvertreter sollen sich die Kassenärztlichen Bundesvereinigungen, die Bundesverbände der Krankenkassen, die Bundesknappschaft und die Verbände der Ersatzkassen einigen. Kommt eine Einigung nicht zustande, werden sie durch den Bundesminister für Gesundheit im Benehmen mit der Kassenärztlichen Bundesvereinigung, den Bundesverbänden der Krankenkassen, der Bundesknappschaft und den Verbänden der Ersatzkassen berufen. Die Vertreter der Ärzte und ihre Stellvertreter werden von den Kassenärztlichen Bundesvereinigungen, die Vertreter der Krankenkassen und ihre Stellvertreter von den in Absatz 1 genannten Verbänden der Krankenkassen bestellt. § 90 Absatz 3 Satz 1 und 2 gilt.

(2a) Soweit sich Richtlinien des Bundesausschusses der Ärzte und Krankenkassen gemäß § 92 Abs. 1 Satz 2 Nr. 1 auf die psychotherapeutische Versorgung beziehen, sind abweichend von Absatz 2 Satz 1 fünf psychotherapeutisch tätige Ärzte und fünf Psychotherapeuten sowie ein zusätzlicher Vertreter der Ersatzkassen zu benennen. Unter den psychotherapeutisch tätigen Ärzten und den Psychotherapeuten muß jeweils ein im Bereich der Kinder- und Jugendlichenpsychotherapie tätiger Leistungserbringer sein. Für die erstmalige Beschlußfassung der Richtlinien nach § 92 Abs. 6a Satz 3 werden die Vertreter der Psychotherapeuten vom Bundesministerium für Gesundheit auf Vorschlag der für die beruflichen Interessen maßgeblichen Spitzenorganisationen der Psychotherapeuten berufen.

(3) Die Kassenärztlichen Bundesvereinigungen einerseits und die Bundesverbände der Krankenkassen, die Bundesknappschaft sowie die Verbände der Ersatzkassen andererseits tragen die Kosten der Bundesausschüsse je zur Hälfte. § 90 Absatz 3 Satz 4 gilt.

(4) Die Aufsicht über die Geschäftsführung der Bundesausschüsse führt der Bundesminister für Gesundheit.

§ 92 Richtlinien der Bundesausschüsse

(1) Die Bundesausschüsse beschließen die zur Sicherung der ärztlichen Versorgung erforderlichen Richtlinien über die Gewähr für eine ausreichende, zweckmäßige und wirtschaftliche Versorgung der Versicherten; dabei ist den besonderen Erfordernissen der Versorgung psychisch Kranker Rechnung zu tragen, vor allem bei den Leistungen zur Belastungserprobung und Arbeitstherapie. Sie sollen insbesondere Richtlinien beschließen über die

1. ärztliche Behandlung,
2. zahnärztliche Behandlung einschließlich der Versorgung mit Zahnersatz sowie kieferorthopädische Behandlung,
3. Maßnahmen zur Früherkennung von Krankheiten,
4. ärztliche Betreuung bei Schwangerschaft und Mutterschaft,
5. Einführung neuer Untersuchungs- und Behandlungsmethoden,
6. Verordnung von Arznei-, Verband-, Heil und Hilfsmitteln, Krankenhausbehandlung und häuslicher Krankenpflege,
7. Beurteilung der Arbeitsunfähigkeit,
8. Verordnung von im Einzelfall gebotenen medizinischen Leistungen und die Beratung über die medizinischen, berufsfördernden und ergänzenden Leistungen zur Rehabilitation,
9. Bedarfsplanung,
10. medizinische Maßnahmen zur Herbeiführung einer Schwangerschaft nach § 27a Absatz 1,
11. Maßnahmen nach den §§ 24a und 24b.

...

(6a) In den Richtlinien nach Absatz 1 Satz 2 Nr. 1 ist insbesondere das Nähere über die psychotherapeutisch behandlungsbedürftigen Krankheiten, die zur Krankenbehandlung geeigneten Verfahren, das Antrags- und Gutachterverfahren, die probatorischen Sitzungen sowie über Art, Umfang und Durchführung der Behandlung zu regeln. Die Richtlinien haben darüber hinaus Regelungen zu treffen über die inhaltlichen Anforderungen an den Konsiliarbericht und an die fachlichen Anforderungen des den Konsiliarbericht (§ 28 Abs. 3) abgebenden Vertragsarztes. Sie sind erstmalig zum 31. Dezember 1998 zu beschließen und treten am 1. Januar 1999 in Kraft.

...

§ 95 Teilnahme an der vertragsärztlichen Versorgung

(1) An der vertragsärztlichen Versorgung nehmen zugelassene und ermächtigte Ärzte sowie ermächtigte ärztlich geleitete Einrichtungen teil. Die Zulassung erfolgt für den Ort der Niederlassung als Arzt (Kassenarztsitz).

(2) Um die Zulassung als Vertragsarzt kann sich jeder Arzt bewerben, der seine Eintragung in ein Arzt- oder Zahnarztregister (Arztregister) nachweist. Die Arztregister werden von den Kassenärztlichen Vereinigungen für jeden Zulassungsbezirk geführt. Die Eintragung in ein Arztregister erfolgt auf Antrag

1. nach Erfüllung der Voraussetzungen nach § 95a für Vertragsärzte und nach § 95c für Psychotherapeuten,
2. nach Ableistung einer zweijährigen Vorbereitungszeit für Vertragszahnärzte.

Das Nähere regeln die Zulassungsverordnungen.

(2a) Voraussetzung für die Zulassung als Vertragsarzt ist ferner, daß der Antragsteller auf Grund des bis zum 18. Juni 1993 geltenden Rechts darauf vertrauen konnte, zukünftig eine Zulassung zu erhalten. Dies gilt nicht für einen Antrag auf Zulassung in einem Gebiet, für das der Landesausschuß der Ärzte und Krankenkassen nach § 100 Abs. 1 Satz 1 Unterversorgung festgestellt hat.

(3) Die Zulassung bewirkt, daß der Vertragsarzt Mitglied der für seinen Kassenarztsitz zuständigen Kassenärztlichen Vereinigung wird und zur Teilnahme an der vertragsärztlichen Versorgung berechtigt und verpflichtet ist. Die vertraglichen Bestimmungen über die vertragsärztliche Versorgung sind für ihn verbindlich.

(4) Die Ermächtigung bewirkt, daß der ermächtigte Arzt oder die ermächtigte ärztlich geleitete Einrichtung zur Teilnahme an der vertragsärztlichen Versorgung berechtigt und verpflichtet ist. Die vertraglichen Bestimmungen über die vertragsärztliche Versorgung sind für diese verbindlich. Die Absätze 5 bis 7, § 75 Abs. 2 und § 81 Abs. 5 gelten entsprechend.

(5) Die Zulassung ruht auf Beschluß des Zulassungsausschusses, wenn der Vertragsarzt seine Tätigkeit nicht aufnimmt oder nicht ausübt, ihre Aufnahme aber in angemessener Frist zu erwarten ist.

(6) Die Zulassung ist zu entziehen, wenn ihre Voraussetzungen nicht oder nicht mehr vorliegen, der Vertragsarzt die vertragsärztliche Tätigkeit nicht aufnimmt oder nicht mehr ausübt oder seine vertragsärztlichen Pflichten grob verletzt.

(7) Die Zulassung endet mit dem Tod, mit dem Wirksamwerden eines Verzichts oder mit dem Wegzug des Berechtigten aus dem Bezirk seines Kassenarztsitzes. Im übrigen endet ab 1. Januar 1999 die Zulassung am Ende des Kalendervierteljahres, in dem der Vertragsarzt sein achtundsechzigstes Lebensjahr vollendet. War der Vertragsarzt

1. zum Zeitpunkt der Vollendung des achtundsechzigsten Lebensjahres weniger als zwanzig Jahre als Vertragsarzt tätig und
2. vor dem 1. Januar 1993 bereits als Vertragsarzt zugelassen,

verlängert der Zulassungsausschuß die Zulassung längstens bis zum Ablauf dieser Frist. Satz 3 Nr. 2 gilt für Psychotherapeuten mit der Maßgabe, daß sie vor dem 1. Januar 1999 an der ambulanten Versorgung mitgewirkt haben. Für die Verträge nach § 82 Abs. 1 gelten die Sätze 2 bis 4 entsprechend.

(8) *[Aufgehoben]*

(9) Der Vertragsarzt kann einen ganztags beschäftigten Arzt oder höchstens zwei halbstags beschäftigte Ärzte anstellen. Das Nähere bestimmen die Zulassungsverordnungen und die Richtlinien der Bundesausschüsse. Absatz 7 gilt für den angestellten Arzt entsprechend.

(10) Psychotherapeuten werden zur vertragsärztlichen Versorgung zugelassen, wenn sie

1. bis zum 31. Dezember 1998 die Voraussetzung der Approbation nach § 12 des Psychotherapeutengesetzes und des Fachkundenachweises nach § 95c Satz 2 Nr. 3 erfüllt und den Antrag auf Erteilung der Zulassung gestellt haben,
2. bis zum 31. März 1999 die Approbationsurkunde vorlegen und
3. in der Zeit vom 25. Juni 1994 bis zum 24. Juni 1997 an der ambulanten psychotherapeutischen Versorgung der Versicherten der gesetzlichen Krankenversicherung teilgenommen haben.

Der Zulassungsausschuß hat über die Zulassungsanträge bis zum 30. April 1999 zu entscheiden.

(11) Psychotherapeuten werden zur vertragsärztlichen Versorgung ermächtigt, wenn sie

1. bis zum 31. Dezember 1998 die Voraussetzungen der Approbation nach § 12 des Psychotherapeutengesetzes erfüllt und 500 dokumentierte Behandlungsstunden oder 250 dokumentierte Behandlungsstunden unter qualifizierter Supervision in Behandlungsverfahren erbracht haben, die

der Bundesausschuß der Ärzte und Krankenkassen in den bis zum 31. Dezember 1998 geltenden Richtlinien über die Durchführung der Psychotherapie in der vertragsärztlichen Versorgung anerkannt hat (Psychotherapie-Richtlinien in der Neufassung vom 3. Juli 1987 – BAnz. Nr. 156 Beilage Nr. 156a –, zuletzt geändert durch Bekanntmachung vom 12. März 1997 – BAnz. Nr. 49 S. 2946), und den Antrag auf Nachqualifikation gestellt haben,

2. bis zum 31. März 1999 die Approbationsurkunde vorlegen und
3. in der Zeit vom 25. Juni 1994 bis zum 24. Juni 1997 an der ambulanten psychotherapeutischen Versorgung der Versicherten der gesetzlichen Krankenversicherung teilgenommen haben.

Der Zulassungsausschuß hat über die Anträge bis zum 30. April 1999 zu entscheiden. Die erfolgreiche Nachqualifikation setzt voraus, daß die für die Approbation gemäß § 12 Absatz 1 und 3 des Psychotherapeutengesetzes geforderte Qualifikation, die geforderten Behandlungsstunden, Behandlungsfälle und die theoretische Ausbildung in vom Bundesausschuß der Ärzte und Krankenkassen anerkannten Behandlungsverfahren erbracht wurden. Bei Nachweis des erfolgreichen Abschlusses der Nachqualifikation hat der Zulassungsausschuß auf Antrag die Ermächtigung in eine Zulassung umzuwandeln. Die Ermächtigung des Psychotherapeuten erlischt bei Beendigung der Nachqualifikation, spätestens fünf Jahre nach Erteilung der Ermächtigung; sie bleibt jedoch bis zur Entscheidung des Zulassungsausschusses erhalten, wenn der Antrag auf Umwandlung bis fünf Jahre nach Erteilung der Ermächtigung gestellt wurde.

(11a) Für einen Psychotherapeuten, der bis zum 31. Dezember 1998 wegen der Betreuung und der Erziehung eines Kindes in den ersten drei Lebensjahren, für das ihm die Personensorge zustand und mit dem er in einem Haushalt gelebt hat, keine Erwerbstätigkeit ausgeübt hat, wird die in Absatz 11 Satz 1 Nr. 1 genannte Frist zur Antragstellung für eine Ermächtigung und zur Erfüllung der Behandlungsstunden um den Zeitraum hinausgeschoben, der der Kindererziehungszeit entspricht, höchstens jedoch um drei Jahre. Die Ermächtigung eines Psychotherapeuten ruht in der Zeit, in der er wegen der Betreuung und der Erziehung eines Kindes in den ersten drei Lebensjahren, für das ihm die Personensorge zusteht und das mit ihm in einem Haushalt lebt, keine Erwerbstätigkeit ausübt. Sie verlängert sich längstens um den Zeitraum der Kindererziehung.

(11b) Für einen Psychotherapeuten, der in dem in Absatz 10 Satz 1 Nr. 3 und Absatz 11 Satz 1 Nr. 3 genannten Zeitraum wegen der Betreuung und Erziehung eines Kindes in den ersten drei Lebensjahren, für das ihm die Personensorge zustand und mit dem er in einem Haushalt gelebt hat, keine Erwerbstätigkeit ausgeübt hat, wird der Beginn der Frist um die Zeit vorverlegt, die der Zeit der Kindererziehung in dem Dreijahreszeitraum entspricht. Begann die Kindererziehungszeit vor dem 25. Juni 1994, berechnet sich die Frist vom Zeitpunkt des Beginns der Kindererziehungszeit an.

(12) Der Zulassungsausschuß kann über Zulassungsanträge von Psychotherapeuten und überwiegend oder ausschließlich psychotherapeutisch tätigen Ärzten, die nach dem 31. Dezember 1998 gestellt werden, erst dann entscheiden, wenn der Landesausschuß der Ärzte und Krankenkassen die Feststellung nach § 103 Absatz 1 Satz 1 getroffen hat. Anträge nach Satz 1 sind wegen Zulassungsbeschränkungen auch dann abzulehnen, wenn diese bei Antragstellung noch nicht angeordnet waren.

(13) In Zulassungssachen der Psychotherapeuten und der überwiegend oder ausschließlich psychotherapeutisch tätigen Ärzte (§ 101 Absatz 4 Satz 1) treten abweichend von § 96 Absatz 2 Satz 1 und § 97 Absatz 2 Satz 1 an die Stelle der Vertreter der Ärzte Vertreter der Psychotherapeuten und der Ärzte in gleicher Zahl; unter den Vertretern der Psychotherapeuten muß mindestens ein Kinder- und Jugendlichenpsychotherapeut sein. Für die erstmalige Besetzung der Zulassungsausschüsse und der Berufungsausschüsse nach Satz 1 werden die Vertreter der Psychotherapeuten von der zuständigen Aufsichtsbehörde auf Vorschlag der für die beruflichen Interessen maßgeblichen Organisationen der Psychotherapeuten auf Landesebene berufen.

...

§ 95c Voraussetzung für die Eintragung von Psychotherapeuten in das Arztregister

Bei Psychotherapeuten setzt die Eintragung in das Arztregister voraus:

1. die Approbation als Psychotherapeut nach § 2 oder § 12 des Psychotherapeutengesetzes und
2. den Fachkundenachweis.

Der Fachkundenachweis setzt voraus:

1. für den nach § 2 Absatz 1 des Psychotherapeutengesetzes approbierten Psychotherapeuten, daß der Psychotherapeut die vertiefte Ausbildung gemäß § 8 Absatz 3 Nr. 1 des Psychotherapeutengesetzes in einem durch den Bundesausschuß der Ärzte und Krankenkassen nach § 92 Absatz 6a anerkannten Behandlungsverfahren abgeschlossen hat;
2. für den nach § 3 Absatz 2 und 3 des Psychotherapeutengesetzes approbierten Psychotherapeuten, daß die der Approbation zugrundeliegende Ausbildung und Prüfung in einem durch den Bundesausschuß der Ärzte und Krankenkassen nach § 92 Absatz 6a anerkannten Behandlungsverfahren abgeschlossen wurden;
3. für den nach § 12 des Psychotherapeutengesetzes approbierten Psychotherapeuten, daß er die für eine Approbation geforderte Qualifikation,

Weiterbildung oder Behandlungsstunden, Behandlungsfälle und die theoretische Ausbildung in einem durch den Bundesausschuß der Ärzte und Krankenkassen nach § 92 Absatz 1 Satz 2 Nr. 1 anerkannten Behandlungsverfahren nachweist.

§ 96 Zulassungsausschüsse

(1) Zur Beschlußfassung und Entscheidung in Zulassungssachen errichten die Kassenärztlichen Vereinigungen und die Landesverbände der Krankenkassen sowie die Verbände der Ersatzkassen für den Bezirk jeder Kassenärztlichen Vereinigung oder für Teile dieses Bezirks (Zulassungsbezirk) einen Zulassungsausschuß für Ärzte und einen Zulassungsausschuß für Zahnärzte.

(2) Die Zulassungsausschüsse bestehen aus Vertretern der Ärzte und der Krankenkassen in gleicher Zahl. Die Vertreter der Ärzte und ihre Stellvertreter werden von den Kassenärztlichen Vereinigungen, die Vertreter der Krankenkassen und ihre Stellvertreter von den Landesverbänden der Krankenkassen und den Verbänden der Ersatzkassen bestellt. Unter den Vertretern der Ärzte muß ein außerordentliches Mitglied sein. Die Mitglieder der Zulassungsausschüsse führen ihr Amt als Ehrenamt. Sie sind an Weisungen nicht gebunden. Den Vorsitz führt abwechselnd ein Vertreter der Ärzte und der Krankenkassen. Die Zulassungsausschüsse beschließen mit einfacher Stimmenmehrheit, bei Stimmengleichheit gilt ein Antrag als abgelehnt.

(3) Die Geschäfte der Zulassungsausschüsse werden bei den Kassenärztlichen Vereinigungen geführt. Die Kosten der Zulassungsausschüsse werden, soweit sie nicht durch Gebühren gedeckt sind, je zur Hälfte von den Kassenärztlichen Vereinigungen einerseits und den Landesverbänden der Krankenkassen und den Verbänden der Ersatzkassen andererseits getragen.

(4) Gegen die Entscheidungen der Zulassungsausschüsse können die am Verfahren beteiligten Ärzte und ärztlich geleiteten Einrichtungen, die Kassenärztlichen Vereinigungen und die Landesverbände der Krankenkassen sowie die Verbände der Ersatzkassen den Berufungsausschuß anrufen. Die Anrufung hat aufschiebende Wirkung.

. . .

§ 101 Überversorgung

(1) Die Bundesausschüsse beschließen in Richtlinien Bestimmungen über

1. einheitliche Verhältniszahlen für den allgemeinen bedarfsgerechten Versorgungsgrad in der vertragsärztlichen Versorgung,

2. Maßstäbe für eine ausgewogene hausärztliche und fachärztliche Versorgungsstruktur,
3. Vorgaben für die ausnahmsweise Besetzung zusätzlicher Vertragsarztsitze, soweit diese zur Wahrung der Qualität der vertragsärztlichen Versorgung in einem Versorgungsbereich unerläßlich sind,
4. Ausnahmeregelungen für die Zulassung eines Arztes in einem Planungsbereich, für den Zulassungsbeschränkungen angeordnet sind, sofern der Arzt die vertragsärztliche Tätigkeit gemeinsam mit einem dort bereits tätigen Vertragsarzt desselben Fachgebiets ausüben will und sich die Partner der Gemeinschaftspraxis gegenüber dem Zulassungsausschuß zu einer Leistungsbegrenzung verpflichten, die den bisherigen Praxisumfang nicht wesentlich überschreitet; bei der Ermittlung des Versorgungsgrades ist der Arzt nicht mitzurechnen,
5. Regelungen für die Anstellung eines ganztags beschäftigten Arztes oder zweier halbtags beschäftigter Ärzte bei einem Vertragsarzt desselben Fachgebietes, sofern sich der Vertragsarzt gegenüber dem Zulassungsausschuß zu einer Leistungsbegrenzung verpflichtet, die den bisherigen Praxisumfang nicht wesentlich überschreitet; bei der Ermittlung des Versorgungsgrades sind die angestellten Ärzte nicht mitzurechnen.

Überversorgung ist anzunehmen, wenn der allgemeine bedarfsgerechte Versorgungsgrad um 10 vom Hundert überschritten ist. Der allgemeine bedarfsgerechte Versorgungsgrad ist erstmals bundeseinheitlich zum Stand vom 31. Dezember 1990 zu ermitteln. Bei der Ermittlung des Versorungsgrades ist die Entwicklung des Zugangs zur vertragsärztlichen Versorgung seit dem 31. Dezember 1980 arztgruppenspezifisch angemessen zu berücksichtigen. Die regionalen Planungsbereiche sollen den Stadt- und Landkreisen entsprechen.

(2) Die Bundesausschüsse haben die auf der Grundlage des Absatzes 1 Sätze 3 und 4 ermittelten Verhältniszahlen festzulegen, wenn dies erforderlich ist

1. wegen der Änderung der fachlichen Ordnung der Arztgruppen,
2. weil die Zahl der Ärzte einer Arztgruppe bundesweit die Zahl 1000 übersteigt,
3. zur Gewährleistung des Zugangs einer ausreichenden Mindestzahl von Ärzten in den einzelnen Arztgruppen zur vertragsärztlichen Versorgung oder
4. zur Sicherstellung der bedarfsgerechten Versorgung.

Bei Anpassungen oder Neufestlegungen ist die Zahl der Ärzte zum Stand vom 31. Dezember des Vorjahres zugrunde zu legen.

(3) Im Falle des Absatzes 1 Nr. 4 erhält der Arzt eine auf die Dauer der gemeinsamen vertragsärztlichen Tätigkeit beschränkte Zulassung. Die Be-

schränkung und die Leistungsbegrenzung nach Absatz 1 Nr. 4 enden bei Aufhebung der Zulassungsbeschränkungen nach § 103 Absatz 3, spätestens jedoch nach zehnjähriger gemeinsamer vertragsärztlicher Tätigkeit. Endet die Beschränkung, wird der Arzt bei der Ermittlung des Versorgungsgrades mitgerechnet. Im Fall der Praxisfortführung nach § 103 Absatz 4 ist bei der Auswahl der Bewerber die gemeinschaftliche Praxisausübung des in Absatz 1 Nr. 4 genannten Arztes erst nach mindestens fünfjähriger gemeinsamer vertragsärztlicher Tätigkeit zu berücksichtigen. Für die Einrichtungen nach § 311 Absatz 2 Satz 1 gelten die Sätze 2 und 3 entsprechend.

(4) Überwiegend oder ausschließlich psychotherapeutisch tätige Ärzte und Psychotherapeuten bilden eine Arztgruppe im Sinne des § 101 Absatz 2. Der allgemeine bedarfsgerechte Versorgungsgrad ist für diese Arztgruppe erstmals zum Stand vom 1. Januar 1999 zu ermitteln. Zu zählen sind die zugelassenen Ärzte sowie die Psychotherapeuten, die nach § 95 Absatz 10 zugelassen werden. Dabei sind überwiegend psychotherapeutisch tätige Ärzte mit dem Faktor 0,7 zu berücksichtigen. In den Richtlinien nach Absatz 1 ist für die Zeit bis zum 31. Dezember 2008 sicherzustellen, daß jeweils mindestens ein Versorgungsanteil in Höhe von 40 vom Hundert der allgemeinen Verhältniszahlen den überwiegend oder ausschließlich psychotherapeutisch tätigen Ärzten sowie den Psychotherapeuten vorbehalten ist. Bei der Feststellung der Überversorgung nach § 103 Absatz 1 sind die Versorgungsanteile von 40 vom Hundert und die ermächtigten Psychotherapeuten nach § 95 Absatz 11 mitzurechnen.

. . .

§ 117 Polikliniken

(1) Der Zulassungsausschuß (§ 96) ist verpflichtet, die poliklinischen Institutsambulanzen der Hochschulen (Polikliniken) auf Verlangen ihrer Träger zur ambulanten ärztlichen Behandlung der Versicherten und der in § 75 Absatz 3 genannten Personen zu ermächtigen. Die Ermächtigung ist so zu gestalten, daß die Polikliniken die Untersuchung und Behandlung der in Satz 1 genannten Personen in dem für Forschung und Lehre erforderlichen Umfang durchführen können. Das Nähere zur Durchführung der Ermächtigung regeln die Kassenärztlichen Vereinigungen im Einvernehmen mit den Landesverbänden der Krankenkassen und den Verbänden der Ersatzkassen gemeinsam und einheitlich durch Vertrag mit den Trägern der Polikliniken.

(2) Absatz 1 gilt entsprechend für die Ermächtigung poliklinischer Institutsambulanzen an Psychologischen Universitätsinstituten im Rahmen des für Forschung und Lehre erforderlichen Umfangs und an Ausbildungsstätten nach § 6 des Psychotherapeutengesetzes zur ambulanten psycho-

therapeutischen Behandlung der Versicherten und der in § 75 Absatz 3 genannten Personen in Behandlungsverfahren, die vom Bundesausschuß der Ärzte und Krankenkassen nach § 92 Absatz 6a anerkannt sind, sofern die Krankenbehandlung unter der Verantwortung von Personen stattfindet, die die fachliche Qualifikation für die psychotherapeutische Behandlung im Rahmen der vertragsärztlichen Versorgung erfüllen. Im Rahmen der Ermächtigung poliklinischer Institutsambulanzen an Psychologischen Universitätsinstituten sind Fallbegrenzungszahlen vorzusehen. Für die Vergütung gilt § 120 entsprechend.

8.
Siebtes Buch Sozialgesetzbuch – Gesetzliche Unfallversicherung – Auszug

vom 07. 08. 1996, zuletzt geändert durch Gesetz vom 16. 06. 1998 (BGBl. I 1311)

...

§ 4 Versicherungsfreiheit

(1) Versicherungsfrei sind

1. Personen, soweit für sie beamtenrechtliche Unfallfürsorgevorschriften oder entsprechende Grundsätze gelten; ausgenommen sind Ehrenbeamte und ehrenamtliche Richter,

2. Personen, soweit für sie das Bundesversorgungsgesetz oder Gesetze, die eine entsprechende Anwendung des Bundesversorgungsgesetzes vorsehen, gelten, es sei denn, daß

   a) der Versicherungsfall zugleich die Folge einer Schädigung im Sinne dieser Gesetze ist oder

   b) es sich um eine Schädigung im Sinne des § 5 Abs. 1 Buchstabe e des Bundesversorgungsgesetzes handelt,

3. satzungsmäßige Mitglieder geistlicher Genossenschaften, Diakonissen und Angehörige ähnlicher Gemeinschaften, wenn ihnen nach den Regeln der Gemeinschaft Anwartschaft auf die in der Gemeinschaft übliche Versorgung gewährleistet und die Erfüllung der Gewährleistung gesichert ist.

(2) Von der Versicherung nach § 2 Abs. 1 Nr. 5 sind frei

1. Personen, die auf Grund einer vom Fischerei- oder Jagdausübungsberechtigten erteilten Erlaubnis als Fischerei- oder Jagdgast fischen oder jagen,

2. Unternehmer von Binnenfischereien, Imkereien und Unternehmen nach § 123 Abs. 1 Nr. 2, wenn diese Unternehmen nicht gewerbsmäßig betrieben werden und nicht Neben- oder Hilfsunternehmen eines anderen landwirtschaftlichen Unternehmens sind, sowie ihre im Unternehmen mitarbeitenden Ehegatten; das gleiche gilt für Personen, die in diesen Unternehmen als Verwandte oder Verschwägerte bis zum zweiten Grad oder als Pflegekind der Unternehmer oder ihrer Ehegatten unentgeltlich tätig sind.

(3) Von der Versicherung nach § 2 Abs. 1 Nr. 9 sind frei selbständig tätige Ärzte, Zahnärzte, Tierärzte, Psychologische Psychotherapeuten, Kinder- und Jugendlichenpsychotherapeuten, Heilpraktiker und Apotheker.

(4) Von der Versicherung nach § 2 Abs. 2 ist frei, wer in einem Haushalt als Verwandter oder Verschwägerter bis zum zweiten Grad oder als Pflegekind der Haushaltsführenden oder der Ehegatten unentgeltlich tätig ist, es sei denn, er ist in einem in § 124 Nr. 1 genannten Haushalt tätig.

. . .

9.
Zehntes Buch Sozialgesetzbuch – Auszug

vom 18. 08. 1990, zuletzt geändert durch Gesetz vom 06. 08. 1998 (BGBl. I 2022)

. . .

§ 100 Auskunftspflicht des Arztes oder Angehörigen eines anderen Heilberufs

(1) Der Arzt oder Angehörige eines anderen Heilberufs ist verpflichtet, dem Leistungsträger im Einzelfall auf Verlangen Auskunft zu erteilen, soweit es für die Durchführung von dessen Aufgaben nach diesem Gesetzbuch erforderlich und

1. es gesetzlich zugelassen ist oder
2. der Betroffene im Einzelfall eingewilligt hat.

Die Einwilligung bedarf der Schriftform, soweit nicht wegen besonderer Umstände eine andere Form angemessen ist. Die Sätze 1 und 2 geltend entsprechend für Krankenhäuser sowie für Vorsorge- oder Rehabilitationseinrichtungen.

(2) Auskünfte auf Fragen, deren Beantwortung dem Arzt, dem Angehörigen eines anderen Heilberufs oder ihnen nahestehenden Personen (§ 383 Abs. 1 Nr. 1 bis 3 der Zivilprozeßordnung) die Gefahr zuziehen würde, wegen einer Straftat oder Ordnungswidrigkeit verfolgt zu werden, können verweigert werden.

. . .

10.
Sozialgerichtsgesetz – Auszug
vom 03. 09. 1953, zuletzt geändert durch Gesetz vom 31. 08. 1998 (BGBl. I 2600)

. . .

§ 10

(1) Bei den Sozialgerichten werden Kammern für Angelegenheiten der Sozialversicherung, der Arbeitslosenversicherung einschließlich der übrigen Aufgaben der Bundesanstalt für Arbeit sowie der Kriegsopferversorgung gebildet. Bei Bedarf sind für Angelegenheiten der Knappschaftsversicherung einschließlich der Unfallversicherung für den Bergbau eigene Kammern zu bilden.

(2) Für die in § 51 Abs. 2 Satz 1 genannten Streitigkeiten auf Grund der Beziehungen zwischen Ärzten einschließlich der Psychotherapeuten, Zahnärzten und Krankenkassen (Kassenarztrecht) sind eigene Kammern zu bilden.

(3) Der Bezirk einer Kammer kann auf Bezirke anderer Sozialgerichte erstreckt werden. Die beteiligten Länder können die Ausdehnung des Bezirks einer Kammer auf das Gebiet oder Gebietsteile mehrerer Ländern vereinbaren.

. . .

§ 12

(1) Jede Kammer des Sozialgerichts wird in der Besetzung mit einem Vorsitzenden und zwei ehrenamtlichen Richtern als Beisitzern tätig. Bei Beschlüssen außerhalb der mündlichen Verhandlung und bei Gerichtsbescheiden wirken die ehrenamtlichen Richter nicht mit.

(2) In den Kammern für Angelegenheiten der Sozialversicherung und für Angelegenheiten der Arbeitslosenversicherung gehört je ein ehrenamtlicher Richter dem Kreis der Versicherten und der Arbeitgeber an. Sind für Angelegenheiten einzelner Zweige der Sozialversicherung eigene Kammern gebildet, so sollen die ehrenamtlichen Richter dieser Kammern an dem jeweiligen Versicherungszweig beteiligt sein.

(3) In den Kammern für Angelegenheiten des Kassenarztrechts wirken je ein ehrenamtlicher Richter aus den Kreisen der Krankenkassen und der Ärzte, Zahnärzte und Psychotherapeuten mit. In Angelegenheiten der

Ärzte, Zahnärzte und Psychotherapeuten wirken als ehrenamtliche Richter nur Ärzte, Zahnärzte und Psychotherapeuten mit.

(4) In den Kammern für Angelegenheiten der Kriegsopferversorgung wirken je ein ehrenamtlicher Richter aus dem Kreis der mit der Kriegsopferversorgung oder dem Schwerbehindertenrecht vertrauten Personen und dem Kreis der Versorgungsberechtigten und der Behinderten im Sinne der §§ 1 und 2 des Schwerbehindertengesetzes mit; dabei sind Hinterbliebene von Versorgungsberechtigten in angemessener Zahl zu beteiligen.

...

§ 51

(1) Die Gerichte der Sozialgerichtsbarkeit entscheiden über öffentlich-rechtliche Streitigkeiten in Angelegenheiten der Sozialversicherung, der Arbeitslosenversicherung und der übrigen Aufgaben der Bundesanstalt für Arbeit sowie der Kriegsopferversorgung.

(2) Die Gerichte der Sozialgerichtsbarkeit entscheiden auch über Streitigkeiten, die in Angelegenheiten nach dem Fünften Buch Sozialgesetzbuch entstehen

1. auf Grund von Beziehungen zwischen Ärzten, Zahnärzten, Psychotherapeuten, Krankenhäusern und Krankenkassen einschließlich ihrer Vereinigungen und Verbände,
2. auf Grund von Entscheidungen der gemeinsamen Gremien von Ärzten, Zahnärzten, Psychotherapeuten, Krankenhäusern oder anderen Leistungserbringern und Krankenkassen sowie des Großgeräteausschusses oder
3. auf Grund von Entscheidungen oder Verträgen der Krankenkassen oder ihrer Verbände,

auch soweit durch diese Angelegenheiten Dritte betroffen werden; dies gilt nicht für Streitigkeiten, die in Angelegenheiten nach § 110 des Fünften Buches Sozialgesetzbuch auf Grund einer Kündigung von Versorgungsverträgen entstehen, die für Hochschulkliniken oder Plankrankenhäuser (§ 108 Nr. 1 und 3 des Fünften Buches Sozialgesetzbuch) gelten, oder in Angelegenheiten nach § 122 des Fünften Buches Sozialgesetzbuch auf Grund einer Zuordnung von medizinisch-technischen Großgeräten zu Hochschulkliniken oder Plankrankenhäusern entstehen. Die Gerichte der Sozialgerichtsbarkeit entscheiden auch über Streitigkeiten, die in Angelegenheiten nach dem Elften Buch Sozialgesetzbuch entstehen. Zu den Angelegenheiten der Kriegsopferversorgung gehören nicht Maßnahmen auf dem Gebiet der sozialen Fürsorge nach den §§ 25 bis 27 des Bundesversorgungsgesetzes. Zu den Angelegenheiten der Sozialversicherung gehören nicht

Streitigkeiten, die auf Grund der Überwachung von Arbeitsschutz und Unfallverhütung entstehen.

(3) Die Gerichte der Sozialgerichtsbarkeit entscheiden auch über öffentlich-rechtliche Streitigkeiten, die auf Grund des Lohnfortzahlungsgesetzes entstehen.

(4) Die Gerichte der Sozialgerichtsbarkeit entscheiden ferner über sonstige öffentlich-rechtliche Streitigkeiten, für die durch Gesetz der Rechtsweg vor diesen Gerichten eröffnet ist.

11.
Abgabenordnung 1977 – Auszug
vom 16. 03. 1976, zuletzt geändert durch Gesetz vom 19. 12. 1998 (BGBl. I 3836)

...

§ 102 Auskunftsverweigerungsrecht zum Schutz bestimmter Berufsgeheimnisse

(1) Die Auskunft können ferner verweigern:

1. Geistliche über das, was ihnen in ihrer Eigenschaft als Seelsorger anvertraut worden oder bekanntgeworden ist,
2. Mitglieder des Bundestages, eines Landtages oder einer zweiten Kammer über Personen, die ihnen in ihrer Eigenschaft als Mitglieder dieser Organe oder denen sie in dieser Eigenschaft Tatsachen anvertraut haben, sowie über diese Tatsachen selbst,
3. a) Verteidiger,
   b) Rechtsanwälte, Patentanwälte, Notare, Steuerberater, Wirtschaftsprüfer, Steuerbevollmächtigte, vereidigte Buchprüfer,
   c) Ärzte, Zahnärzte, Psychologische Psychotherapeuten, Kinder- und Jugendlichenpsychotherapeuten, Apotheker und Hebammen,
4. Personen, die bei der Vorbereitung, Herstellung oder Verbreitung von periodischen Druckwerken oder Rundfunksendungen berufsmäßig mitwirken oder mitgewirkt haben, über die Person des Verfassers, Einsenders oder Gewährsmanns von Beiträgen und Unterlagen sowie über die ihnen im Hinblick auf ihre Tätigkeit gemachten Mitteilungen, soweit es sich um Beiträge, Unterlagen und Mitteilungen für den redaktionellen Teil handelt; § 160 bleibt unberührt.

(2) Den im Absatz 1 Nr. 1 bis 3 genannten Personen stehen ihre Gehilfen und die Personen gleich, die zur Vorbereitung auf den Beruf an der berufsmäßigen Tätigkeit teilnehmen. Über die Ausübung des Rechts dieser Hilfspersonen, die Auskunft zu verweigern, entscheiden die im Absatz 1 Nr. 1 bis 3 genannten Personen, es sei denn, daß diese Entscheidung in absehbarer Zeit nicht herbeigeführt werden kann.

(3) Die in Absatz 1 Nr. 3 genannten Personen dürfen die Auskunft nicht verweigern, wenn sie von der Verpflichtung zur Verschwiegenheit entbunden sind. Die Entbindung von der Verpflichtung zur Verschwiegenheit gilt auch für die Hilfspersonen.

(4) Die gesetzlichen Anzeigepflichten der Notare bleiben unberührt. Soweit die Anzeigepflichten bestehen, sind die Notare auch zur Vorlage von Urkunden und zur Erteilung weiterer Auskünfte verpflichtet.

12.
Zulassungsverordnung für Vertragsärzte – Auszug
vom 28. 05. 1957, zuletzt geändert durch Gesetz vom 19. 12. 1998 (BGBl. I 3853)

§ 1

(1) Für jeden Zulassungsbezirk führt die Kassenärztliche Vereinigung neben dem Arztregister die Registerakten.

(2) Das Arztregister erfaßt

a) die zugelassenen Ärzte und Psychotherapeuten,
b) Ärzte, die die Voraussetzungen des § 3 und Psychotherapeuten, die die Voraussetzungen des § 95c des Fünften Buches Sozialgesetzbuch erfüllen und ihre Eintragung nach § 4 beantragt haben.

(3) Diese Verordnung gilt für Psychotherapeuten entsprechend.

. . .

§ 17

Wer einen Antrag auf Zulassung als Vertragsarzt stellt, muß an einem von einer Kassenärztlichen Vereinigung im Zusammenwirken mit den Landesverbänden der Krankenkassen veranstalteten Einführungslehrgang für die vertragsärztliche Tätigkeit teilgenommen haben, der nicht länger als vier Jahre vor der Antragstellung liegen darf. Das gilt nicht für Ärzte, die bereits zugelassen sind oder in den letzten vier Jahren zugelassen waren.

. . .

§ 20

(1) Für die Ausübung vertragsärztlicher Tätigkeit ist nicht geeignet ein Arzt, der wegen eines Beschäftigungsverhältnisses oder wegen anderer nicht ehrenamtlicher Tätigkeit für die Versorgung der Versicherten persönlich nicht in erforderlichem Maße zur Verfügung steht.

(2) Für die Ausübung vertragsärztlicher Tätigkeit ist nicht geeignet ein Arzt, der eine ärztliche Tätigkeit ausübt, die ihrem Wesen nach mit der Tätigkeit des Vertragsarztes am Vertragsarztsitz nicht zu vereinbaren ist.

(3) Ein Arzt, bei dem Hinderungsgründe nach den Absätzen 1 oder 2 vorliegen, kann unter der Bedingung zugelassen werden, daß der seiner Eignung entgegenstehende Grund spätestens drei Monate nach dem Zeit-

punkt beseitigt wird, in dem die Entscheidung über die Zulassung unanfechtbar geworden ist.

...

§ 24

(1) Die Zulassung erfolgt für den Ort der Niederlassung als Arzt (Vertragsarztsitz).

(2) Der Vertragsarzt muß am Vertragsarztsitz seine Sprechstunde halten. Er hat seine Wohnung so zu wählen, daß er für die ärztliche Versorgung der Versicherten an seinem Vertragsarztsitz zur Verfügung steht.

(3) Ein Vertragsarzt darf das Fachgebiet, für das er zugelassen ist, nur mit vorheriger Genehmigung des Zulassungsausschusses wechseln.

(4) Der Zulassungsausschuß hat den Antrag eines Vertragsarztes auf Verlegung seines Vertragsarztsitzes zu genehmigen, wenn Gründe der vertragsärztlichen Versorgung dem nicht entgegenstehen.

§ 25

Die Zulassung eines Arztes, der das 55. Lebensjahr vollendet hat, ist ausgeschlossen. Der Zulassungsausschuß kann von Satz 1 in Ausnahmefällen abweichen, wenn dies zur Vermeidung unbilliger Härten erforderlich ist.

...

§ 31

...

(9) Die Ermächtigung eines Arztes, der das 55. Lebensjahr vollendet hat, ist ausgeschlossen. Der Zulassungsausschuß kann von Satz 1 in Ausnahmefällen abweichen, wenn dies zur Sicherstellung der vertragsärztlichen Versorgung oder zur Vermeidung von unbilligen Härten erforderlich ist.

...

§ 34

(1) Der Zulassungsausschuß besteht aus sechs Mitgliedern, und zwar aus je drei Vertretern der Ärzte und der Krankenkassen sowie aus Stellvertretern in der nötigen Zahl.

(2) Die Vertreter der Krankenkassen werden von den Landesverbänden der Krankenkassen und den Verbänden der Ersatzkassen gemeinsam bestellt. Kommt es nicht zu einer gemeinsamen Bestellung, so werden die

Vertreter aus der Reihe der von den Landesverbänden der Krankenkassen vorgeschlagenen Personen ausgelost.

(3) Die Amtsdauer der Mitglieder beträgt vier Jahre. Die Amtsdauer endet erstmals mit dem 31. Dezember 1961.

(4) Scheidet ein Mitglied vorzeitig aus, so erfolgt Neubestellung. Die Amtsdauer neubestellter Mitglieder endet mit der Amtsdauer der übrigen Mitglieder nach Absatz 3.

...

§ 47

...

(2) Die §§ 25 und 31 Abs. 9 gelten erst für Anträge von Psychotherapeuten, die nach dem 31. Dezember 1998 gestellt werden.

13.
Psychotherapie-Richtlinien

Vom 11. Dezember 1998

Der Bundesausschuß der Ärzte und Krankenkassen hat am 11. Dezember 1998 die nachstehenden Richtlinien über die Durchführung der Psychotherapie (Psychotherapie-Richtlinien) beschlossen.

Richtlinien des Bundesausschusses der Ärzte und Krankenkassen über die Durchführung der Psychotherapie (Psychotherapie-Richtlinien)

– in der Fassung vom 11. Dezember 1998 –

Die vom Bundesausschuß der Ärzte und Krankenkassen gemäß § 92 Abs. 6a des Fünften Buches Sozialgesetzbuch beschlossenen Richtlinien dienen der Sicherung einer den gesetzlichen Erfordernissen entsprechenden ausreichenden, zweckmäßigen und wirtschaftlichen Psychotherapie der Versicherten und ihrer Angehörigen in der vertragsärztlichen Versorgung. Die Kosten trägt die Krankenkasse. Zur sinnvollen Verwendung der Mittel sind die folgenden Richtlinien zu beachten. Sie dienen als Grundlage für Vereinbarungen, die zur Durchführung von Psychotherapie in der vertragsärztlichen Versorgung zwischen den Vertragspartnern abzuschließen sind.

A
Allgemeines

1. Psychotherapie kann im Rahmen dieser Richtlinien erbracht werden, soweit und solange eine seelische Krankheit vorliegt. Als seelische Krankheit gilt auch eine geistige oder seelische Behinderung, bei der Rehabilitationsmaßnahmen notwendig werden.

Psychotherapie ist keine Leistung der gesetzlichen Krankenversicherung und gehört nicht zur vertragsärztlichen Versorgung, wenn sie nicht der Heilung oder Besserung einer Krankheit bzw. der medizinischen Rehabilitation dient. Dies gilt ebenso für Maßnahmen, die ausschließlich zur beruflichen Anpassung oder zur Berufsförderung bestimmt sind, für Erziehungsberatung, Sexualberatung, körperbezogene Therapieverfahren, darstellende Gestaltungstherapie sowie heilpädagogische oder ähnliche Maßnahmen.

Die ärztliche Beratung über vorbeugende und diätetische Maßnahmen wie auch die Erläuterungen und Empfehlungen von übenden, therapiefördernden Begleitmaßnahmen sind ebenfalls nicht Psychotherapie und sind auch nicht Bestandteil der psychosomatischen Grundversorgung.

2. In diesen Richtlinien wird seelische Krankheit verstanden als krankhafte Störung der Wahrnehmung, des Verhaltens, der Erlebnisverarbeitung,

der sozialen Beziehungen und der Körperfunktionen. Es gehört zum Wesen dieser Störungen, daß sie der willentlichen Steuerung durch den Patienten nicht mehr oder nur zum Teil zugänglich sind.

Krankhafte Störungen können durch seelische oder körperliche Faktoren verursacht werden; sie werden in seelischen und körperlichen Symptomen und in krankhaften Verhaltensweisen erkennbar, denen aktuelle Krisen seelischen Geschehens, aber auch pathologische Veränderungen seelischer Strukturen zugrunde liegen können.

Seelische Strukturen werden in diesen Richtlinien verstanden als die anlagemäßig disponierenden und lebensgeschichtlich erworbenen Grundlagen seelischen Geschehens, das direkt beobachtbar oder indirekt erschließbar ist.

Auch Beziehungsstörungen können Ausdruck von Krankheit sein; sie sind für sich allein nicht schon Krankheit im Sinne dieser Richtlinien, sondern können nur dann als seelische Krankheit gelten, wenn ihre ursächliche Verknüpfung mit einer krankhaften Veränderung des seelischen oder körperlichen Zustandes eines Menschen nachgewiesen wurde.

3. Psychotherapie, als Behandlung seelischer Krankheiten im Sinne dieser Richtlinien, setzt voraus, daß das Krankheitsgeschehen als ein ursächlich bestimmter Prozeß verstanden wird, der mit wissenschaftlich begründeten Methoden untersucht und in einem Theoriesystem mit einer Krankheitslehre definitorisch erfaßt ist.

Die Theoriesysteme müssen seelische und körperliche Symptome als Ausdruck des Krankheitsgeschehens eines ganzheitlich gesehenen Menschen wahrnehmen und berücksichtigen. Sie müssen den gegenwärtigen, lebensgeschichtlichen und gesellschaftlichen Faktoren in ihrer Bedeutung für das Krankheitsgeschehen gerecht werden.

4. Psychotherapie dieser Richtlinien wendet methodisch definierte Interventionen an, die auf als Krankheit diagnostizierte seelische Störungen einen systematisch verändernden Einfluß nehmen und Bewältigungsfähigkeiten des Individuums aufbauen.

Diese Interventionen setzen eine bestimmte Ordnung des Vorgehens voraus. Diese ergibt sich aus Erfahrungen und gesicherten Erkenntnissen, deren wissenschaftliche Reflexion zur Ausbildung von Behandlungsmethoden im Rahmen einer übergreifenden Theorie geführt hat.

In der psychotherapeutischen Intervention kommt, unabhängig von der Wahl des Therapieverfahrens, der systematischen Berücksichtigung und der kontinuierlichen Gestaltung der Therapeut-Patient-Beziehung eine zentrale Bedeutung zu.

5. Im Rahmen einer Psychotherapie kann es notwendig werden, zur Erreichung eines ausreichenden Behandlungserfolges Beziehungspersonen

aus dem engeren Umfeld (Partner, Familie) des Patienten in die Behandlung einzubeziehen.

6. Psychotherapie setzt eine ätiologisch orientierte Diagnostik voraus, welche die jeweiligen Krankheitserscheinungen erklärt und zuordnet. Dies gilt auch für die vorwiegend übenden und suggestiven Techniken. Die angewandte Therapiemethode muß in einer angemessenen Relation zu Art und Umfang der diagnostizierten Erkrankung stehen. Verfahren ohne Erfüllung der genannten Erfordernisse sind als Psychotherapie im Sinne der Richtlinien nicht geeignet. Voraussetzung ist ferner, daß der Krankheitszustand in seiner Komplexität erfaßt wird, auch dann, wenn nur die Therapie eines Teilzieles angestrebt werden kann.

7. Die Psychotherapie im Sinne dieser Richtlinien wird in der vertragsärztlichen Versorgung ergänzt durch Maßnahmen der psychosomatischen Grundversorgung. Dabei handelt es sich um eine möglichst frühzeitige differentialdiagnostische Klärung psychischer und psychosomatischer Krankheitszustände in ihrer ätiologischen Verknüpfung und in der Gewichtung psychischer und somatischer Krankheitsfaktoren. Die psychosomatische Grundversorgung umfaßt seelische Krankenbehandlung durch verbale Interventionen und durch übende Psychotherapie-Verfahren bei akuten seelischen Krisen, auch im Verlauf chronischer Krankheiten und Behinderungen.

8. Verfahren und Techniken, die den vorgenannten Erfordernissen nicht entsprechen oder therapeutisch nicht hinreichend erprobt und wissenschaftlich begründet wurden, sind nicht Bestandteil der vertragsärztlichen Versorgung.

9. Psychotherapie und psychosomatische Grundversorgung erfordern eine schriftliche Dokumentation der diagnostischen Erhebungen und der wesentlichen Inhalte der psychotherapeutischen Interventionen.

B
Psychotherapeutische Behandlungs- und Anwendungsformen

I. Behandlungsformen

1. Verfahren, denen ein umfassendes Theoriesystem der Krankheitsentstehung zugrunde liegt und deren spezifische Behandlungsmethoden in ihrer therapeutischen Wirksamkeit belegt sind.

1.1 Psychoanalytisch begründete Verfahren

Diese Verfahren stellen Formen einer ätiologisch orientierten Psychotherapie dar, welche die unbewußte Psychodynamik neurotischer Störungen mit psychischer oder somatischer Symptomatik zum Gegenstand der Behandlung machen. Zur Sicherung ihrer psychodynamischen Wirksamkeit sind bei diesen Verfahren suggestive und übende Techniken auch als Kombinationsbehandlung grundsätzlich ausgeschlossen.

Als psychoanalytisch begründete Behandlungsverfahren gelten im Rahmen dieser Richtlinien:

1.1.1 Tiefenpsychologisch fundierte Psychotherapie

Die tiefenpsychologisch fundierte Psychotherapie umfaßt ätiologisch orientierte Therapieformen, mit welchen die unbewußte Psychodynamik aktuell wirksamer neurotischer Konflikte unter Beachtung von Übertragung, Gegenübertragung und Widerstand behandelt werden.

Eine Konzentration des therapeutischen Prozesses wird durch Begrenzung des Behandlungszieles, durch ein vorwiegend konfliktzentriertes Vorgehen und durch Einschränkung regressiver Prozesse angestrebt. Die tiefenpsychologisch fundierte Psychotherapie gelangt auch in jenen Fällen zur Anwendung, in denen eine längerfristige therapeutische Beziehung erforderlich ist.

Als Sonderformen der tiefenpsychologisch fundierten Psychotherapie können folgende Behandlungsmethoden zur Anwendung kommen:

1.1.1.1 Kurztherapie

1.1.1.2 Fokaltherapie

1.1.1.3 Dynamische Psychotherapie

1.1.1.4 Niederfrequente Therapie in einer längerfristigen, Halt gewährenden therapeutischen Beziehung.

1.1.2 Analytische Psychotherapie

Die analytische Psychotherapie umfaßt jene Therapieformen, die zusammen mit der neurotischen Symptomatik den neurotischen Konfliktstoff und die zugrundeliegende neurotische Struktur des Patienten behandeln und dabei das therapeutische Geschehen mit Hilfe der Übertragungs-, Gegenübertragungs- und Widerstandsanalyse unter Nutzung regressiver Prozesse in Gang setzen und fördern.

1.2 Verhaltenstherapie

Die Verhaltenstherapie als Krankenbehandlung umfaßt Therapieverfahren, die vorwiegend auf der Basis der Lern- und Sozialpsychologie entwickelt worden sind. Unter dem Begriff „Verhalten“ fallen dabei beobachtbare Verhaltensweisen sowie kognitive, emotionale, motivationale und physiologische Vorgänge. Verhaltenstherapie im Sinne dieser Richtlinien erfordert die Analyse der ursächlichen und aufrechterhaltenden Bedingungen des Krankheitsgeschehens (Verhaltensanalyse). Sie entwickelt ein entsprechendes Störungsmodell und eine übergeordnete Behandlungsstrategie, aus der heraus die Anwendung spezifischer Interventionen zur Erreichung definierter Therapieziele erfolgt.

Aus dem jeweiligen Störungsmodell können sich folgende Schwerpunkte der therapeutischen Interventionen ergeben:

1.2.1 Stimulus-bezogene Methoden (z. B. systematische Desensibilisierung)

1.2.2 Response-bezogene Methoden (z. B. operante Konditionierung, Verhaltensübung)

1.2.3 Methoden des Modellernens

1.2.4 Methoden der kognitiven Umstrukturierung (z. B. Problemlösungsverfahren, Immunisierung gegen Streßbelastung)

1.2.5 Selbststeuerungsmethoden (z. B. psychologische und psychophysiologische Selbstkontrolltechniken)

Die Komplexität der Lebensgeschichte und der individuellen Situation des Kranken erfordert eine Integration mehrerer dieser Interventionen in die übergeordnete Behandlungsstrategie.

2. Psychoanalytisch begründete Verfahren und Verhaltenstherapie sind nicht kombinierbar, weil die Kombination der Verfahren zu einer Verfremdung der methodenbezogenen Eigengesetzlichkeit des therapeutischen Prozesses führen kann.

3. Über die in Nummer 1 genannten Verfahren hinaus können als Psychotherapie gemäß Abschnitt A der Richtlinien in der vertragsärztlichen Versorgung andere Verfahren Anwendung finden, wenn nachgewiesen ist, daß sie die nachstehenden Voraussetzungen nach den Nummern 3.1 bis 3.4 erfüllen:

3.1 Feststellung durch den wissenschaftlichen Beirat gemäß § 11 des Psychotherapeuten-Gesetzes, daß das Verfahren als wissenschaftlich anerkannt angesehen werden kann.

3.2 Nachweis der erfolgreichen Anwendung an Kranken überwiegend in der ambulanten Versorgung über mindestens 10 Jahre durch wissenschaftliche Überprüfung (Stellungnahme aus der Psychotherapieforschung unabhängiger Einrichtungen, Evaluation von Behandlungen und langfristigen Katamnesen, Literatur).

3.3 Ausreichende Definition des Verfahrens und Abgrenzung von bereits angewandten und bewährten psychotherapeutischen Methoden, so daß die Einführung des neuartigen psychotherapeutischen Vorgehens eine Erweiterung oder Verbesserung der vertragsärztlichen Versorgung bedeutet.

3.4 Nachweis von Weiterbildungseinrichtungen für Ärzte sowie Ausbildungsstätten für Psychologische Psychotherapeuten und Kinder- und Jugendlichenpsychotherapeuten mit methodenbezogenem Curriculum in theoretischer Ausbildung und praktischer Krankenbehandlung.

4. Der Bundesausschuß der Ärzte und Krankenkassen stellt fest, für welche Verfahren und Techniken in der Psychotherapie und Psychosomatik die den Richtlinien zugrundeliegenden Erfordernisse als erfüllt gelten und gegebenenfalls unter welchen Bedingungen diese zur Behandlung von Krankheit Anwendung finden können. Die Feststellungen sind als Anlage 1 Bestandteil der Richtlinien.

II. Anwendungsformen

1. Einzeltherapie bei Erwachsenen:

Anwendung der unter I. 1. und C 1. genannten Behandlungsformen bei der Behandlung eines einzelnen Kranken.

2. Behandlung von Erwachsenen in Gruppen:

Anwendung der unter I. 1. genannten Verfahren, sofern die Interaktion zwischen mehreren Kranken therapeutisch erforderlich ist und die gruppendynamischen Prozesse entsprechend genutzt werden.

3. Einzeltherapie bei Kindern und Jugendlichen:

Anwendung der unter I. 1. und C 1. genannten Verfahren unter Berücksichtigung der altersspezifischen Bedingungen, ggf. unter Einbeziehung von Bezugspersonen aus dem engeren Umfeld.

4. Behandlung von Kindern und Jugendlichen in Gruppen:

Anwendung der unter I. 1. genannten Verfahren unter Berücksichtigung der altersspezifischen Bedingungen und unter Nutzung gruppendynamischer Prozesse bei der Behandlung mehrerer Kinder, ggf. unter Einbeziehung von Bezugspersonen aus dem engeren Umfeld.

5. Behandlung von Kranken in Gruppen:

Bei der Behandlung von Kranken in Gruppen soll die Größe der Gruppe bei

– psychoanalytisch begründeten Verfahren	6 bis 9
– der Verhaltenstherapie	2 bis 9
– den Entspannungstechniken	2 bis 10

Kranke umfassen.

6. Im Rahmen psychoanalytisch begründeter Verfahren ist die simultane Kombination von Einzel- und Gruppentherapie grundsätzlich ausgeschlossen. Auf dem Gebiet der tiefenpsychologisch fundierten Psychotherapie

kann eine solche Kombination nur gemäß I. 1.1.1.4 aufgrund eines dazu besonders begründeten Erstantrages durchgeführt werden.

7. Die Behandlungsfrequenz ist in den psychoanalytisch begründeten Verfahren wie auch in der Verhaltenstherapie auf maximal 3 Behandlungsstunden in der Woche zu begrenzen, um eine ausreichende Therapiedauer im Rahmen der Kontingentierung zu gewährleisten.

Eine durchgehend hochfrequente Psychotherapie kann im Rahmen dieser Richtlinien keine Anwendung finden. Bei der Therapieplanung oder im Verlauf der Behandlung kann es sich jedoch als notwendig erweisen, gegebenenfalls einen Abschnitt der Psychotherapie in einer höheren Wochenfrequenz durchzuführen, um eine größere Effektivität der Therapie zu gewährleisten. Der entsprechende Abschnitt darf nicht das gesamte Kontingent eines Bewilligungsschrittes umfassen. Die Notwendigkeit einer abschnittsweisen höheren Wochenfrequenz ist in der Antragstellung differenziert zu begründen.

C
Psychosomatische Grundversorgung

1. Die psychosomatische Grundversorgung kann nur im Rahmen einer übergeordneten somato-psychischen Behandlungsstrategie Anwendung finden. Voraussetzung ist, daß der Arzt die ursächliche Beteiligung psychischer Faktoren an einem komplexen Krankheitsgeschehen festgestellt hat oder aufgrund seiner ärztlichen Erfahrung diese als wahrscheinlich annehmen muß. Ziel der psychosomatischen Grundversorgung ist eine möglichst frühzeitige differentialdiagnostische Klärung komplexer Krankheitsbilder, eine verbale oder übende Basistherapie psychischer, funktioneller und psychosomatischer Erkrankungen durch den primär somatisch orientierten Arzt und gegebenenfalls die Indikationsstellung zur Einleitung einer ätiologisch orientierten Psychotherapie.

Die begrenzte Zielsetzung der psychosomatischen Grundversorgung strebt eine an der aktuellen Krankheitssituation orientierte seelische Krankenbehandlung an; sie kann während der Behandlung von somatischen, funktionellen und psychischen Störungen von Krankheitswert als verbale Intervention oder als Anwendung übender Verfahren vom behandelnden Arzt durchgeführt werden.

1.1 Verbale Intervention

Die verbalen Interventionen orientieren sich in der psychosomatischen Grundversorgung an der jeweils aktuellen Krankheitssituation; sie fußen auf einer systematischen, die Introspektion fördernden Gesprächsführung und suchen Einsichten in psychosomatische Zusammenhänge des Krankheitsgeschehens und in die Bedeutung pathogener Beziehungen zu vermitteln. Der Arzt berücksichtigt und nutzt dabei die krankheitsspezifischen Interaktionen zwischen Patient und Therapeut, in denen die seelische Krankheit sich darstellt. Darüber hinaus wird angestrebt, Bewältigungsfähigkeiten des Kranken, evtl. unter Einschaltung der Beziehungspersonen aus dem engeren Umfeld, aufzubauen.

Die verbalen Interventionen können nur in Einzelbehandlungen durchgeführt und nicht mit suggestiven oder übenden Techniken in derselben Sitzung kombiniert werden; sie können in begrenztem Umfang sowohl über einen kürzeren Zeitraum als auch im Verlauf chronischer Erkrankungen über einen längeren Zeitraum niederfrequent Anwendung finden, wenn eine ätiologisch orientierte Psychotherapie nach B I. 1.1 und 1.2 nicht indiziert ist. Die Durchführung von Maßnahmen nach 1.1 ist neben der Anwendung psychotherapeutischer Verfahren nach B I. 1.1 und 1.2 ausgeschlossen.

1.2 Psychosomatische Grundversorgung durch übende und suggestive Techniken unter Einschluß von Instruktionen und von Bearbeitung therapeutisch bedeutsamer Phänomene. Dabei können folgende Techniken und Behandlungsmethoden zur Anwendung kommen:

1.2.1 Autogenes Training als Einzel- oder Gruppenbehandlung (Unterstufe)

1.2.2 Jacobsonsche Relaxationstherapie als Einzel- oder Gruppenbehandlung

1.2.3 Hypnose in Einzelbehandlung

Diese Techniken dürfen während einer tiefenpsychologisch fundierten oder analytischen Psychotherapie grundsätzlich nicht angewendet werden.

2. Die Maßnahmen der psychosomatischen Grundversorgung gemäß 1.2.1 und 1.2.2 sind auch als Gruppenbehandlung durchführbar. Eine Kombination von Einzel- und Gruppenbehandlung ist möglich.

D
Anwendungsbereiche

1. Indikationen zur Anwendung von Psychotherapie gemäß Abschnitt B und Maßnahmen der psychosomatischen Grundversorgung gemäß Abschnitt C der Richtlinien bei der Behandlung von Krankheiten können nur sein:

1.1 Psychoneurotische Störungen (z. B. Angstneurosen, Phobien, neurotische Depressionen, Konversionsneurosen)

1.2 Vegetativ-funktionelle und psychosomatische Störungen mit gesicherter psychischer Ätiologie

1.3 Im Rahmen der medizinischen Rehabilitation kann Psychotherapie angewendet werden, wenn psychodynamische Faktoren wesentlich Anteil an einer seelischen Behinderung oder an deren Auswirkung haben und mit ihrer Hilfe eine Eingliederung in Arbeit, Beruf und/oder Gesellschaft möglichst auf Dauer erreicht werden kann; Indikationen hierfür können nur sein:

1.3.1 Abhängigkeit von Alkohol, Drogen oder Medikamenten nach vorangegangener Entgiftungsbehandlung.

1.3.2 Seelische Behinderung aufgrund frühkindlicher emotionaler Mangelzustände, in Ausnahmefällen seelische Behinderungen, die im Zusammenhang mit frühkindlichen körperlichen Schädigungen und/oder Mißbildungen stehen.

1.3.3 Seelische Behinderung als Folge schwerer chronischer Krankheitsverläufe, sofern sie noch einen Ansatz für die Anwendung von Psychotherapie bietet.

1.3.4 Seelische Behinderung auf Grund extremer Situationen, die eine schwere Beeinträchtigung der Persönlichkeit zur Folge hatten.

1.3.5 Seelische Behinderung als Folge psychotischer Erkrankungen, die einen Ansatz für spezifische psychotherapeutische Interventionen erkennen lassen.

2. Psychotherapie ist als Leistung der gesetzlichen Krankenversicherung ausgeschlossen, wenn:

2.1 zwar seelische Krankheit vorliegt, aber ein Behandlungserfolg nicht erwartet werden kann, weil dafür beim Patienten die Voraussetzung hinsichtlich seiner Motivationslage, einer Motivierbarkeit oder seiner Umstellungsfähigkeit nicht gegeben sind, oder weil die Eigenart der neurotischen Persönlichkeitsstruktur des Patienten (gegebenenfalls seine Lebensumstände) dem Behandlungserfolg entgegensteht,

2.2 sie nicht der Heilung oder Besserung einer seelischen Krankheit bzw. der medizinischen Rehabilitation, sondern allein der beruflichen oder sozialen Anpassung oder der beruflichen oder schulischen Förderung dient,

2.3 sie allein der Erziehungs-, Ehe-, Lebens- und Sexualberatung dient.

3. Soll Psychotherapie im Rahmen einer die gesamten Lebensverhältnisse umfassenden psychosozialen Versorgung erbracht werden, so ist diese Psychotherapie nur dann und soweit eine Leistung der gesetzlichen Krankenversicherung, als sie der Behandlung von Krankheit im Sinne dieser Richtlinien dient.

4. Verhaltensweisen, die als psychosoziale Störung in Erscheinung treten, sind nur dann Gegenstand von Psychotherapie nach Abschnitt B und Maßnahmen der psychosomatischen Grundversorgung nach Abschnitt C der Richtlinien, wenn sie Ausdruck einer psychischen Erkrankung sind.

E
Leistungsumfang

1. Für die Durchführung der Psychotherapie ist es sowohl unter therapeutischen als auch unter wirtschaftlichen Aspekten erforderlich, nach Klärung der Diagnose und der Indikationsstellung vor Beginn der Behandlung den Behandlungsumfang und die Behandlungsfrequenz festzulegen, damit sich Patient und Therapeut darauf einrichten können. In Ausnahmefällen, in denen der Behandlungsumfang und die Behandlungsfrequenz zu Beginn der Behandlung nicht mit ausreichender Sicherheit festgelegt werden kann, soll die Festlegung nach einer Probetherapie erfolgen.

Die im folgenden festgelegten Begrenzungen berücksichtigen die therapeutischen Erfahrungen in den unterschiedlichen Gebieten der Therapie und stellen einen Behandlungsumfang dar, in dem in der Regel ein Behandlungserfolg erwartet werden kann.

1.1 Therapieansätze in den Verfahren nach B I. 1.1 und 1.2

1.1.1 Vor der ersten Antragstellung sind bis zu 5, bei der analytischen Psychotherapie bis zu 8, probatorische Sitzungen möglich.

1.1.2 Kurzzeittherapie bis 25 Stunden als Einzeltherapie auch in halbstündigen Sitzungen mit entsprechender Vermehrung der Gesamtsitzungszahl (Antragsverfahren mit Begutachtung, sofern für den Therapeuten keine Befreiung gemäß Abschnitt F III. 2. gilt).

1.1.3 Kurzzeittherapie bis 25 Stunden als Gruppentherapie (als tiefenpsychologisch fundierte Gruppentherapie nur bei Erwachsenen und Jugendlichen) (Antragsverfahren mit Begutachtung, sofern für den Therapeuten keine Befreiung gemäß Abschnitt F III. 2. gilt).

1.1.4 Therapie mit einer Stundenzahl, die in bezug auf das Krankheitsbild und das geplante Therapieverfahren in der Antragsbegründung festzulegen ist (Antragsverfahren mit Begutachtung).

1.1.5 Die Überführung einer Kurzzeittherapie in die Langzeittherapie muß bis zur zwanzigsten Sitzung der Kurzzeittherapie beantragt und zugleich das Gutachterverfahren eingeleitet werden.

1.1.6 Probetherapie als Bestandteil der Langzeittherapie auf Antrag oder nach Empfehlung des Gutachters für tiefenpsychologisch fundierte bzw.

analytische Psychotherapie bis zu 25 Stunden, für Verhaltenstherapie bis zu 15 Stunden (Antragsverfahren mit Begutachtung).

1.1.7 Die Therapiestunde im Rahmen der Psychotherapie umfaßt mindestens 50 Minuten.

1.2 Bewilligungsschritte für die Verfahren gemäß Abschnitt B I. 1.1 und 1.2

1.2.1 Analytische Psychotherapie bis 160 Stunden, in besonderen Fällen bis 240 Stunden, bei Gruppenbehandlung bis 80 Doppelstunden, in besonderen Fällen bis 120 Doppelstunden,

1.2.2 tiefenpsychologisch fundierte Psychotherapie bis 50 Stunden, in besonderen Fällen bis 80 Stunden, bei Gruppenbehandlung bis 40 Doppelstunden, in besonderen Fällen bis 60 Doppelstunden. Die in Abschnitt B I. 1.1.1.4 genannten Verfahren können als Einzeltherapie auch in halbstündigen Sitzungen mit entsprechender Vermehrung der Gesamtsitzungszahl Anwendung finden.

1.2.3 Verhaltenstherapie bis 45 Stunden, in besonderen Fällen bis 60 Stunden. Verhaltenstherapie kann als Einzeltherapie auch in halbstündigen Sitzungen mit entsprechender Vermehrung und in doppelstündigen Sitzungen mit entsprechender Verminderung der Gesamtsitzungszahl Anwendung finden. Verhaltenstherapie kann nur in Kombination mit der Einzeltherapie auch als Gruppenbehandlung durchgeführt werden, wobei die in der Gruppentherapie erbrachte Doppelstunde im Gesamttherapiekontingent als Einzelstunde gezählt wird.

1.2.4 Psychotherapie von Kindern bei analytischer und tiefenpsychologisch fundierter Psychotherapie bis 70 Stunden, in besonderen Fällen bis 120 Stunden, bei Gruppenbehandlung bis 40 Doppelstunden, in besonderen Fällen bis 60 Doppelstunden.

1.2.5 Verhaltenstherapie von Kindern bis 45 Stunden, in besonderen Fällen bis 60 Stunden einschließlich Gruppentherapie in Doppelstunden.

1.2.6 Psychotherapie von Jugendlichen bei analytischer und tiefenpsychologisch fundierter Psychotherapie bis 90 Stunden, in besonderen Fällen bis 140 Stunden, bei Gruppenbehandlung bis 40 Doppelstunden, in besonderen Fällen bis 60 Doppelstunden.

1.2.7 Verhaltenstherapie bei Jugendlichen bis 45 Stunden, in besonderen Fällen bis 60 Stunden einschließlich Gruppentherapie in Doppelstunden.

1.2.8 Eine Überschreitung des in 1.2.1 bis 1.2.7 festgelegten Therapieumfanges ist für die folgenden Verfahren nur zulässig, wenn aus der Darstellung des therapeutischen Prozesses hervorgeht, daß mit der Beendigung der Therapie das Behandlungsziel nicht erreicht werden kann, aber begründete Aussicht auf Erreichung des Behandlungsziels bei Fortführung der Therapie besteht. Dabei sind grundsätzlich die folgenden Höchstgrenzen einzuhalten:

1.2.8.1 analytische Psychotherapie 300 Stunden, in Gruppen 150 Doppelstunden.

1.2.8.2 tiefenpsychologisch fundierte Psychotherapie 100 Stunden, in Gruppen 80 Doppelstunden.

1.2.8.3 Verhaltenstherapie 80 Stunden einschließlich Gruppentherapie in Doppelstunden.

1.2.8.4 Bei analytischer und tiefenpsychologisch fundierter Psychotherapie von Kindern 150 Stunden, in Gruppen 90 Doppelstunden, bei Verhaltenstherapie von Kindern 80 Stunden einschließlich Gruppentherapie in Doppelstunden.

1.2.8.5 Bei analytischer und tiefenpsychologisch fundierter Psychotherapie von Jugendlichen 180 Stunden, in Gruppen 90 Doppelstunden, bei Verhaltenstherapie von Jugendlichen 80 Stunden einschließlich Gruppentherapie in Doppelstunden.

1.2.9 Wurde Kurzzeittherapie durchgeführt, ist bei Überführung von Kurzzeittherapie in Langzeittherapie die bewilligte Kurzzeittherapie auf das Kontingent der Langzeittherapie anzurechnen.

1.3 Übende und suggestive Techniken

1.3.1 Autogenes Training (C 1.2.1) einzeln und in Gruppen bis 12 Sitzungen im Behandlungsfall

1.3.2 Jacobsonsche Relaxationstherapie (C 1.2.2) einzeln und in Gruppen bis 12 Sitzungen im Behandlungsfall

1.3.3 Hypnose (C 1.2.3) bis 12 Sitzungen im Behandlungsfall (nur Einzelbehandlung)

1.3.4 Von diesen Techniken kann in der Regel im Behandlungsfall nur eine zur Anwendung kommen.

F
Konsiliar-, Antrags- und Gutachterverfahren

I. Konsiliarbericht und Qualifikation der ihn abgebenden Ärzte

1. Konsiliarverfahren

Zur Einholung des Konsiliarberichtes überweist der Psychologische Psychotherapeut oder Kinder- und Jugendlichenpsychotherapeut spätestens nach Beendigung der probatorischen Sitzungen und vor Beginn der Psychotherapie den Patienten an einen Konsiliararzt. Auf der Überweisung hat er dem Konsiliararzt eine kurze Information über die von ihm erhobenen Befunde und die Indikation zur Durchführung einer Psychotherapie zukommen zu lassen.

Der Konsiliararzt hat den Konsiliarbericht nach Anforderung durch den Psychologischen Psychotherapeuten oder Kinder- und Jugendlichenpsychotherapeuten nach persönlicher Untersuchung des Patienten zu erstellen. Der Bericht ist dem Psychologischen Psychotherapeuten oder Kinder- und Jugendlichenpsychotherapeuten möglichst zeitnah, spätestens aber drei Wochen nach der Untersuchung zu übermitteln.

Der Konsiliarbericht enthält folgende Angaben:

1. Aktuelle Beschwerden des Patienten,
2. psychischer und somatischer Befund (bei Kindern und Jugendlichen insbesondere unter Berücksichtigung des Entwicklungsstandes),
3. im Zusammenhang mit den aktuellen Beschwerden relevante anamnestische Daten,
4. zu einer gegebenenfalls notwendigen psychiatrischen oder kinder- und jugendpsychiatrischen Abklärung,
5. relevante stationäre und/oder ambulante Vor- und Parallelbehandlungen inklusive gegebenenfalls laufende Medikation,
6. medizinische Diagnose(n), Differential- und Verdachtsdiagnose(n),
7. gegebenenfalls Befunde, die eine ärztliche/ärztlich veranlaßte Begleitbehandlung erforderlich machen,
8. zu gegebenenfalls erforderlichen weiteren ärztlichen Untersuchungen, und
9. zu gegebenenfalls bestehenden Kontraindikationen für die Durchführung einer psychotherapeutischen Behandlung zum Zeitpunkt der Untersuchung.

Der Konsiliararzt teilt der Krankenkasse nur die für ihre Leistungsentscheidung notwendigen Angaben mit.

Ist Psychotherapie nach Auffassung des Konsiliararztes kontraindiziert und wird dennoch ein entsprechender Antrag gestellt, so veranlaßt die Krankenkasse eine Begutachtung durch den Medizinischen Dienst der Krankenkassen.

2. Qualifikation der den Konsiliarbericht abgebenden Ärzte

Zur Abgabe des Konsiliarberichtes sind alle Vertragsärzte mit Ausnahme der folgenden Arztgruppen berechtigt: Laborärzte, Mikrobiologen und Infektionsepidemiologen, Nuklearmediziner, Pathologen, Radiologen, Strahlentherapeuten, Transfusionsmediziner und Humangenetiker.

Abweichend hiervon sind für die Abgabe eines Konsiliarberichtes vor einer psychotherapeutischen Behandlung von Kindern folgende Vertragsärzte berechtigt: Kinderärzte, Kinder- und Jugendpsychiater, Allgemeinärzte, praktische Ärzte und Internisten.

II. Antragsverfahren

1. Die Feststellung der Leistungspflicht für Psychotherapie nach Abschnitt B I. 1.1 und 1.2 erfolgt durch die Krankenkasse auf Antrag des Versicherten. Zu diesem Antrag teilt der ärztliche Psychotherapeut oder ärztliche Kinder- und Jugendlichenpsychotherapeut oder Psychologische Psychotherapeut oder Kinder- und Jugendlichenpsychotherapeut (nachfolgend zusammenfassend als Therapeuten bezeichnet) vor der Behandlung der Krankenkasse die Diagnose mit, begründet die Indikation und beschreibt Art und Umfang der geplanten Therapie. Wird ein Antrag auf Langzeittherapie gestellt oder soll eine Kurzzeittherapie in eine Langzeittherapie übergeleitet werden, so soll dieser Antrag neben den Angaben zu Diagnose, Indikation sowie Art, Umfang und Frequenz der geplanten Therapie auch einen fallbezogenen Behandlungsplan enthalten (Bericht an den Gutachter).

2. Eine Verlängerung der Therapie gemäß Abschnitt E 1.2.1 bis 1.2.4, 1.2.6 und 1.2.8 bedarf eines Fortsetzungsantrags, in dem Verlauf und Ergebnis der bisherigen Therapie darzustellen und eine begründete Prognose in bezug auf die beantragte Verlängerung abzugeben ist.

3. Ist die Psychotherapie gemäß Abschnitt E 1.1.2 und 1.1.3 mit den dort festgelegten Leistungen nicht erfolgreich abzuschließen und soll die Therapie deshalb fortgesetzt werden, bedarf es eines Antrags auf Feststellung der Leistungspflicht mit Darstellung des Behandlungsverlaufs, des erreichten Therapieerfolgs und der ausführlichen Begründung zur Fortsetzung der Behandlung einschließlich der prognostischen Einschätzung.

4. Das Nähere zum Antragsverfahren ist in § 11 der Anlage 1 zum Bundesmantelvertrag-Ärzte in der Fassung vom 7. Dezember 1998 und in § 11 der Anlage 1 zum Arzt-/Ersatzkassen-Vertrag in der Fassung vom 7. Dezember 1998 (Psychotherapie-Vereinbarungen) geregelt.

III. Gutachterverfahren

1. Bei Psychotherapie gemäß Abschnitt B I. 1.1 und 1.2 ist der Antrag zu begründen. Er ist durch einen nach § 12 der Psychotherapie-Vereinbarungen bestellten Gutachter zu prüfen. Der Gutachter hat sich dazu zu äußern, ob die in diesen Richtlinien genannten Voraussetzungen erfüllt sind.

Der Psychologische Psychotherapeut oder Kinder- und Jugendlichenpsychotherapeut hat den Konsiliarbericht im verschlossenen Umschlag dem Bericht an den Gutachter beizufügen.

2. Von der in Nummer 1 festgelegten Begründungspflicht für einen Antrag im Gutachterverfahren können Therapeuten für die Kurzzeittherapie durch die Kassenärztliche Vereinigung befreit werden. Voraussetzung ist, daß sie für das jeweilige Verfahren 35 Therapiegenehmigungen im Gutachterverfahren gemäß diesen bzw. den bis zum 31. Dezember 1998 gültigen Richtlinien aufgrund von Erstanträgen von Patienten ihrer zuständigen Kassenärztlichen Vereinigung vorlegen und nachweisen, daß sie die Therapien persönlich durchgeführt haben.

Von den 35 Therapiegenehmigungen müssen mindestens 20 eine Einzeltherapie betreffen. Will der Therapeut eine Befreiung vom Gutachterverfahren auch für die Gruppentherapie erhalten, müssen von den für das entsprechende Verfahren und den entsprechenden Bewilligungsschritt vorgelegten 35 Therapiegenehmigungen 15 für eine Gruppentherapie erteilt worden sein. Voraussetzung für eine Befreiung vom Gutachterverfahren für die Kurzzeittherapie von Kindern und Jugendlichen ist die Vorlage von 35 im Gutachterverfahren genehmigten Therapien von Kindern und Jugendlichen.

Die Befreiung vom Gutachterverfahren für die Kurzzeittherapie gilt für Therapeuten, die die oben geforderten Nachweise erbracht haben und die Behandlung selbst durchführen.

3. Qualifikation der Gutachter

Im Gutachterverfahren nach den Psychotherapie-Richtlinien werden entsprechend qualifizierte Ärzte, Psychologische Psychotherapeuten und Kinder- und Jugendlichenpsychotherapeuten als Gutachter tätig. Die nachfolgend aufgeführten Kriterien gelten für alle Gutachter, die nach Inkrafttreten dieser Richtlinien erstmals bestellt werden. Die Gutachter müssen folgende Qualifikation besitzen:

Für den Bereich der tiefenpsychologisch fundierten und analytischen Psychotherapie:

1. Die Gebietsbezeichnung als Arzt für Psychotherapeutische Medizin oder Psychiatrie und Psychotherapie oder für die Begutachtung von Kinder- und Jugendlichenpsychotherapie für Kinder- und Jugendpsychiatrie und -psychotherapie oder

   die Approbation als Psychologischer Psychotherapeut oder für die Begutachtung von Kinder- und Jugendlichenpsychotherapie als Kinder- und Jugendlichenpsychotherapeut,
2. eine abgeschlossene Weiter- oder Ausbildung an einem nach Anlage 1 oder für die Begutachtung von Kinder- und Jugendlichentherapie nach

Anlage 2 der bis zum 31. Dezember 1998 gültigen Psychotherapie-Vereinbarungen anerkannten Institut,

3. Nachweis von mindestens fünfjähriger Tätigkeit nach dem Abschluß einer unter Nummer 2. genannten Weiter- bzw. Ausbildung ganz oder überwiegend auf dem Gebiet der tiefenpsychologisch fundierten und analytischen Psychotherapie in einer Praxis oder einer psychotherapeutischen Fachklinik bzw. Poliklinik,
4. Nachweis über eine mindestens fünfjährige Tätigkeit als Dozent und Supervisor an einem der unter Nummer 2 genannten Institute oder einer psychotherapeutischen Fachklinik oder im Fachgebiet tiefenpsychologisch fundierte und analytische Psychotherapie an einer Universität, an der auch entsprechende Krankenbehandlung durchgeführt wird,
5. Nachweis einer zum Zeitpunkt der Bestellung andauernden Dozenten- und Supervisorentätigkeit auf dem Gebiet der tiefenpsychologisch fundierten und analytischen Psychotherapie,
6. Nachweis einer mindestens dreijährigen Teilnahme an der ambulanten Versorgung auf dem Gebiet der tiefenpsychologisch fundierten und analytischen Psychotherapie, und
7. Nachweis, daß zu Beginn der Gutachtertätigkeit in der Regel kein höheres Lebensalter als 55 Jahre besteht.

Für den Bereich der Begutachtung von tiefenpsychologisch fundierter und analytischer Kinder- und Jugendlichentherapie muß die Erfüllung der Kriterien 3 bis 6 jeweils für die tiefenpsychologisch fundierte und analytische Psychotherapie von Kindern und Jugendlichen nachgewiesen werden.

Für den Bereich der Verhaltenstherapie:

1. Die Gebietsbezeichnung als Arzt für Psychotherapeutische Medizin oder Psychiatrie und Psychotherapie oder für die Begutachtung von Kinder- und Jugendlichenpsychotherapie für Kinder- und Jugendpsychiatrie und -psychotherapie oder

   die Approbation als Psychologischer Psychotherapeut oder als Kinder- und Jugendlichenpsychotherapeut,
2. – als Arzt eine abgeschlossene Weiterbildung in der Verhaltenstherapie
   – als Psychologischer Psychotherapeut oder als Kinder- und Jugendlichenpsychotherapeut den Fachkundenachweis in Verhaltenstherapie und

   soweit Psychologische Psychotherapeuten zur Begutachtung von Kindern und Jugendlichen bestellt werden, zusätzlich zur Fachkunde den Nachweis nach § 6 Abs. 4 der Psychotherapie-Vereinbarungen im Hinblick auf die Anforderungen für die Verhaltenstherapie bei Kindern und Jugendlichen,

3. Nachweis von mindestens fünfjähriger Tätigkeit nach dem Abschluß einer unter Nummer 2. genannten Weiter- bzw. Ausbildung ganz oder überwiegend auf dem Gebiet der Verhaltenstherapie in einer Praxis oder einer psychotherapeutischen Fachklinik bzw. Poliklinik,
4. Nachweis über eine mindestens fünfjährige Tätigkeit als Dozent und Supervisor an einem der nach Anlage 3 der bis zum 31. Dezember 1998 gültigen Psychotherapie-Vereinbarungen anerkannten Institute oder einer psychotherapeutischen Fachklinik oder im Fachgebiet Verhaltenstherapie an einer Universität, an der entsprechende Krankenbehandlung durchgeführt wird,
5. Nachweis einer zum Zeitpunkt der Bestellung andauernden Dozenten- und Supervisorentätigkeit auf dem Gebiet der Verhaltenstherapie,
6. Nachweis einer mindestens dreijährigen Teilnahme an der ambulanten Versorgung auf dem Gebiet der Verhaltenstherapie, und
7. Nachweis, daß zu Beginn der Gutachtertätigkeit in der Regel kein höheres Lebensalter als 55 Jahre besteht.

   Für den Bereich der Begutachtung von Kinder- und Jugendlichenverhaltenstherapie muß die Erfüllung der Kriterien 3 bis 6 jeweils für die Verhaltenstherapie bei Kindern und Jugendlichen nachgewiesen werden.

4. Die nach den bis zum 31. Dezember 1998 gültigen Psychotherapie-Richtlinien tätigen Gutachter können unberührt von den unter III. 3. „Gutachterverfahren/Qualifikation der Gutachter“ aufgeführten Voraussetzungen weiterhin tätig bleiben.

G
Qualifikation zur Durchführung der Psychotherapie und der psychosomatischen Grundversorgung

Die Qualifikation zur Durchführung der Psychotherapie und der psychosomatischen Grundversorgung ist in den Psychotherapie-Vereinbarungen näher bestimmt.

H
Psychotherapie-Vereinbarungen

1. Das Nähere zur Durchführung der psychotherapeutischen Versorgung regeln die Kassenärztliche Bundesvereinigung und die Spitzenverbände der Krankenkassen durch entsprechende Vereinbarungen.

2. Zum 1. Januar 2000 wird ein Verfahren zur Dokumentation psychotherapeutischer Leistungen und zur Evaluation der Prozeß- und Ergebnisqualität zwischen den Vertragspartnern der Psychotherapie-Vereinbarungen vereinbart.

I
Inkrafttreten

1. Der Abschnitt F III. „Gutachterverfahren", Nummer 1, soweit er sich auf die Gutachterpflichtigkeit von Kurzzeittherapie bezieht, Nummer 2 sowie die Klammerzusätze in Abschnitt E „Leistungsumfang", Nrn. 1.1.2 und 1.1.3 treten zum 1. Januar 2000 in Kraft.

2. Im übrigen treten die Richtlinien am 1. Januar 1999 in Kraft.

3. Die Psychotherapie-Richtlinien in der Fassung vom 3. Juli 1987, zuletzt geändert am 17. Dezember 1996 (BAnz. 1997, S. 2946) treten mit Ausnahme des Abschnitts F Teil II am 31. Dezember 1998 außer Kraft. Abschnitt F Teil II der in Satz 1 genannten Psychotherapie-Richtlinien tritt am 31. Dezember 1999 außer Kraft.

Köln, den 11. Dezember 1998

Bundesausschuß der Ärzte und Krankenkassen

Der Vorsitzende

Jung

Anlage

Der Bundesausschuß der Ärzte und Krankenkassen stellt gemäß Abschnitt B I. 4. der Richtlinien fest:

1. Katathymes Bilderleben ist keine eigenständige Psychotherapie im Sinne der Richtlinien, sondern kann gegebenenfalls im Rahmen eines übergeordneten, tiefenpsychologisch fundierten Therapiekonzeptes (B I. 1.1.1) Anwendung finden.

2. Rational Emotive Therapie (RET) kann als Methode der kognitiven Umstrukturierung (B I. 1.2.4) im Rahmen eines umfassenden verhaltenstherapeutischen Behandlungskonzepts Anwendung finden.

3. Die Erfordernisse der Psychotherapie-Richtlinien werden nicht erfüllt von:

1. Gesprächspsychotherapie
2. Gestalttherapie
3. Logotherapie
4. Psychodrama
5. Respiratorisches Biofeedback
6. Transaktionsanalyse

14. Rundschreiben der Kassenärztlichen Bundesvereinigung – Rechtsabteilung – vom 18. 8. 1998 an die Kassenärztlichen Vereinigungen der Länder – Auszug

(Abdruck erfolgt mit freundlicher Genehmigung der Kassenärztlichen Bundesvereinigung.)

Rundschreiben I zum „Psychotherapeutengesetz“

– Zulassungsrecht –

hier: Art. 2, Art. 7, Art. 10

Sehr geehrte Damen und Herren!

Mit Schreiben vom 29. 7. 1998 haben wir Ihnen eine vorläufige Fassung des Rundschreibens nach dem Stand vom 29. 7. 1998 übermittelt. Wie angekündigt haben noch Beratungen im Vorstand der Kassenärztlichen Bundesvereinigung und mit den Spitzenverbänden der Krankenkassen stattgefunden. Soweit es Abschnitt III. (S. 3 ff.) angeht, ist das Rundschreiben nunmehr grundsätzlich mit den Spitzenverbänden der Krankenkassen abgestimmt.

Die nachstehende Fassung des Rundschreibens ist teilweise überarbeitet. Sie tritt an die Stelle des Rundschreibens vom 29. 7. 1998.

I.

Das vorgenannte Gesetz tritt im wesentlichen gemäß Art. 15 am 1. 1. 1999 in Kraft. Die maßgeblichen Überleitungsvorschriften für das Zulassungsrecht (§ 95 Abs. 10 und § 95 Abs. 11 SGB V i. d. F. von Art. 2 Nr. 11 Buchst. c)) sind am 24. 6. 1998 in Kraft getreten.

Wir teilen Ihnen – aus Gründen der Eilbedürftigkeit – nachstehend zunächst unsere Auffassung zu den **zulassungsrechtlichen Vorschriften** mit.

Wegen der vorgesehenen Erläuterung der übrigen Regelungsschwerpunkte darf ich auf Abschnitt VII des Rundschreibens hinweisen.

II.

Durch das Psychotherapeutengesetz (Art. 1 des o. g. Gesetzes) werden **zwei** reglementierte Heilberufe rechtlich geregelt. Es handelt sich um die Berufe des Psychologischen Psychotherapeuten und des Kinder- und Jugendlichenpsychotherapeuten (vgl. § 1 PsychThG). Die Angehörigen dieser Berufe werden zur Ausübung von heilkundlicher Psychotherapie, deren Inhalt durch § 1 Abs. 3 PsychThG definiert wird, befugt. Voraussetzung für die

Ausübung von Psychotherapie in diesem Sinne ist die Erteilung einer Approbation (§ 2 PsychThG), ggf. einer befristeten Erlaubnis (§ 4 PsychThG). Die Approbation wird nur nach Erfüllung bestimmter Voraussetzungen erteilt, wozu im wesentlichen eine – nach einem erfolgreichen Abschluß im Studiengang Psychologie oder bei Kinder- und Jugendlichenpsychotherapeuten auch im Studiengang Pädagogik oder Sozialpädagogik – sich anschließende näher geregelte Ausbildung und staatliche Prüfung gehören (vgl. §§ 5, 6 PsychThG). Das neue Zulassungsrecht des Kassenarztrechts spiegelt diese Qualifikationsvoraussetzungen für den Zugang des Psychologischen Psychotherapeuten und des Kinder- und Jugendlichenpsychotherapeuten zur vertragsärztlichen (vertragspsychotherapeutischen) Versorgung wider. Danach ist **grundsätzlich** Voraussetzung für die Zulassung die aufgrund der Approbation und eines Fachkundenachweises erfolgte Arztregistereintragung (Psychotherapeutenregistereintragung). Für die Darstellung der dazu notwendigen Voraussetzungen im einzelnen ist systematisch zwingend zu trennen zwischen dem Regelsystem der künftigen Zulassung (bzw. Ermächtigung) und dem Übergangssystem für die Zulassung (bzw. Ermächtigung). Wegen der dabei im Vordergrund stehenden Aktualität des Übergangsrechts wird nachstehend zunächst das Übergangsrecht beschrieben (III.) und anschließend das reguläre System der Zulassung und Ermächtigung (IV.). In zeitlicher Hinsicht ist dabei schon hier festzuhalten, daß das Übergangsrecht für alle Antragsteller gilt, welche ihren Antrag auf Zulassung (bzw. Ermächtigung) spätestens bis zum 31. 12. 1998 gestellt haben, und das Regelsystem der Zulassung (bzw. Ermächtigung) allen Antragstellern eröffnet ist, welche nach dem 1. 1. 1999 einen Antrag auf Zulassung oder Ermächtigung stellen.

III.

1. Zulassung nach Übergangsrecht (§ 95 Abs. 10 SGB V)

Die gesetzliche Problemlösung für die übergangsweise Zulassung von Zulassungsbewerbern unter Psychologischen Psychotherapeuten (sofern nicht Besonderheiten hervorgehoben sind, gelten nachstehend die Ausführungen für Psychologische Psychotherapeuten für Kinder- und Jugendlichenpsychotherapeuten entsprechend) ist nach dem **System** aufgebaut, daß neben der Erfüllung verfahrensrechtlicher Voraussetzungen gegenüber dem Zulassungsausschuß eine „Übergangsfachkunde“ sowie eine „schutzwürdige Vortätigkeit“ nachzuweisen sind. Die Voraussetzungen sind im einzelnen:

- Antrag auf Erteilung der Zulassung bis zum 31. 12. 1998 (Abs. 10 S. 1 Nr. 1)
- Vorlage der Approbationsurkunde bis zum 31. 3. 1999 (Abs. 10 S. 1 Nr. 2)

- Erfüllung der Voraussetzungen der Approbation nach § 12 des Psychotherapeutengesetzes und des Fachkundenachweises nach § 95c S. 2 Nr. 3 SGB V bis zum 31. 12. 1998 (Abs. 10 S. 1 Nr. 1)
- Teilnahme an der ambulanten psychotherapeutischen Versorgung der Versicherten der gesetzlichen Krankenversicherung in der Zeit vom 25. 6. 1994 bis zum 24. 6. 1997 (Abs. 10 S. 1 Nr. 3)

Im einzelnen ist hierzu folgendes zu bemerken:

a) Antrag auf Zulassung bis zum 31. 12 1998

Bei der Antragsfrist handelt es sich um eine Ausschlußfrist. Das Gesetz räumt nur denjenigen die durch die Übergangsregelung geschaffene Vergünstigung ein, die noch vor Inkrafttreten des Gesetzes aufgrund der in ihrem Inkrafttreten vorgezogenen Bestimmung des § 95 Abs. 10 SGB V einen Zulassungsantrag gestellt haben. Der Zulassungsantrag ist an den Zulassungsausschuß zu richten. Da die geänderten Vorschriften der Ärzte-ZV – neu – für Psychologische Psychotherapeuten erst ab 1. 1. 1999 gelten, gelten die für die Antragstellung auf Zulassung im regulären System notwendigen Voraussetzungen nur begrenzt. Jedenfalls ist nicht Voraussetzung, daß dem Antrag gemäß § 95 Abs. 10 SGB V ein Arztregisterauszug beigefügt wird, so daß auch der Zulassungsausschuß über das Vorliegen der Qualifikationen und der Vortätigkeit zu entscheiden hat und nicht die Arztregisterstelle, wie dies im regulären System nach § 95c SGB V – neu – der Fall ist. § 95 Abs. 10 SGB V knüpft – im Gegensatz zu § 95c SGB V – **systematisch** an der **Zulassung** an, nicht an der Arztregistereintragung, und erweist sich auch insoweit als Sonderregelung.

b) Vorlage der Approbationsurkunde bis 31. 3. 1999

Auch insoweit handelt es sich um eine Ausschlußfrist, da das Planungssystem der vertragsärztlichen Versorgung auf der Vorlage bis 31. 3. 1999 und der anschließenden Entscheidung des Zulassungsausschusses bis zum 30. 4. 1999 (§ 95 Abs. 10 S. 2 SGB V) aufbaut (vgl. § 95 Abs. 12 SGB V – neu –). Eine Ausnahme wird in den Fällen zu machen sein, in denen die Approbationsbehörde die Approbationsentscheidung bereits getroffen hat, die Vorlage der Approbations**urkunde** jedoch auch im Bereich der Behörde liegenden, z. B. technischen Gründen nicht möglich ist und die Behörde dies dem Antragsteller bescheinigt.

c) Erfüllung der Voraussetzungen der Approbation nach § 12 des Psychotherapeutengesetzes und des Fachkundenachweise nach § 95c S. 2 Nr. 3 SGB V bis zum 31. 12. 1998

aa) Systematik

Hinsichtlich der materiellen Voraussetzungen stellt § 95 Abs. 10 SGB V eine Interdependenz zwischen dem durch die Übergangsapprobation nach § 12 PsychThG bescheinigten Qualifikationsstatus und dem für den Zugang zum System der vertragsärztlichen (vertragspsychotherapeutischen) Versorgung notwendigen spezifischen Qualifikationsstatus (Fachkunde) insofern her, als gemäß § 95 Abs. 10 S. 1 Nr. 1 i. V. m. § 95c S. 2 Nr. 3 SGB V

> „... *die für eine Approbation geforderte Qualifikation, Weiterbildung oder Behandlungsstunden, Behandlungsfälle und die theoretische Ausbildung in einem durch den Bundesausschuß der Ärzte und Krankenkassen nach § 92 Abs. 1 S. 2 Nr. 1 anerkannten Behandlungsverfahren* ...“

von dem approbierten Psychotherapeuten **nachgewiesen** werden müssen. Da die Voraussetzungen für die Übergangszulassung bis zum 31. 12. 1998 erfüllt sein müssen, kommen für die anerkannten Behandlungsverfahren nur die derzeit geltenden Verfahren in Betracht, nämlich die analytische Psychotherapie, tiefenpsychologisch fundierte Therapie und Verhaltenstherapie (vgl. Psychotherapie-Richtlinien des Bundesausschusses für Ärzte und Krankenkassen). Der Vereinfachung halber soll nachfolgend von sogenannten „Richtlinienverfahren“ gesprochen werden.

bb) Approbationsrechtliche Interdependenz der Qualifikation

Der Verweis auf § 12 PsychThG macht es im einzelnen erforderlich, die für die Fachkunde nach § 95c S. 2 Nr. 3 SGB V notwendigen Nachweise bei den approbierten Psychotherapeuten auf dem Hintergrund der jeweiligen Approbation innerhalb der Approbationsgruppen des § 12 PsychThG zu prüfen. Wegen der weiteren Einzelheiten darf auf die nachstehenden Ausführungen unter 2. verwiesen werden.

d) Teilnahme an der ambulanten psychotherapeutischen Versorgung der Versicherten der gesetzlichen Krankenversicherung in der Zeit vom 25. 6. 1994 bis zum 24. 6. 1997

aa) Gesetzgebungsmotive

Zum besseren Verständnis der nachstehend entwickelten Auslegung von Umfang und Inhalt der nach § 95 Abs. 10 S. 1 Nr. 3 SGB V für die Übergangszulassung geforderten Vortätigkeit (Besitzstand) darf zunächst auf die Gesetzgebungsmotive hingewiesen werden, wie sie sich aus dem Bericht des Ausschusses für Gesundheit des Deutschen Bundestages (Bundestags-Drucksache 13/9212 vom 25. 11. 1997), in dessen Beratungsverlauf die hier in Rede stehende Ergänzung entwickelt worden ist, ergeben:

> „... *Eine bedarfsunabhängige Zulassung erhalten allerdings nur diejenigen Psychotherapeuten, die darüber hinaus in der*

Zeit vom 25. 6. 1994 bis 24. 6. 1997 bereits an der ambulanten Versorgung der Versicherten der gesetzlichen Krankenversicherung im Delegationsverfahren oder im Wege der Kostenerstattung nach § 13 Abs. 3 SGB V teilgenommen haben, wobei diese Teilnahme nicht für den gesamten Zeitraum verlangt wird. Gemeint sind die Leistungserbringer, die in der Vergangenheit in niedergelassener Praxis an der psychotherapeutischen Versorgung der Versicherten teilgenommen, unter anderem daraus ihr Erwerbseinkommen erzielt haben und für die es deshalb eine unbillige Härte darstellte, wenn sie nach Inkrafttreten des Gesetzes nur noch bedarfsabhängig an der Versorgung der Versicherten teilnehmen, d. h. sich nur in nicht gesperrten Gebieten niederlassen dürften . . .“

(vgl. Bericht des Ausschusses für Gesundheit, Besonderer Teil, zu Art. 2 Nr. 10, Buchst. c [§ 95 Abs. 10 SGB V]).

bb) Prüfkriterien

Im Hinblick auf die durch die allgemeine Formulierung eröffnete Spannbreite zwischen der denkbaren Möglichkeit der Teilnahme an der ambulanten Versorgung durch einen Behandlungsfall an einem Tag oder einer dauerhaften nahezu dreijährigen Tätigkeit einerseits und der „Ratio“ dieser Klausel als einer „Härteklausel“ im Hinblick auf die Wahrung eines durch Mitwirkung an der Versorgung der Versicherten erworbenen Besitzstandes in eigenverantwortlicher und selbständiger Tätigkeit andererseits, erscheint es aus unserer Sicht angebracht, zumindest eine ins Gewicht fallende Behandlungstätigkeit innerhalb des genannten 3-Jahres-Zeitraums zu fordern. Als *Orientierung* ist davon auszugehen, daß eine dauerhafte Behandlungspraxis als niedergelassener Psychotherapeut von mindestens sechs bis zwölf Monaten und innerhalb dieses Zeitraums *zumindest 250 Behandlungsstunden* ambulanter psychotherapeutischer Behandlungstätigkeit ausgeübt worden sein muß, sei es im Rahmen des Delegationsverfahrens, sei es im Rahmen des Kostenerstattungsverfahrens. Im Hinblick darauf erscheint es uns nicht erforderlich, noch danach zu differenzieren, *ob der niedergelassene Behandler ggf. im sogenannten Beauftragungsverfahren* tätig gewesen ist. Wenn Behandlungsstunden in der vorgegebenen Größenordnung erbracht und auch abgerechnet worden sind, ist davon auszugehen, daß auch das – in den Gesetzgebungsmotiven hervorgehobene – Merkmal der Einkunftserzielung erfüllt ist. Schutzwürdig ist aber in allen Fällen nur eine ambulante Behandlungstätigkeit in Niederlassung in eigener Praxis. Die genannten Kriterien schließen nicht aus, in besonderen Einzelfällen eine entsprechend der vorgenannten Orientierung hinsichtlich zeitlicher und inhaltlicher Konzentration gleichgewichtige Tätigkeit, die in geringfügigem Maß zeitlich anders verlaufen ist, ebenfalls anzuerkennen.

cc) Vergünstigungen im Hinblick auf die Frist nach § 95 Abs. 10 S. 1 Nr. 3 SGB V

Es ist darauf hinzuweisen, daß gemäß § 95 Abs. 11b SGB V für einen Psychotherapeuten, der in dem genannten Zeitraum wegen der Betreuung und Erziehung eines Kindes in den ersten drei Lebensjahren, für das ihm die Personensorge zustand und mit dem er in einem Haushalt gelebt hat, keine Erwerbstätigkeit ausgeübt hat, der Beginn der Frist um die Zeit vorverlegt wird, die der Zeit der Kindererziehung in dem 3-Jahres-Zeitraum entspricht.

e) Sonstige Voraussetzungen

aa) Einführungslehrgang?

Nach § 1 Abs. 3 – neu – der Ärzte-ZV i. d. F. von Art. 7 des Gesetzes über die Berufe des Psychologischen Psychotherapeuten und des Kinder- und Jugendlichenpsychotherapeuten zur Änderung des Fünften Buches Sozialgesetzbuch und anderer Gesetze gilt die Zulassungsverordnung „für Psychotherapeuten entsprechend“. Art. 7 tritt mit Wirkung vom 1. 1. 1999 in Kraft (vgl. Art. 15 des Gesetzes). Da § 17 der Ärzte-ZV im Hinblick auf die Regelung über den Einführungslehrgang an die Antragstellung abstellt, § 95 Abs. 10 SGB V jedoch eine Sonderregelung für Anträge bis zum 31. 12. 1998 enthält – in diesem Zeitpunkt gilt die neue Ärzte-ZV noch nicht –, ist für den Personenkreis, welcher unter § 95 Abs. 10 SGB V fällt, ein Einführungslehrgang nach unserer Auffassung nicht erforderlich.

bb) Arztregistereintragung als Voraussetzung?

Wie schon eingangs angedeutet, enthält § 95 Abs. 10 SGB V eine Sonderregelung für Übergangsfälle, so daß die Vorlage eines Arztregisterauszugs (Psychotherapeutenregisterauszugs) für diesen Personenkreis nicht erforderlich ist.

cc) Problem: Nebentätigkeit

Bekanntlich übt ein großer Teil der in Frage kommenden Psychotherapeuten neben der bisher im Delegationsverfahren oder in sogenannten Kostenerstattungsverfahren ausgeübten psychotherapeutischen Behandlungstätigkeit als freiberuflich tätiger Psychotherapeut Tätigkeiten in einem Angestelltenverhältnis z. B. in Krankenhäusern, anderen Behandlungseinrichtungen oder Beratungsstellen aus. Im Hinblick darauf wird die Frage diskutiert, ob und in welchem Umfang die Aufrechterhaltung einer Nebentätigkeit neben dem durch die Zulassung begründeten Status als Vertragspsychotherapeut mit Behandlungspflicht und Niederlassungspflicht in eigener Praxis zulässig ist. Nach der neueren Rechtsprechung des BSG steht ein Beschäftigungsverhältnis der Zulassung nicht prinzipiell entgegen. Andererseits ist zunächst § 20 Abs. 1 Ärzte-ZV zu beachten, wonach in entsprechender Anwendung des § 1 Abs. 3 Ärzte-ZV für die Ausübung vertragspsychotherapeutischer Tätigkeit ein Psychotherapeut nicht geeignet ist, der wegen eines Beschäftigungsverhältnisses oder wegen anderer nicht ehrenamtlicher Tätigkeit für die Versorgung der Versicherten persönlich nicht in erforderlichem Maße zur Verfügung steht. Die Rechtsprechnung des BSG interpretiert die Voraussetzungen des § 20 Ärzte-ZV aber auch im Lichte der möglichen Konflikte im Hinblick auf die freie Wahl des Behandlers durch den Patienten, die sich ergeben können, wenn durch das Beschäftigungsverhältnis Kontakte zu möglichen Patienten geknüpft werden können.

Grundsätzlich gelten daher die für Vertragsärzte maßgeblichen Zulassungskriterien auch für die Psychotherapeuten (§ 1 Abs. 3 Ärzte-ZV). Im Hinblick auf die Vielfalt solcher beruflicher Situationen und unterschiedlicher regionaler Einschätzungen zur zeitlichen Dimension des „ausreichenden Zur-Verfügung-Stehens“ sehen wir von einer orientierenden Empfehlung ab.

2. Exkurs: Übergangsfachkunde in Richtlinienverfahren gemäß § 95 Abs. 10 i. V. m. § 95c S. 2 Nr. 3 SGB V

a) Approbationsspezifische Nachweise

Wie schon zuvor dargestellt, wird im Übergangszulassungsrecht die Fachkunde durch die Qualifikationssurrogate der Übergangsapprobation nach § 12 PsychThG dadurch nachgewiesen, daß sämtliche für die Approbation vorausgesetzten Bedingungen, wie sie in § 95c S. 2 Nr. 3 SGB V genannt werden, in sogenannten Richtlinienverfahren nachzuweisen sind. Da § 12 PsychThG verschiedene Approbationsgruppen vorsieht, richten sich die einzelnen Nachweise nach den jeweils in § 12 PsychThG aufgeführten Bedingungen. Deshalb wird nachstehend zunächst auf die Approbationsgruppen eingegangen.

b) Approbationsgruppen des § 12 PsychThG

aa) § 12 Abs. 1 PsychThG = „Delegationspsychotherapeuten“

§ 12 Abs. 1 PsychThG regelt die Approbation für solche Personen, die im Rahmen der vertragsärztlichen Versorgung an der psychotherapeutischen Behandlung von gesetzlich Krankenversicherten im Delegationsverfahren mitgewirkt haben oder die Qualifikation für eine solche Mitwirkung erfüllen. Maßgeblicher Zeitpunkt ist – in Modifikation durch § 95 Abs. 10 S. 1 Nr. 1 SGB V – der Zeitpunkt des 31. 12. 1998. Da Voraussetzung für die Mitwirkung eines Psychologen im Delegationsverfahren ebenso wie für die Erfüllung der Qualifikation die Ausführung von Richtlinientherapie ist, stellt die Anwendung des § 12 Abs. 1 PsychThG insoweit auf dem Hintergrund des neuen § 95c S. 2 Nr. 3 SGB V Probleme nicht dar, wenn die Approbationsbehörde die Approbation aufgrund von § 12 Abs. 1 PsychThG erteilt. Anzumerken ist, daß anders als in den übrigen Anwendungsfällen des § 12 PsychThG nicht Voraussetzung für die Approbationserteilung und dementsprechend auch für die Zulassung nach § 95 Abs. 10 SGB V ist, daß der zulassungswillige Therapeut Psychologe – oder bei Kinder- und Jugendlichenpsychotherapeuten Pädagoge bzw. Sozialpädagoge – ist. Vielmehr reicht es, daß der Behandler am Delegationsverfahren teilgenommen hat, ohne Arzt zu sein (vgl. § 12 Abs. 1 S. 1 PsychThG).

§ 12 Abs. 1 S. 3 PsychThG enthält darüber hinaus die rechtliche Möglichkeit, eine Approbation nach § 12 PsychThG zu erhalten, wenn ein Nacherwerb der Qualifikation für die Delegation spätestens bis zum 31. 12. 2001 (bei Teilzeitbeschäftigung spätestens bis zum 31. 12. 2003) erfolgt. Diese Fälle spielen jedoch für die Übergangszulassung nach § 95 Abs. 10 SGB V insoweit keine Rolle, als diese Vorschrift fordert, daß die für die Approbation notwendigen Voraussetzungen bis zum 31. 12. 1998 vorgelegen haben müssen und dementsprechend auch eine Antragstellung nicht bis zum 31. 12. 1998 erfolgen kann. Nach Erteilung einer Approbation nach § 12 Abs. 1 S. 3 PsychThG müßte ein Bewerber im Rahmen des Regelsystems der Zulassung zunächst die Arztregistereintragung (Psychotherapeutenregistereintragung) beantragen, um dann – bedarfsabhängig – zugelassen werden zu können.

bb) § 12 Abs. 2 PsychThG = „Fachpsychologen in der Medizin“

Der Anwendungsfall des § 12 Abs. 2 PsychThG dürfte im Lichte des Zulassungsrechts nach § 95 Abs. 10 SGB V keine große praktische Rolle spielen, da der in § 12 Abs. 2 PsychThG genannte Personenkreis aufgrund seinerzeitiger Übergangsvorschriften in der Psychotherapie-Vereinbarung bei Vorliegen bestimmter Voraussetzungen den Status des Delegationspsychotherapeuten erhalten hat, zumindest aber aufgrund dieser Übergangsbestimmungen die Voraussetzungen für die Teilnahme am Delegationsverfahren erfüllt. Soweit dies in Einzelfällen nicht der Fall ist, bedarf es einer näheren Prüfung daraufhin, daß die in den seinerzeitigen Regelungen vorgeschriebene dreijährige Weiterbildung zum „Fachpsychologen in der Medizin" vorwiegend auf die Vermittlung von Kenntnissen und Fähigkeiten in der Psychotherapie ausgerichtet war. Darüber hinaus müßte gemäß § 95c S. 2 Nr. 3 SGB V aufgrund von § 95 Abs. 10 S. 1 Nr. 1 SGB V nachgewiesen werden, daß diese Weiterbildung auf Richtlinien-Psychotherapie im Sinne von analytischer Psychotherapie, tiefenpsychologisch fundierter Psychotherapie oder Verhaltenstherapie ausgerichtet war.

cc) § 12 Abs. 3 PsychThG = Außerhalb des Delegationsverfahrens tätige „freiberufliche Psychotherapeuten"

§ 12 Abs. 3 betrifft im wesentlichen einen Personenkreis, der eine Abschlußprüfung im Studiengang Psychologie erfolgreich bestanden und durch Berufspraxis und theoretische Ausbildung in einem bestimmten Zeitraum seine Qualifikation für die Ausübung von Psychotherapie im Sinne des § 1 Abs. 3 PsychThG nachweisen kann. Nach der Systematik der Vorschrift ist dieser Qualifikationsstatus durch drei Elemente zu erfüllen, nämlich

- die tatsächliche Mitwirkung an der Versorgung von Patienten, und zwar Versicherten der Krankenkasse oder Patienten, für die die psychotherapeutischen Leistungen von einem Unternehmen der privaten Krankenversicherung vergütet oder von der Beihilfe als beihilfefähig anerkannt worden sind, in dem Zeitraum zwischen dem 1. 1. 1989 und dem 31. 12. 1998;
- den Nachweis von mindestens 4 000 Stunden psychotherapeutischer Berufstätigkeit oder von 60 dokumentierten und abgeschlossenen Behandlungsfällen während dieses Zeitraums;
- den Nachweis von mindestens 140 Stunden theoretischer Ausbildung in wissenschaftlich anerkannten Verfahren.

Ergänzend enthält diese Vorschrift darüber hinaus die Möglichkeit, einen Qualifikationsstatus nachzuweisen für solche Psychologen, die den Nachweis einer entsprechenden Versorgungstätigkeit in dem zuvor genannten Zehn-Jahres-Zeitraum oder den Nachweis einer Berufspraxis in Psychotherapie von mindestens 4 000 Stunden oder 60 dokumentierten und abgeschlossenen Behandlungsfällen innerhalb dieses Zehn-Jahres-Zeitraums nicht führen können (vgl. § 12 Abs. 3 S. 3 PsychThG). Für diesen Fall werden die zuvor genannten Bedingungen variiert; hinzuweisen ist auf die mindestens fünf Behandlungsfälle unter Supervision mit insgesamt mindestens 250 Behandlungsstunden und den erhöhten Anteil von theoretischer Ausbildung in wissenschaftlich anerkannten Verfahren (mindestens 280 Stunden); wegen der übrigen Einzelheiten darf auf § 12 Abs. 3 Satz 3 PsychThG hingewiesen werden.

Ein Psychologe, dem aufgrund dieser Vorschrift die Approbation erteilt worden ist, ist gemäß § 95 Abs. 10 SGB V im Hinblick auf den Fachkundenachweis zulassungsfähig, wenn sämtliche Voraussetzungen (Qualifikation, Weiterbildung oder Behandlungsstunden, Behandlungsfälle und die theoretische Ausbildung, vgl. § 95c S. 2 Nr. 3 SGB V) in Richtlinienverfahren nachgewiesen werden. Wegen der Einzelerläuterung der in § 12 Abs. 3 S. 2 PsychThG aufgeführten Begriffe darf auf den nachstehenden Abschnitt c) hingewiesen werden.

Eine nähere Prüfung der Zulassungsfähigkeit im Sinne des Übergangsrechts würde sich für den Zulassungsausschuß nur dann erübrigen, wenn die Approbationsbehörde bei der Erteilung der Approbation nach § 12 Abs. 3 PsychThG – ebenso § 12 Abs. 4 und Abs. 5 PsychThG – die in diesen Vorschriften geforderten Qualifikationssurrogate in Behandlungsstunden und theoretischer Ausbildung nur dann anerkennen würde, wenn sie vollständig in Richtlinienverfahren ausgeführt worden wären. Nach dem jetzigen Stand der Überlegungen neigen die Approbationsbehörden der Länder dazu, als wissenschaftlich anerkannte Verfahren im Sinne des § 1 Abs. 3 und § 11 PsychThG nur die Richtlinienverfahren anzuerkennen; dies ist jedoch nicht sichergestellt, wenn der nach § 11 PsychThG zu bildende Wissenschaftliche Beirat auch andere Verfahren, wie z. B. die Gesprächspsychotherapie als wissenschaftlich anerkannte Verfahren akzeptieren würde und wenn darüber hinaus die in dem Nachweisprofil nach § 12 Abs. 3 S. 2 PsychThG (und auch im Rahmen des § 12 Abs. 4 und 5 PsychThG) sogenannten Zweit- und Drittverfahren quantitativ in das „Umfeld" von Richtlinien-Psychotherapie einbezogen werden würden.

dd) § 12 Abs. 1 PsychThG = Beamtete und angestellte Psychologen aus Einrichtungen

§ 12 Abs. 4 PsychThG betrifft Psychologen mit einer an einer Universität bestandenen Abschlußprüfung, die aufgrund einer vorausliegenden Tätigkeit und Berufspraxis in bestimmten Einrichtungen einen Qualifikationsstatus erworben haben, welcher die Erteilung einer Approbation nach Übergangsrecht rechtfertigt. Die Vorschrift enthält ebenfalls drei Elemente, nämlich

- den Nachweis, daß sie zwischen dem 1. 1. 1989 und dem 31. 12. 1998 mit einer Gesamtdauer von mindestens sieben Jahren entweder in einer psychiatrischen, psychotherapeutischen, psychosomatischen oder neurologischen Einrichtung **vorwiegend psychotherapeutisch tätig** waren oder **hauptberuflich** psychotherapeutische Behandlungen durchgeführt haben (Einrichtungen in dem vorgenannten Sinne können auch Krankenhausabteilungen sein);

- den Nachweis von mindestens 4 000 Stunden einschließlich der dazu notwendigen Diagnostik und Fallbesprechungen psychotherapeutischer Tätigkeit oder von 60 abgeschlossenen dokumentierten Behandlungsfällen;
- den Nachweis von mindestens 140 Stunden theoretischer Ausbildung „in dem Gebiet, in dem sie beschäftigt sind".

Auch diese Vorschrift enthält einen Ergänzungstatbestand für Psychologen, die die Voraussetzungen nach § 12 Abs. 4 PsychThG in der Grundkonstellation nicht erfüllen und denen die Möglichkeit eingeräumt wird, durch den Nachweis einer Surrogatqualifikation die Approbation zu erhalten. Insoweit stimmt der Tatbestand des § 12 Abs. 4 S. 3 PsychThG mit dem Tatbestand des § 12 Abs. 3 S. 3 PsychThG (selbständig tätige Psychotherapeuten) überein. „Mischfälle" der Nachweisführung für den Qualifikationsstatus für die Approbation nach § 12 PsychThG im Hinblick auf den unterschiedlichen Personenkreis nach § 12 Abs. 3 PsychThG und § 12 Abs. 4 PsychThG können sich nur in den beiden Tatbeständen des § 12 Abs. 3 S. 3 und § 12 Abs. 4 S. 3 PsychThG konzentrieren, wobei in jedem Falle die Erfüllung der Voraussetzungen nach der jeweiligen Nr. 4 notwendig wäre, nämlich **am** 24. 6. 1997 für die Krankenkasse tätig gewesen zu sein und **spätestens** am 24. 6. 1997 ihre psychotherapeutische Beschäftigung aufgenommen zu haben. Ob solche Fälle auftreten können, ist derzeit nicht ersichtlich. In der Widerspiegelung des § 95 Abs. 10 SGB V dürfte es möglicherweise bei dem Personenkreis des § 12 Abs. 4 PsychThG (beamtete und angestellte Psychotherapeuten) in aller Regel an der Voraussetzung des § 95 Abs. 10 S. 1 Nr. 3 SGB V (Teilnahme an der ambulanten Versorgung der Versicherten in dem dort genannten Zeitraum nach Maßgabe der hier vorgenommenen Interpretation) fehlen.

Diese Voraussetzung ist jedoch nur erforderlich, um eine Übergangszulassung zu erhalten, so daß der Personenkreis des § 12 Abs. 4 PsychThG für eine künftige Zulassung nach dem Regelsystem in Betracht kommt, so daß in diesem Falle die registerstellenführenden Kassenärztliche Vereinigung die Erfüllung der Voraussetzungen dieser Vorschrift in Richtlinienverfahren zu überprüfen hätte.

ee) § 12 Abs. 1 PsychThG = Kinder- und Jugendlichenpsychotherapeuten

§ 12 Abs. 5 PsychThG regelt die Übergangsapprobation als Kinder- und Jugendlichenpsychotherapeut für Behandler, die nicht die Approbation als Kinder- und Jugendlichenpsychotherapeut aufgrund von § 12 Abs. 1 PsychThG im Hinblick auf das Vorliegen der Voraussetzungen für das Delegationsverfahren (Teilnahme oder Erfüllung der Qualifikation) erwerben können. § 12 Abs. 5 PsychThG bezieht sich mithin auf die Approbationserteilung für einen Personenkreis, welcher unter § 12 Abs. 3 und Abs. 4 PsychThG fällt (selbständig tätige, beamtete und angestellte Psychotherapeuten), wobei die Voraussetzungen dieser Vorschriften in zwei Elementen variiert werden, nämlich im Hinblick auf die Eingangsqualifikation als Psychologe und – jedenfalls nach unserem Verständnis – im Hinblick auf die patientenspezifische Erfüllung der die psychotherapeutische Berufstätigkeit betreffenden Qualifikationsmerkmale: Einmal tritt neben die Eingangsqualifikation der Abschlußprüfung im Studiengang Psychologie auch die Abschlußprüfung in Pädagogik und Sozialpädagogik an einer staatlichen oder staatlich anerkannten Hochschule, zum anderen müssen die in § 12 Abs. 3 S. 2 PsychThG und § 12 Abs. 4 S. 2 PsychThG – dementsprechend auch die Substitutionsfälle in § 12 Abs. 3 S. 3 PsychThG und § 12 Abs. 4 S. 3 PsychThG – aufgeführten, für die psychotherapeutische Berufstätigkeit maßgeblichen Behandlungsfälle und Ausbildungserfordernisse in Kinder- und Jugendlichenpsychotherapie nachgewiesen werden können. Ob die Approbationsbehörden der Länder insoweit eine durchgängig strenge Nachweisführung erforderlich machen, ist derzeit noch nicht abzusehen. Damit würde sich die Frage stellen, ob ein nach § 12 Abs. 3 oder § 12 Abs. 4 i. V. m. § 12 Abs. 5 PsychThG approbierter Kinder- und Jugendlichenpsychotherapeut die über § 95 Abs. 10 SGB V für die Übergangszulassung vermittelte Fachkundequalifikation in Richtlinienverfahren ebenfalls erfüllen könnte, wenn er nur teilweise Kinder- und Jugendlichenpsychotherapie ausgeübt hat. Unseres Erachtens wäre dies nicht ausreichend, so daß nur eine Ermächtigung zur Nachqualifikation nach § 95 Abs. 11 SGB V in Betracht käme.

c) Zu einigen Grundbegriffen in § 12 Abs. 3 und § 12 Abs. 4 PsychThG im Hinblick auf die verschränkende Erfüllung der Voraussetzungen des § 95 Abs. 10 SGB V

aa) Psychotherapeutische Berufstätigkeit

Gemäß § 95c S. 2 Nr. 3 SGB V müssen die nach § 12 PsychThG für die Approbation geforderte Qualifikation, Weiterbildung oder Behandlungsstunden, Behandlungsfälle und die theoretische Ausbildung in einem durch den Bundesausschuß der Ärzte und Krankenkassen anerkannten Behandlungsverfahren nachgewiesen werden. Dies wirft die Frage aus, was unter den in § 12 Abs. 3 und Abs. 4 PsychThG – für § 12 Abs. 1 PsychThG spielt dies im vorliegenden Zusammenhang keine Rolle – aufgeführten Begriffen wie „psychotherapeutische Berufstätigkeit" oder „dokumentierte und abgeschlossene Behandlungsfälle" oder „theoretische Ausbildung in wissenschaftlich anerkannten Verfahren" zu verstehen ist.

Dazu ist folgendes zu bemerken:

Im Hinblick auf die Funktion des § 12 Abs. 3 und Abs. 4 PsychThG, eine für eine Approbation ausreichende Qualifikation durch Vortätigkeit zu sichern, ist unseres Erachtens der Begriff „psychotherapeutische Berufstätigkeit" – ebenso wie der Begriff in § 12 Abs. 4 „psychotherapeutisch tätig" oder „Durchführung psychotherapeutischer Behandlungen" – in dem Sinne zu verstehen, daß die Tätigkeit sich als Behandlungstätigkeit darstellt. Weder eine Tätigkeit als Dozent oder Gutachter oder Supervisor ist als psychotherapeutische Berufstätigkeit oder psychotherapeutische Tätigkeit im vorgenannten Sinne zu verstehen; vielmehr ist es erforderlich, daß es sich um patientenbezogene Behandlungsstunden handelt. Im Hinblick darauf sind die in § 12 Abs. 3 PsychThG genannten „Stunden" (4 000/2 000) – ebenso § 12 Abs. 4 PsychThG – als auf Behandlung (Diagnostik und Therapie) bezogene Stunden zu verstehen. Unter Berücksichtigung notwendiger Vor- und Nachbereitung ist dementsprechend ein Nachweis notwendig, daß 4 000 (2 000) Behandlungsstunden à 50 min. oder mindestens 3 400 (1 700) Zeitstunden psychotherapeutischer Behandlungstätigkeit ausgeführt worden sind. Bei Nachweis von Zeitstunden ist dann eine Vor- und Nachbereitung mit den restlichen 600 (300) Zeitstunden abgegolten. Die entsprechenden Zeiten müssen durch den Therapeuten in persönlicher Leistungserbringung ausgefüllt worden sein. Ein Nachweis von Gruppentherapie-Behandlungsstunden für mehrere Patienten zählt jeweils in der Zeitdauer nur als eine Behandlungsstunde (eine Addition mit der Zahl der Patienten ist nicht zulässig).

Dokumentierte abgeschlossene Behandlungsfälle sind auf ein und denselben Patienten bezogene Behandlungen, deren Indikation, Verlauf und Abschluß (auch durch Abbruch) dokumentiert ist. Ebenso muß sich aus der Dokumentation ergeben, welche Therapiemethode der Behandler angewendet hat. Soweit in § 12 Abs. 3 und Abs. 4 PsychThG von dokumentierten Behandlungsfällen unter Supervision die Rede ist, ist zusätzlich erforderlich, daß die Dokumentation der Supervision erfolgt ist und der Supervisor ein anerkannten Supervisor ist. Die Voraussetzungen für die Anerkennung eines Supervisors im Rahmen dieser Regelung – ebenso im Rahmen der Ermächtigung zur Nachqualifikation – ergeben sich aus den nachstehenden Ausführungen.

Die in § 12 Abs. 3 und 4 PsychThG geforderte theoretische Ausbildung in wissenschaftlich anerkannten Verfahren muß grundsätzlich postgradual und curricular sein. Im Hinblick auf die sich schon heute im Rahmen der Verhaltenstherapie ergebende Möglichkeit kann in verallgemeinernder Form ein Zeitkontingent **während des Studiums** von maximal 25 Stunden bei einem geforderten Theorienachweis von 140 Stunden und von maximal 50 Stunden bei einem Theorienachweis von 280 Stunden aus Übungen und Seminaren, welche verfahrensspezifisch auf Richtlinienverfahren bezogen waren, ggf. anerkannt werden. Nach unserer Interpretation ist – im übrigen generell für die geforderten 280 bzw. 140 „Stunden" Theorie – entsprechend der Üblichkeit im Rahmen der Theorievermittlung – davon auszugehen, daß eine „Theoriestunde" 45 Minuten umfaßt.

Von entscheidender Bedeutung ist jedoch, welche Einrichtungen der Theorievermittlung anzuerkennen sind. Insoweit können nach dem bisherigen Stand unserer Prüfung grundsätzlich folgende Einrichtungen anerkannt werden:

I. Einrichtungen, die nach den Psychotherapie-Vereinbarungen anerkannt sind.

II. Weiterbildungseinrichtungen für den Erwerb von Fähigkeiten und Kenntnissen in der Krankenbehandlung in Richtlinienverfahren, die von einer Landesärztekammer anerkannt sind.

III. [Universitäten/Hochschulen* s. Anmerkung

1. mit Ausbildungsangeboten für Krankenbehandlung in Richtlinienverfahren im Diplomstudiengang Psychologie

   (Es können nur Seminare, Übungen und Praktika mit Leistungsnachweisen bis zu 25/50 Stunden der geforderten 140/280 Stunden anerkannt werden.)

   oder

2. mit einem postgradualen Ausbildungsgang für die Behandlung psychisch Kranker in Richtlinienverfahren in Kooperation mit einer Einrichtung zur psychotherapeutischen Behandlung psychisch Kranker.]

IV. [Einrichtungen, die folgende Voraussetzungen erfüllen:* s. Anmerkung

1. Die Einrichtung besitzt ein regionales Leitungsgremium und hat eine überregionale Anerkennung des jeweiligen Fachverbandes für Richtlinien-Psychotherapie

   oder

2. neben einem Curriculum für eine dreijährige Zusatzausbildung, nach dem spätestens ab dem 24. 6. 1997 ausgebildet worden ist, gibt es ein spezielles Curriculum für die theoretische Ausbildung nach den Übergangsregelungen,

   oder

   es wird nur ein spezielles Curriculum eines Fachverbandes für eines der Richtlinienverfahren zur Nachqualifikation angeboten, nach dessen Vorgaben spätestens ab dem 24. 6. 1997 eine Nachqualifikation durchgeführt worden ist

   und

3. die Einrichtung erklärt, daß Bescheinigungen über die theoretische Ausbildung nur ausgestellt werden, wenn die wesentlichen Inhalte des jeweiligen Richtlinienverfahrens (Krankheitslehre, Diagnose und Behandlung) vermittelt worden sind,

   und

4. es liegen eine Studien- und Prüfungsordnung oder Durchführungsbestimmungen für die Nachqualifikation vor

   und

5. die Ausbildung erfolgt durch ein Team von Dozenten und Supervisoren, die an Einrichtungen gemäß Nr. I., II. oder III. oder als Supervisor – wie nachfolgend – anerkannt sind.]

* Anmerkung zu III. und IV.:

Die Kassenärztliche Bundesvereinigung und die Spitzenorganisationen der Krankenkassen haben die maßgeblichen Verbände der Psychotherapeuten, nämlich AGR und AGPT, aufgefordert, nach den genannten Kriterien eine Liste von gemeinsam anerkannten Einrichtungen (III. und IV.) zu entwickeln. Bisher liegt eine solche gemeinsame Liste nur für die Verhaltenstherapie vor. Sie ist in einem gesonderten Schreiben mitgeteilt worden (Rundschreiben – Dezernat 2 – D 2 23–22/98 vom 17. 8. 1998). Sollten sich die Verbände über weitere gemeinsam anzuerkennende Einrichtungen nicht einigen, bleibt es im Hinblick auf die Entscheidung über die Anerkennung der theoretischen Ausbildung bei den unter I. und II. genannten Institutionen, da die Kassenärztliche Bundesvereinigung davon ausgeht, daß entsprechend dem aus dem Übergangsrecht ableitbaren Grundsatz der Objektivierung von Qualifikation eine Selbsteinschätzung nicht in Betracht kommen kann.

Soweit im Gesetz die Supervision über Behandlungsfälle gefordert ist, sind folgende Kriterien zur Anerkennung von Supervisoren zugrunde zu legen:

1. Der Supervisor ist an einer der vorstehend unter I., II. oder III. angeführten Ausbildungseinrichtungen anerkannt

   oder

2. der Supervisor ist von einem Fachverband für Richtlinienverfahren anerkannt und erfüllt folgende Voraussetzungen:
   - Abschluß der Zusatzausbildung in dem jeweiligen Richtlinienverfahren
   - danach mindestens drei Jahre psychotherapeutische Behandlung psychisch Kranker in dem jeweiligen Richtlinienverfahren und
   - mindestens drei Jahre Lehrtätigkeit in dem jeweiligen Richtlinienverfahren.

d) Nachweise für die Zulassung und die Ermächtigung

§ 95 Abs. 10 S. 1 Nr. 1 SGB V setzt voraus, daß der Fachkundenachweis nach § 95c S. 2 Nr. 3 SGB V „erfüllt“ ist; der Fachkundenachweis nach dieser Vorschrift ist erfüllt, wenn der nach § 12 approbierte Psychotherapeut die dort näher genannten Voraussetzungen im Hinblick auf Richtlinienverfahren „nachweist“. Dementsprechend unterliegen die Zulassungsausschüsse nicht einem Amtsermittlungsgrundsatz bei der notwendigen Sachverhaltsaufklärung, sondern das Gesetz überträgt dem Psychotherapeuten die Obliegenheit des Nachweises seiner Qualifikation. Zweifel gehen zu seinen Lasten. Allerdings ist dem Zulassungausschuß ein Beurteilungsspielraum im Hinblick auf die Frage eingeräumt, ob im Einzelfall mit den vorgelegten Dokumenten die gebotene Qualifikation im Hinblick auf die im einzelnen darzulegenden Umstände nachgewiesen ist. Sofern es nicht an den notwendigen Tatsachen fehlt, vielmehr die vorgelegten Dokumente die Prüfung einer fachlichen oder wissenschaftlichen Frage erfordern, muß der Zulassungsausschuß ggf. einen Sachverständigen hinzuziehen. Im übrigen können die Zulassungsausschüsse Approbationen als Nachweis der Erfüllung der Voraussetzungen der Fachkunde akzeptieren, wenn sich aus den für die Approbation maßgeblichen Unterlagen ergibt, daß die Approbation auf der Grundlage durchgängig nachgewiesener Voraussetzungen in Richtlinienverfahren erteilt worden ist. Im Rahmen bisheriger Besprechungen haben die Vertreter der Länder im Hinblick auf ihre Zuständigkeit für die Approbation in Aussicht gestellt, ergänzend zu den Approbationsurkunden Bescheinigungen auszustellen, aus denen das jeweilige Verfahren, aufgrund dessen die Approbation erteilt worden ist, ersichtlich sein soll. Sollten solche Bescheinigungen ausgestellt werden, können sie für den Zulassungsausschuß eine ausreichende Grundlage für seine Entscheidung sein. Der Zulassungsausschuß ist jedoch an die entsprechenden Erkenntnisse nicht gebunden.

Im übrigen kann für die Anforderung an die gebotenen Nachweise im Hinblick auf die einzelnen Approbationsgruppen des § 12 PsychThG folgendes gelten:

aa) Für die Prüfung von Nachweisen der bisher im Delegationsverfahren tätigen psychologischen Psychotherapeuten bzw. Kinder- und Jugendlichenpsychotherapeuten dürfte der Nachweis über die Zulassung zum Delegationsverfahren in Verbindung mit der in § 95 Abs. 10 und 11 SGB V genannten Frist von drei Jahren zwischen dem 25. 6. 1994 und dem 24. 6. 1997 ausreichend sein. Weiterhin gehören zu der Gruppe gemäß § 12 Abs. 1 PsychThG noch alle diejenigen, die eine abgeschlossene Ausbildung an einem Ausbildungsinstitut nach den Psychotherapie-Vereinbarungen nachweisen können. Insoweit genügen Nachweise des Ausbildungsinstituts.

bb) Als entsprechende Nachweise für Behandlungstätigkeit im Rahmen des § 12 Abs. 3 und Abs. 4 PsychThG (§ 12 Abs. 5 PsychThG) kommen Eigenerklärungen bzw. Pauschalbescheinigungen von Berufsverbänden nicht in Betracht. Vielmehr sollten folgende Bescheinigungen akzeptiert werden:

- verfahrensspezifische Kostenzusagen der GKV/PKV/Beihilfe
- bezahlte Rechnungen
- ärztliche Notwendigkeitsbescheinigungen für verfahrensspezifische psychotherapeutische Behandlungen
- Anträge und Berichte im Verlauf der Psychotherapie
- Supervisorenbescheinigungen über entsprechende supervidierte Behandlungen
- gutachterliche verfahrensspezifische Stellungnahmen

3. Ermächtigung zur Nachqualifikation

§ 95 Abs. 11 SGB V sieht eine Übergangsregelung für diejenigen Psychotherapeuten vor, welche nicht die Zulassungsvoraussetzungen nach § 95 Abs. 10 SGB V erfüllen. Praktische Anwendung dürfte diese Regelung dann finden, wenn insbesondere Approbationen nach § 12 PsychThG auch auf der Grundlage von wissenschaftlich anerkannten Verfahren erteilt werden, die nicht Richtlinienverfahren sind. Beschränken sich die Approbationsbehörden der Länder – wie bisher angekündigt – darauf, nur Richtlinienverfahren als wissenschaftlich anerkannte Verfahren für die Übergangsapprobation zu akzeptieren, so dürfte der Anwendungsbereich des § 95 Abs. 11 SGB V praktisch ausgeschlossen sein.

a) Voraussetzungen für die Ermächtigung zur Nachqualifikation

Erfüllen Psychotherapeuten zwar die Voraussetzungen des § 12 PsychThG – und nur diese –, aber nicht die Voraussetzungen des § 95c S. 2 Nr. 3 SGB V, so können diese Psychotherapeuten bis zum 31. 12. 1998 einen Antrag auf Nachqualifikation stellen und werden, wenn sie bis zum 31. 3. 1999 die Approbationsurkunde vorlegen und darüber hinaus die – auch im Rahmen der Zulassung nach § 95 Abs. 10 S. 1 Nr. 3 SGB V geforderte – Voraussetzung einer besitzstandswahrenden Vortätigkeit erfüllen (für deren Voraussetzungen wird auf die zuvor gemachten Ausführungen verwiesen), zur Nachqualifikation ermächtigt. Voraussetzung ist jedoch, daß der Psychotherapeut eine Mindestqualifikation für die Tätigkeit in der vertragspsychotherapeutischen Versorgung nachweisen kann, nämlich die in § 95 Abs. 11 S. 1 Nr. 1 SGB V vorgeschriebene „Sockelqualifikation". Diese umfaßt 500 dokumentierte Behandlungsstunden oder 250 dokumentierte Behandlungsstunden unter qualifizierter Supervision in sogenannten Richtlinienverfahren. Wegen des Begriffes der Behandlungsstunden darf auf die zuvor gemachten Ausführungen verwiesen werden, ebenso im Hinblick auf die Voraussetzungen qualifizierter Supervision. In letzterer Hinsicht enthält die Begründung des Ausschusses für Gesundheit im Rahmen des Gesetzgebungsverfahrens den Hinweis, daß die „Qualifikation des Supervisors ... den Anforderungen gleichwertig sein (muß), die in der Psychotherapie-Vereinbarung nach § 135 Abs. 2 SGB V an einen Supervisor gestellt werden ..." (Bundestags-Drucksache 13/9212).

b) Nachqualifikation

Die Möglichkeit zur sogenannten Nachqualifikation ist an eine Frist gebunden. Sie erlischt bei Beendigung der Nachqualifikation, spätestens fünf Jahre nach Erteilung der Ermächtigung; stellt der Psychotherapeut keinen Antrag auf Umwandlung der Ermächtigung in eine Zulassung bei erfolgreichem Abschluß der Nachqualifikation, beispielsweise weil sie vorzeitig abgebrochen worden ist, so bleibt der Ermächtigungsstatus bis spätestens fünf Jahre nach Erteilung der Ermächtigung erhalten. Wird ein Antrag auf Umwandlung in eine Zulassung kurz vor Ablauf dieser Frist gestellt, bleibt darüber hinaus der Ermächtigungsstatus bis zum Zeitpunkt der Entscheidung des Zulassungsausschusses erhalten. Wandelt der Zulassungsausschuß bei erfolgreichem Abschluß der Nachqualifikation die Ermächtigung in eine Zulassung um, so bleibt dem Psychotherapeuten das Recht, bedarfsunabhängig zugelassen zu werden, auch wenn in der Zwischenzeit nach Maßgabe der Vorschriften des § 101 i. V. m. § 103 Abs. 1 SGB V Zulassungsbeschränkungen ausgesprochen worden sind.

Inhaltlich setzt der erfolgreiche Abschluß der Nachqualifikation voraus, daß die für die Approbation gemäß § 12 Abs. 1 oder § 12 Abs. 3 PsychThG vorgeschriebenen Voraussetzungen vom ermächtigten Psychotherapeuten nachgewiesen werden, wobei unseres Erachtens die sich aus der Sockelqualifikation ergebenden Behandlungsstunden und Behandlungsfälle „angerechnet" werden. Mithin handelt es sich also darum, den Nachweis über den Erwerb als Delegationspsychotherapeut (§ 12 Abs. 1 PsychThG) oder als Psychotherapeut nach Maßgabe des § 12 Abs. 3 PsychThG (nicht § 12 Abs. 4 PsychThG!) zu führen. Für Kinder- und Jugendlichenpsychotherapeuten gilt entsprechend § 12 Abs. 5 PsychThG, daß die Qualifikation in Kinder- und Jugendlichenpsychotherapie nachgewiesen ist.

c) Besondere Übergangsfälle

Auf die Fristverschiebungen für Antragstellung oder Abschluß der Nachqualifikation, die sich bei Psychotherapeuten ergeben, die ein Kind in den ersten drei Lebensjahren betreuen oder erziehen, für das ihnen die Personensorge zusteht und mit dem sie in einem Haushalt gelebt haben, darf aufmerksam gemacht werden (§ 95 Abs. 11a SGB V); ebenso auf die sich im Hinblick auf die besitzstandswahrende Vortätigkeit ergebenden Fristverschiebungen aus § 95 Abs. 11b SGB V.

4. Entscheidungszeitpunkt für Zulassungs- und Ermächtigungsanträge nach Übergangsrecht

Gemäß § 95 Abs. 10 S. 2 und § 95 Abs. 11 S. 2 SGB V hat der Zulassungsausschuß über die Anträge auf Zulassung und die Anträge auf Ermächtigung zur Nachqualifikation im Übergangsrecht bis zum 30. 4. 1999 zu entscheiden.

5. Artikel 10 des Gesetzes

Bis zur Entscheidung des Zulassungsausschusses, spätestens zu dem vorgenannten Zeitpunkt, bleiben Psychotherapeuten, welche einen Zulassungsantrag im Übergangsrecht oder einen Antrag auf Ermächtigung zur Nachqualifikation bis 31. 12. 1998 gestellt haben, in der am 31. 12. 1998 für die bestehenden „Rechtsstellung“ zur Teilnahme an der psychotherapeutischen Versorgung der Versicherten der gesetzlichen Krankenversicherung berechtigt. Nach Art. 10 PsychThG bleibt die „Rechtsstellung“ „unberührt“. Eine Rechtsstellung in diesem Sinne haben inne Psychotherapeuten, welche am Delegationsverfahren mitwirken, und sog. Kostenerstattungspsychotherapeuten, wenn die Voraussetzungen des § 13 Abs. 3 SGB V vorliegen. Art. 10 PsychThG schafft keine neuen Befugnisse. Eine solche mögliche Rechtsstellung schlösse auch nicht ein, daß andere als die vom Bundesausschuß der Ärzte und Krankenkassen nach dem geltenden Recht anerkannten Verfahren abgerechnet werden könnten.

Im übrigen endet die durch Art. 10 PsychThG eingeräumte Rechtsstellung mit der Entscheidung des Zulassungsausschusses, welche gemäß dem System des Art. 10 PsychThG i. V. m. § 95 Abs. 10 oder § 95 Abs. 11 SGB V im Laufe des April 1999 zu treffen ist.

IV.
Regelsystem der Zulassung und Ermächtigung von Psychotherapeuten zur vertragspsychotherapeutischen Versorgung

1. Zulassung

Das Regelsystem der Zulassung und Ermächtigung von Psychotherapeuten zur vertragspsychotherapeutischen Versorgung gilt für alle approbierten Psychotherapeuten und Kinder- und Jugendlichenpsychotherapeuten, welche einen Antrag auf Zulassung nach dem 1. 1. 1999 stellen. Anträge von Behandlern, welche vor diesem Zeitpunkt gestellt werden, die jedoch offensichtlich nicht die Zulassungsvoraussetzungen nach § 95 Abs. 10 SGB V in Anspruch nehmen oder einen Antrag auf Ermächtigung zur Nachqualifikation verfolgen, sind als Anträge zu behandeln, die nach dem 1. 1. 1999 gestellt werden. Anträge, die aufgrund von § 95 Abs. 10 oder § 95 Abs. 11 SGB V gestellt werden, die jedoch der Zulassungsausschuß abzulehnen trachtet, können bis zum Zeitpunkt der Entscheidung des Zulassungsausschusses in Anträge umgewandelt werden, die als nach dem 1. 1. 1999 gestellt und auf eine Zulassung oder Ermächtigung im Regelsystem zielend einzuordnen sind.

a) Voraussetzungen der Zulassung

Voraussetzung für die Zulassung als Psychologischer Psychotherapeut oder Kinder- und Jugendlichenpsychotherapeut ist im Rahmen des Regelsystems die Arztregistereintragung (Psychotherapeutenregistereintragung). Im übrigen gelten alle Vorschriften der Ärzte-ZV entsprechend für die Zulassung als Vertragspsychotherapeut.

b) Voraussetzungen der Eintragung in das Psychotherapeutenregister

Voraussetzung der Eintragung in das Psychotherapeutenregister ist die Approbation und der Nachweis der Fachkunde (§ 95c SGB V). Soweit es die Approbation angeht, ist es für die Eintragung rechtlich gleichbedeutend, ob die Approbation auf der Grundlage des § 2 PsychThG oder auf der Grundlage des § 12 PsychThG erteilt worden ist. Ebenso wie im Übergangssystem ist jedoch für den Nachweis der Fachkunde maßgeblich, von welcher Art der Erwerb der Qualifikation als Voraussetzung für Approbation im Rahmen des Systems des § 2 oder § 12 PsychThG gewesen ist. Denn auch hier stellt § 95c S. 2 SGB V darauf ab, daß der für die jeweilige Approbationserteilung maßgebliche Erwerb wissenschaftlicher und praktischer Qualifikation in einem durch den Bundesausschuß der Ärzte und Krankenkassen nach § 92 Abs. 6a SGB V Behandlungsverfahren abgeschlossen worden ist – was wegen der Verweisung auf § 92 Abs. 6a SGB V auch die mögliche künftige Anerkennung weiterer als der bisherigen Richtlinienverfahren einschließt – oder daß bei Approbationserwerb nach § 12 PsychThG die Ausbildung in einem nach dem geltenden Recht anerkannten Psychotherapieverfahren absolviert worden ist. Im einzelnen wird auf § 95c S. 2 Nr. 1 bis 3 SGB V verwiesen. Für die künftige Regelausbildung von Psychologischen Psychotherapeuten reicht für den Nachweis der Fachkunde, daß die sogenannte vertiefte Ausbildung gemäß § 8 Abs. 3 Nr. 1 PsychThG in einem Richtlinienverfahren absolviert worden ist. Bei Psychotherapeuten, die gemäß § 2 Abs. 2 und Abs. 3 PsychThG approbiert werden, also bei solchen Behandlern, die nicht in Deutschland ausgebildet worden sind, ist für den Nachweis der Fachkunde erforderlich, daß die Ausbildung und Prüfung in einem Richtlinienverfahren abgeschlossen worden ist. Wegen der Approbationen nach § 12 PsychThG wird auf die Ausführungen in Kapitel III. Nr. 2 hingewiesen.

2. Verfahren

Der Nachweis der Fachkunde ist gegenüber der Kassenärztlichen Vereinigung als Registerstelle zu führen. Wird die Registereintragung wegen fehlender Fachkunde abgelehnt, ist für das weitere Verfahren Verfahrensbeteiligter nicht der Zulassungsausschuß, sondern die Kassenärztliche Vereinigung. Im Hinblick darauf, daß für Anträge nach dem 1. 1. 1999 die Ärzte-ZV in entsprechender Anwendung (§ 1 Abs. 3 – neu – Ärzte-ZV) voll umfänglich gilt, sind auch die übrigen Voraussetzungen der Zulassung (z. B. §§ 17, 18 Ärzte-ZV) zu erfüllen. Soweit es die Voraussetzungen der Zulassungsfähigkeit im Hinblick auf die Aufrechterhaltung eines Beschäftigungsverhältnisses angeht, wird auf die Ausführungen in Kapitel III. Nr. 1e Buchst. cc) verwiesen.

3. „Entscheidungssperre“

Nach § 95 Abs. 12 SGB V gilt für Anträge von Psychotherapeuten, die nach dem 31. 12. 1998 gestellt werden, eine „Entscheidungssperre“ für den Zulassungsausschuß. Über die Anträge kann erst entschieden werden, wenn der Landesausschuß der Ärzte und Krankenkassen eine Feststellung darüber getroffen hat, ob der Planungsbereich überversorgt ist oder nicht und dementsprechend Zulassungsbeschränkungen angeordnet hat. Hat der Landesausschuß Zulassungsbeschränkungen angeordnet, so kann nach Maßgabe des § 95 Abs. 12 S. 3 SGB V der Antrag auf Zulassung auch dann abgelehnt werden, wenn er vor dieser Anordnung gestellt worden ist.

4. Ermächtigung

Im Rahmen des Regelsystems gilt in entsprechender Anwendung des § 95 Abs. 1 und Abs. 4 SGB V auch das Rechtsinstitut der Ermächtigung für die Möglichkeit der Teilnahme von Psychologischen Psychotherapeuten und Kinder- und Jugendlichenpsychotherapeuten an der psychotherapeutischen Versorgung. Gleichermaßen gilt § 116 SGB V, wenn die darin aufgeführten Voraussetzungen in Entsprechung auf Krankenhauspsychotherapeuten anwendbar sind. Bei Erfüllung der Voraussetzungen des § 116 SGB V oder des § 31 Ärzte-ZV im Hinblick auf die Ermächtigung ist dementsprechend auch ein Psychologischer Psychotherapeut oder Kinder- und Jugendlichenpsychotherapeut – allerdings nur unter der Voraussetzung, daß er die nach den Psychotherapie-Vereinbarungen erforderlichen Fachkundevoraussetzungen erfüllt – ermächtigungsfähig. Eine Approbation ist nicht Voraussetzung der Ermächtigung, jedoch zumindest eine Erlaubnis nach § 4 PsychThG. Andere „Behandler“ als nach dem PsychThG erlaubtermaßen die Psychotherapie ausübende Psychologische Psychotherapeuten oder Kinder- und Jugendlichenpsychotherapeuten sind – unbeschadet der Möglichkeit der Ermächtigung von Ärzten – zur psychotherapeutischen Versorgung nicht mehr ermächtigungsfähig.

Die Ermächtigung bewirkt nicht kraft Gesetzes die außerordentliche Mitgliedschaft in der Kassenärztlichen Vereinigung; vielmehr bedarf es zugleich eines Antrags auf Eintragung in das Arztregister, um die außerordentliche Mitgliedschaft zu erwerben. Für den ermächtigten Psychologischen Psychotherapeuten gelten die vertraglichen Bestimmungen und die Richtlinienbestimmungen gleichermaßen (§ 95 Abs. 4 SGB V).

V.
Einige zulassungsrechtliche Sonderfragen

1. Status

Die Zulassung begründet die Behandlungsbefugnis des Psychologischen Psychotherapeuten im Rahmen der vertragspsychotherapeutischen Versorgung auf dem Gebiet der Psychotherapie. Über den Fachkundenachweis erfolgt insoweit keine Einschränkung für den durch die Zulassung begründeten Status zur Ausübung von Psychotherapie. Um die sachgerechte Durchführung der „Richtlinien-Psychotherapie" zu sichern, bedarf es daher nach wie vor – über die nunmehr auch für die Psychotherapeuten vorgesehene Anwendung des § 135 Abs. 2 SGB V – im Rahmen einer Bundesmantelvertragsbestimmung (Psychotherapie-Vereinbarung) der auf das jeweilige Therapieverfahren bezogenen Qualifikation. Diese Qualifikation kann nicht über die jeweils mit dem Fachkundenachweis in „vertiefter Ausbildung" (§ 8 Abs. 3 PsychThG) geforderten Voraussetzungen hinausgehen (§ 95c SGB V). Mit dem Fachkundenachweis ist damit jeweils die durch die Psychotherapie-Vereinbarung begründete Qualifikation für die Ausführung von Therapieverfahren in dem durch die vertiefte Ausbildung gesicherten Verfahren anerkannt. Möchte der Psychologische Psychotherapeut das Therapieverfahren wechseln und hat er bei seiner Zulassung über den Fachkundenachweis in dem Psychotherapieverfahren entsprechende Qualifikationsnachweise nicht geführt, so muß er die durch die Psychotherapie-Vereinbarung begründeten Qualifikationsvoraussetzungen für das weitere oder andere Therapieverfahren, welches er nunmehr durchführen will, erfüllen und darüber eine Abrechnungsgenehmigung erhalten. Auch für die Übergangsfälle nach § 95 Abs. 10 SGB V gilt, daß die für die Zulassung nachgewiesene Qualifikation im Rahmen der Voraussetzungen des § 12 PsychThG nur die Voraussestzungen der vertraglich vereinbarten Fachkunde in dem nachgewiesenen Psychotherapieverfahren erfüllen kann, jedoch nicht darüber hinausgehend in einem anderen Richtlinienverfahren. Auch insoweit wäre bei der Behandlung in einem weiteren oder anderen Richtlinienverfahren die Erfüllung der Fachkundevoraussetzungen aufgrund von § 135 Abs. 2 SGB V erforderlich. Im Hinblick auf die zuvor dargelegten Zusammenhänge wird eine Anpassung der Psychotherapie-Vereinbarung erforderlich sein.

Soweit es den Ermächtigungsstatus angeht, ist die Behandlungsbefugnis durch die Ermächtigung umschrieben. Bei der Ermächtigung zur Nachqualifikation gemäß § 95 Abs. 11 SGB V gilt das für die Übergangszulassung zu § 95 Abs. 10 SGB V Gesagte entsprechend.

2. Altersgrenzen

Für das Übergangsrecht gemäß § 95 Abs. 10 SGB V oder § 95 Abs. 11 SGB V gilt die Altersgrenze nach § 25 Ärzte-ZV („55 Jahre") für den Zugang zur Behandlung als Vertragspsychotherapeut oder ermächtigter Psychotherapeut nicht, weil gemäß den vorgenannten Vorschriften Anträge bis zum 31. 12. 1998 zu stellen sind, für solche Antragsteller aber gemäß § 47 Abs. 2 Ärzte-ZV (neu) eine Altersgrenze von 55 Jahren nicht anwendbar ist. Für alle anderen Antragsteller auf Zulassung und Ermächtigung (im Regelsystem) ist § 25 Ärzte-ZV anzuwenden.

Die Altersgrenze von 68 Jahren für die Beendigung der Zulassung ist auch für Psychologische Psychotherapeuten, welche zugelassen sind, grundsätzlich anwendbar. Deshalb gilt grundsätzlich auch die Ausnahmeregelung nach § 95 Abs. 7 S. 3 SGB V. Diese Ausnahmeregelung ist an **zwei** Voraussetzungen geknüpft:

- Eine Tätigkeit von weniger als 20 Jahren als Vertragsarzt (in diesem Falle als Vertragspsychotherapeut, d. h. als zugelassener Psychotherapeut) zum Zeitpunkt der Vollendung des 68. Lebensjahres (§ 95 Abs. 7 S. 3, 1) **und**
- Mitwirkung vor dem 1. 1. 1999 an der ambulanten Versorgung der Versicherten. (Nach Art. 2 Nr. 11 Buchst. b Doppelbuchst. aa) tritt diese Voraussetzung als § 95 Abs. 7 S. 4 SGB V an die Stelle der für einen zugelassenen Vertragsarzt als zweite Voraussetzung für eine Verlängerung der Tätigkeit vorgesehene Regelung, wonach er vor dem 1. 1. 1993 bereits als Vertragsarzt zugelassen gewesen sein muß; **nur diese zweite** Voraussetzung wird durch die neue gesetzliche Regelung für den Psychologischen Psychotherapeuten modifiziert).

Da erst im Laufe des Jahres 1999 Zulassungen ausgesprochen werden – und damit erst im Jahre 1999 die Voraussetzung nach § 95 Abs. 7 S. 3 Nr. 1 SGB V erfüllt werden kann –, kommen praktisch alle im Jahre 1999 zugelassenen Vertragspsychotherapeuten in den Anwendungsbereich dieser Begünstigungsvorschrift, wenn sie vor dem 1. 1. 1999 als Delegationspsychotherapeuten oder im Kostenerstattungsverfahren an der ambulanten Versorgung der Versicherten mitgewirkt haben. Für zugelassene Vertragspsychotherapeuten, welche im Laufe des Jahres 1999 und später zugelassen werden, ohne daß sie diese Voraussetzung (§ 95 Abs. 7 S. 4 SGB V) erfüllen, endet die Zulassung regelhaft gemäß § 95 Abs. 7 S. 2 SGB V am Ende des Kalendervierteljahres, in dem sie ihr 68. Lebensjahr vollenden.

3. Gemeinschaftspraxen und sonstige Kooperationsformen

Für die damit im Zusammenhang stehenden Fragen ist zu unterscheiden zwischen der berufsrechtlichen Befugnis und den daraus sich ergebenden kassenarztrechtlichen Folgerungen.

a) „Gemeinschaftspraxen“

Gemäß § 1 Abs. 3 Ärzte-ZV ist § 33 Abs. 2 Ärzte-ZV grundsätzlich anwendbar auf die gemeinsame Ausübung vertragspsychotherapeutischer Tätigkeit unter Vertragspsychotherapeuten. Dabei spielt es keine Rolle, ob die kooperierenden Vertragspsychotherapeuten jeweils dieselbe Therapierichtung vertreten. Zwar kann die Genehmigung der gemeinsamen Berufsausübung durch den Zulassungsausschuß versagt werden, „wenn die Versorgung der Versicherten beeinträchtigt wird oder landesrechtliche Vorschriften über die ärztliche Berufsausübung entgegenstehen“. Solange Berufsordnungen für Psychologische Psychotherapeuten und Kinder- und Jugendlichenpsychotherapeuten nicht besondere Regelungen über die gemeinsame Berufsausübung bei Angehörigen dieser Berufe enthalten, die einschränkend die Bildung von Gemeinschaftspraxen regeln würden, ist davon auszugehen, daß grundsätzlich bei Zulassung zur vertragspsychotherapeutischen Versorgung alle Angehörigen des Berufs der Psychologischen Psychotherapeuten und der Kinder- und Jugendlichenpsychotherapeuten unbeschadet der vertretenen Therapierichtungen sich in einer Gemeinschaftspraxis verbinden dürfen. Da nach dem im Lichte der Rechtsprechung des BSG zu interpretierenden Zulassungsrecht auch sogenannte fachverschiedene Gemeinschaftspraxen anzuerkennen sind, stünde damit auch einer Gemeinschaftspraxis von Psychologischen Psychotherapeuten und Kinder- und Jugendlichenpsychotherapeuten nichts entgegen. Auf die in der Rechtsprechung des BSG entwickelte Möglichkeit, die persönliche Leistungserbringung im Rahmen der jeweils erteilten Fachkunde durch Auflagen zu sichern, ist hinzuweisen.

Da künftig im Rahmen von Zulassungsbeschränkungen auch die Möglichkeit des sogenannten „Job-Sharing“ gemäß § 101 Abs. 1 S. 1 Nr. 4 SGB V für Psychologische Psychotherapeuten und Kinder- und Jugendlichenpsychotherapeuten ebenfalls eröffnet wird, ist im Hinblick auf die dort geforderte Fachidentität allerdings davon auszugehen, daß wegen der berufsrechtlichen Reglementierung von zwei Berufen von Psychotherapeuten eine Aufnahme in einer „Job-Sharing-Praxis“ nur intraprofessionell jeweils im Verhältnis von Psychologischen Psychotherapeuten oder Kinder- und Jugendlichenpsychotherapeuten zulässig sein dürfte.

Nach unserem Verständnis schließt § 33 Abs. 2 Ärzte-ZV allerdings die Anerkennung einer berufsrechtlich als sogenannte Medizinische Kooperationsgemeinschaft von Ärzten und Psychologischen Psychotherapeuten zu bezeichnenden Form der Zusammenarbeit in der Rechtsgestalt einer BGB-Gesellschaft oder einer Partnerschaftsgesellschaft als „kassenarztrechtliche“ Gemeinschaftspraxis nach § 33 Abs. 2

Ärzte-ZV nicht aus. Die Genehmigung kann jedoch nur erteilt werden, (§ 33 Abs. 2 S. 3 Ärzte-ZV), wenn die maßgeblichen für die Ärzte geltenden berufsrechtlichen Vorschriften – später ggf. auch die für die Psychologischen Psychotherapeuten geltenden berufsrechtlichen Vorschriften – als landesrechtliche Vorschriften beachtet worden sind. Außerhalb des Systems von Zulassungsbeschränkungen ist dabei eine Bindung an jeweilige Therapierichtungen oder das Erfordernis von Fachidentität in der Therapierichtung nicht geboten. Im Rahmen der Anwendung des „Job-Sharing"-Modells nach § 101 Abs. 1 S. 1 Nr. 4 SGB V i. V. m. den Bedarfsplanungs-Richtlinien-Ärzte fehlt es jedoch an der Voraussetzung derselben Arztgruppe, so daß hier eine wechselseitige Gemeinschaftspraxis von Ärzten und Psychologischen Psychotherapeuten ausscheiden dürfte.

b) Angestellte Psychotherapeuten

Die Anstellung von Psychologischen Psychotherapeuten und Kinder- und Jugendlichenpsychotherapeuten durch zugelassene Psychologische Psychotherapeuten und Kinder- und Jugendlichenpsychotherapeuten ist unter den Voraussetzungen des § 101 Abs. 1 S. 1 Nr. 5 SGB V i. V. m. den „Angestellte-Ärzte-Richtlinien" des Bundesausschusses der Ärzte und Krankenkassen (deren Anpassung insoweit erforderlich sein wird) i. V. m. § 32b Ärzte-ZV (i. V. m. § 1 Abs. 3 Ärzte-ZV) unter den dort aufgeführten Voraussetzungen zulässig, wobei „Arztgruppe" in diesem Sinne der jeweilige Beruf des Psychologischen Psychotherapeuten und des Kinder- und Jugendlichenpsychotherapeuten ist. Eine weitere Differenzierung im Rahmen von Therapierichtungen ist unseres Erachtens nicht geboten.

Eine Anstellung von Ärzten bei zugelassenen Psychologischen Psychotherapeuten scheidet aus, da nach dem maßgeblichen Berufsrecht Ärzte Weisungen von Nicht-Ärzten – in diesem Sinne sind Psychologische Psychotherapeuten Nicht-Ärzte – nicht entgegennehmen dürfen, so daß eine medizinisch gebotene Zusammenarbeit ausscheidet. Auch die Beschäftigung von Psychologischen Psychotherapeuten und Kinder- und Jugendlichenpsychotherapeuten auf der Grundlage des § 32b Ärzte-ZV scheidet aus, da es sich insoweit nicht um dieselbe „Arztgruppe" im Sinne dieser Vorschriften handelt. Im Hinblick auf die bedarfsplanungsrechtliche Zusammenfassung von ausschließlich psychotherapeutisch tätigen Vertragsärzten und Psychologischen Psychotherapeuten könnte erwogen werden, die dauerhafte Beschäftigung eines Psychologischen Psychotherapeuten bei einem ausschließlich psychotherapeutisch tätigen Arzt im Rahmen der kassenarztrechtlichen Vorschriften zu genehmigen. Eine Vertretung des Arztes durch den Psychologischen Psychotherapeuten würde indessen ausscheiden müssen, so daß bei Abwesenheit des Praxisinhabers in jedem Falle ein anderer Vertragsarzt seine Vertretung übernehmen müßte.

Im übrigen sind alle sonstigen Formen der Assistentenbeschäftigung auf die Tätigkeit von Psychologischen Psychotherapeuten im Rahmens ihres Zulassungsstatus übertragbar. Hinzuweisen ist insoweit insbesondere auf den sogenannten Ausbildungsassistenten, welcher im Rahmen des § 8 Abs. 3 PsychThG im Rahmen seiner praktischen Ausbildung bei einem Vertragsarzt bzw. einem Psychologischen Psychotherapeuten tätig sein kann.

VI.
Verfahren vor den Zulassungsausschüssen

1. Zulassungsausschüsse in der besonderen Zusammensetzung nach § 95 Abs. 13 SGB V – neu – werden für „Zulassungssachen der Psychotherapeuten und der überwiegend oder ausschließlich psychotherapeutisch tätigen Ärzte (§ 104 Abs. 4 S. 1)“ – ebenso die **Berufungsausschüsse** – in besonderer Weise zusammengesetzt. Die Vorschrift sieht vor, daß „abweichend von § 96 Abs. 2 S. 1 und § 97 Abs. 1 S. 1 SGB V an die Stelle der Vertreter der Ärzte Vertreter des Psychotherapeuten und der Ärzte in gleicher Zahl treten“. Die „Abweichung“ im Blick auf die Regelzusammensetzung der Ausschüsse in den genannten Vorschriften bezieht sich mithin zunächst nur auf die Veränderung der Zusammensetzung auf der Seite der Ärzte. Soweit es die Mindestzahl der danach zu berechnenden Mitglieder der Zulassungsausschüsse angeht, ist zunächst festzuhalten, daß die neue Zusammensetzung der Ausschüsse ausschließlich auf der **gesetzlichen** Regelung beruht, welche als abschließende Regelung anzusehen ist. Dementsprechend gilt § 34 Abs. 1 Ärzte-ZV nicht (auch nicht in entsprechender Anwendung über § 1 Abs. 3 Ärzte-ZV). Auf dieser Grundlage ist die neue „Leistungserbringer-Bank“ in der internen Parität zwischen Ärzten und Psychotherapeuten auf der Grundlage der Mindestbesetzung mit einem Kinder- und Jugendlichenpsychotherapeuten wie folgt zusammengesetzt: Ein Psychologischer Psychotherapeut, ein Kinder- und Jugendlichenpsychotherapeut, ein Vertragsarzt, ein Arzt, der außerordentliches Mitglied der Kassenärztlichen Vereinigung ist (vgl. § 96 Abs. 2 S. 3; § 97 Abs. 2 S. 4 i. V. m. § 96 Abs. 2 S. 3 SGB V; diese Vorschriften sind nicht geändert worden, wo hingegen in Ermangelung einer ausdrücklichen Vorschrift ein Vertreter der außerordentlichen Mitglieder unter den Psychologischen Psychotherapeuten nicht berufen werden muß). Im Hinblick auf die Parität gegenüber den Krankenkassen besteht daher der Zulassungsausschuß aus acht Mitgliedern, der Berufungsausschuß unter dem Vorsitz des Unparteiischen aus mindestens neun Mitgliedern. Rechtlich bestehen keine Hinderungsgründe, die Mitgliederzahl unter Wahrung der für die Krankenkassen/Leistungserbringerparität und der Binnenparität unter den Leistungserbringern geltenden Vorschriften zu erweitern, so daß auch Besetzungen mit 6 + 6 Mitgliedern für den Zulassungsausschuß und 6 + 6 + 1 Mitglied für den Berufungsausschuß denkbar sind.

Die Erstberufung der Vertreter der Psychologischen Psychotherapeuten erfolgt durch die zuständigen Aufsichtsbehörden (§ 95 Abs. 13 S. 2 SGB V). Die nachfolgende „Ersatzberufung" entsprechend den jeweiligen Vorschriften im Bereich der Kassenärztlichen Vereinigung hätte dann durch die zur Berufung befugte Kassenärztliche Vereinigung zu erfolgen.

Die Amtsdauer der „neu" berufenen Mitglieder endet mit der Amtsdauer der Mitglieder der Zulassungsgremien.

Nach der Konstruktion der Vorschrift handelt es sich nicht um die Errichtung neuer Zulassungsausschüsse, sondern um die funktional auf die bezeichneten Zulassungssachen bezogene **Veränderung** der Zulassungsausschüsse in ihren jeweiligen Entscheidungsaufgaben. Dies schließt nicht aus, daß die Errichtungsorganisationen für die Zulassungsgremien in der Zusammensetzung für Zulassungssachen „Psychotherapie" andere (weitere) Mitglieder benennen. Besteht zwischen den Einrichtungsorganisationen keine Einigung über die geänderte Zusammensetzung im Hinblick auf die Zahl der Mitglieder, gilt die gesetzliche „Mindestbesetzung" mit vier zu vier Mitgliedern.

Das Benennungsrecht der Aufsichtsbehörde schließt eine Entscheidungsbefugnis in dieser Frage u. E. nicht ein.

2. „Zulassungssachen"

Unter Zulassungssachen im Sinne dieser Vorschrift sind sämtliche Entscheidungen zu verstehen, welche durch die Zulassungsausschüsse getroffen werden müssen, mithin auch Ermächtigungen und Genehmigungen bei Gemeinschaftsbildung. Zulassungssachen für ausschließlich psychotherapeutisch tätige Ärzte sind solche, die durch einen entsprechenden Antrag gekennzeichnet sind oder den Status eines mit dieser Maßgabe zugelassenen ausschließlich psychotherapeutisch tätigen Vertragsarztes betreffen. Zulassungssachen von überwiegend psychotherapeutisch tätigen Vertragsärzten sind solche, die durch einen entsprechenden Antrag gekennzeichnet sind oder die aufgrund des Status eines entsprechend zugelassenen überwiegend psychotherapeutisch tätigen Vertragsarztes sich ergeben. In letzterer Hinsicht ist allerdings anzumerken, daß sich aus der gesetzlichen Konstruktion nicht ergibt, auch den überwiegend psychotherapeutisch tätigen Vertragsarzt zulassungsrechtlich als einen Arzt mit einer „Sonderzulassung" im Rahmen der Psychotherapie „auszusondern", sondern daß es sich nur um eine bedarfsplanungsrechtlich maßgebliche Praxisbesonderheit handelt. Damit ist grundsätzlich bei diesem „Arzttyp“ Voraussetzung, daß er in seinem Fachgebiet, innerhalb dessen er psychotherapeutisch überwiegend tätig ist, zugelassen worden ist (und werden kann). Dementsprechend ist auch nicht eine „Neuzulassung“ zu beantragen, wenn aufgrund von Veränderungen im Praxiszuschnitt der überwiegende Anteil psychotherapeutischer Tätigkeit entfallen sollte. Die damit zusammenhängenden Fragen für die Anwendung des Rechts der Zulassungsbeschränkungen werden wir gesondert beantworten (vgl. VII).

VII.
Weitere Erläuterungen (Rundschreiben)

1. Zu den übrigen Regelungen, soweit sie für die Kassenärztlichen Vereinigungen von Bedeutung sind, insbesondere zu den Folgen der Integration der Psychologischen Psychotherapeuten und Kinder- und Jugendlichenpsychotherapeuten in die Kassenärztlichen Vereinigungen im Hinblick auf die Vertretung in den Organen, Folgen für die Satzungen und Wahlen sowie zur Institution des Beratenden Fachausschusses für Psychotherapie (§ 79b SGB V – neu –), werden wir in Kürze Ausführungen machen, da gegenwärtig noch in einer Arbeitsgruppe die entsprechenden Rechtsfragen aufbereitet werden.

2. Im Verlauf der Arbeiten des Bundesausschusses der Ärzte und Krankenkassen zur Anpassung der Bedarfsplanungs-Richtlinien (vgl. § 101 SGB V) werden wir im Zusammenhang die Vorschriften zu Bedarfsplanung und Zulassungsbeschränkungen erläutern.

VIII.
Sonstige Informationen

Wir gehen davon aus, daß sich viele Fragen bei der bevorstehenden Anwendung der neuen Regelungen ergeben. Unabhängig von den vorgesehenen weiteren Rundschreiben (vgl. VII.) werden wir auch die Möglichkeit von Informationsveranstaltungen – auch im Rahmen der Mitarbeiterfortbildung – vorsehen.

15.
Ausbildungs- und Prüfungsverordnung für Psychologische Psychotherapeuten (PsychTh-APrV)

Vom 18. Dezember 1998 (BGBl. I 3749)

Auf Grund des § 8 des Psychotherapeutengesetzes vom 16. Juni 1998 (BGBl. I S. 1311) verordnet das Bundesministerium für Gesundheit:

Erster Abschnitt
Ausbildung

§ 1
Ziel und Gliederung

(1) Die Ausbildung der Psychologischen Psychotherapeuten erfolgt auf der Grundlage von Ausbildungsplänen und erstreckt sich auf die Vermittlung von eingehenden Grundkenntnissen in wissenschaftlich anerkannten psychotherapeutischen Verfahren sowie auf eine vertiefte Ausbildung in einem dieser Verfahren. Sie ist auf der Grundlage des wissenschaftlichen Erkenntnisstandes praxisnah und patientenbezogen durchzuführen.

(2) Die Ausbildung hat den Ausbildungsteilnehmern insbesondere die Kenntnisse, Fähigkeiten und Fertigkeiten zu vermitteln, die erforderlich sind, um

1. in Diagnostik, Therapie und Rehabilitation von Störungen mit Krankheitswert, bei denen Psychotherapie indiziert ist, und
2. bei der Therapie psychischer Ursachen, Begleiterscheinungen und Folgen von körperlichen Erkrankungen unter Berücksichtigung der ärztlich erhobenen Befunde zum körperlichen Status und der sozialen Lage des Patienten

auf den wissenschaftlichen, geistigen und ethischen Grundlagen der Psychotherapie eigenverantwortlich und selbständig handeln zu können (Ausbildungsziel).

(3) Die Ausbildung umfaßt mindestens 4200 Stunden und besteht aus einer praktischen Tätigkeit (§ 2), einer theoretischen Ausbildung (§ 3), einer praktischen Ausbildung mit Krankenbehandlungen unter Supervision (§ 4) sowie einer Selbsterfahrung, die die Ausbildungsteilnehmer zur Reflexion eigenen therapeutischen Handelns befähigt (§ 5). Sie schließt mit Bestehen der staatlichen Prüfung ab.

(4) Die regelmäßige und erfolgreiche Teilnahme an den Ausbildungsveranstaltungen nach Absatz 3 ist durch eine Bescheinigung nach dem Muster der Anlage 2 nachzuweisen.

§ 2
Praktische Tätigkeit

(1) Die praktische Tätigkeit nach § 1 Abs. 3 Satz 1 dient dem Erwerb praktischer Erfahrungen in der Behandlung von Störungen mit Krankheitswert im Sinne des § 1 Abs. 3 Satz 1 des Psychotherapeutengesetzes sowie von Kenntnissen anderer Störungen, bei denen Psychotherapie nicht indiziert ist. Sie steht unter fachkundiger Anleitung und Aufsicht.

(2) Die praktische Tätigkeit umfaßt mindestens 1800 Stunden und ist in Abschnitten von jeweils mindestens drei Monaten abzuleisten. Hiervon sind

1. mindestens 1200 Stunden an einer psychiatrischen klinischen Einrichtung, die im Sinne des ärztlichen Weiterbildungsrechts zur Weiterbildung für Psychiatrie und Psychotherapie zugelassen ist oder die von der nach § 10 Abs. 4 Psychotherapeutengesetz zuständigen Behörde als gleichwertige Einrichtung zugelassen wird, und
2. mindestens 600 Stunden an einer von einem Sozialversicherungsträger anerkannten Einrichtung der psychotherapeutischen oder psychosomatischen Versorgung, in der Praxis eines Arztes mit einer ärztlichen Weiterbildung in der Psychotherapie oder eines Psychologischen Psychotherapeuten

zu erbringen.

(3) Während der praktischen Tätigkeit in der psychiatrischen klinischen Einrichtung ist der Ausbildungsteilnehmer jeweils über einen längeren Zeitraum an der Diagnostik und der Behandlung von mindestens 30 Patienten zu beteiligen. Bei mindestens vier dieser Patienten müssen die Familie oder andere Sozialpartner des Patienten in das Behandlungskonzept einbezogen sein. Der Ausbildungsteilnehmer hat dabei Kenntnisse und Erfahrungen über die akute, abklingende und chronifizierte Symptomatik unterschiedlicher psychiatrischer Erkrankungen zu erwerben sowie die Patientenbehandlungen fallbezogen und unter Angabe von Umfang und Dauer zu dokumentieren.

§ 3
Theoretische Ausbildung

(1) Die theoretische Ausbildung nach § 1 Abs. 3 Satz 1 umfaßt mindestens 600 Stunden. Sie erstreckt sich auf die zu vermittelnden Grundkenntnisse für die psychotherapeutische Tätigkeit und im Rahmen der vertieften Aus-

bildung auf Spezialkenntnisse in einem wissenschaftlich anerkannten psychotherapeutischen Verfahren (Anlage 1). Sie findet in Form von Vorlesungen, Seminaren und praktischen Übungen statt. Die Vorlesungen dürfen ein Drittel der Stundenzahl der theoretischen Ausbildung nicht überschreiten.

(2) In den Seminaren nach Absatz 1 Satz 2 sind die in den Vorlesungen und praktischen Übungen vermittelten Ausbildungsinhalte der Anlage 1 mit den Ausbildungsteilnehmern vertiefend und anwendungsbezogen zu erörtern. Dabei sind insbesondere psychologische, psychopathologische und medizinische Zusammenhänge herauszuarbeiten. Während der Seminare hat ferner die Vorstellung der praktischen psychotherapeutischen Arbeit mit Patienten zu erfolgen. Die Zahl der Ausbildungsteilnehmer an einem Seminar soll 15 nicht überschreiten.

(3) Die praktischen Übungen nach Absatz 1 Satz 2 umfassen Falldarstellungen und Behandlungstechniken der praktischen psychotherapeutischen Arbeit mit Patienten. Dabei sind die rechtlich geschützten Belange des Patienten zu berücksichtigen. Praktische Übungen sind, soweit der Lehrstoff dies erfordert, in kleinen Gruppen durchzuführen.

§ 4
Praktische Ausbildung

(1) Die praktische Ausbildung nach § 1 Abs. 3 Satz 1 ist Teil der vertieften Ausbildung in einem wissenschaftlich anerkannten psychotherapeutischen Verfahren und dient dem Erwerb sowie der Vertiefung von Kenntnissen und praktischen Kompetenzen bei der Behandlung von Patienten mit Störungen mit Krankheitswert nach § 1 Abs. 3 Satz 1 des Psychotherapeutengesetzes. Sie umfaßt mindestens 600 Behandlungsstunden unter Supervision mit mindestens sechs Patientenbehandlungen sowie mindestens 150 Supervisionsstunden, von denen mindestens 50 Stunden als Einzelsupervision durchzuführen sind.

(2) Die in Absatz 1 Satz 2 genannten Supervisionsstunden sind bei mindestens drei Supervisoren abzuleisten und auf die Behandlungsstunden regelmäßig zu verteilen. Die Supervision erfolgt durch Supervisoren, die von der Hochschule oder anderen Einrichtungen nach § 6 Abs. 1 des Psychotherapeutengesetzes (Ausbildungsstätte) anerkannt sind. Bei Gruppensupervision soll die Gruppe aus vier Teilnehmern bestehen.

(3) Voraussetzungen für die Anerkennung als Supervisor nach Absatz 2 Satz 2 sind:

1. eine mindestens fünfjährige psychotherapeutische Tätigkeit in der Krankenbehandlung nach der Approbation zum Psychologischen Psychotherapeuten oder nach Abschluß einer ärztlichen Weiterbildung in der

Psychotherapie, schwerpunktmäßig auf dem Gebiet des wissenschaftlich anerkannten Verfahrens, das Gegenstand der praktischen Ausbildung ist,

2. eine mindestens dreijährige Lehrtätigkeit an einer Ausbildungsstätte und
3. die persönliche Eignung.

Die Anerkennung als Supervisor ist von der Ausbildungsstätte regelmäßig zu überprüfen.

(4) Während eines Übergangszeitraums von sechs Jahren nach Inkrafttreten dieser Verordnung können Personen mit einer Approbation als Psychologischer Psychotherapeut, die vor Inkrafttreten des Psychotherapeutengesetzes mindestens fünf Jahre psychotherapeutisch im Sinne des Absatzes 3 Satz 1 Nr. 1 tätig waren, bei Nachweis dieser Tätigkeit als Supervisoren nach Absatz 3 anerkannt werden, wenn sie zugleich die Voraussetzungen des Absatzes 3 Satz 1 Nr. 2 und 3 erfüllen. Absatz 3 Satz 2 gilt entsprechend.

(5) Die Zuweisung von Behandlungsfällen hat zu gewährleisten, daß die Ausbildungsteilnehmer über das Spektrum von Störungen mit Krankheitswert, bei denen Psychotherapie indiziert ist, eingehende Kenntnisse und Erfahrungen erwerben.

(6) Während der praktischen Ausbildung hat der Ausbildungsteilnehmer mindestens sechs anonymisierte schriftliche Falldarstellungen über eigene Patientenbehandlungen, die unter Supervision stattgefunden haben, zu erstellen. Die Falldarstellungen haben die wissenschaftlichen Erkenntnisse zu berücksichtigen, die Diagnostik, Indikationsstellung und eine Evaluation der Therapieergebnisse mit einzuschließen, ein ätiologisch orientiertes Krankheitsverständnis nachzuweisen sowie den Behandlungsverlauf und die Behandlungstechnik in Verbindung mit der Theorie darzustellen. Sie sind von der Ausbildungsstätte zu beurteilen.

§ 5
Selbsterfahrung

(1) Die Selbsterfahrung nach § 1 Abs. 3 Satz 1 richtet sich nach dem wissenschaftlich anerkannten psychotherapeutischen Verfahren, das Gegenstand der vertieften Ausbildung ist, und umfaßt mindestens 120 Stunden. Gegenstand der Selbsterfahrung sind die Reflexion oder Modifikation persönlicher Voraussetzungen für das therapeutische Erleben und Handeln unter Einbeziehung biographischer Aspekte sowie bedeutsame Aspekte des Erlebens und Handelns im Zusammenhang mit einer therapeutischen Beziehung und mit der persönlichen Entwicklung im Ausbildungsverlauf.

(2) Die Selbsterfahrung findet bei von der Ausbildungsstätte anerkannten Selbsterfahrungsleitern, die als Supervisoren nach § 4 Abs. 3 Satz 1 oder Abs. 4 anerkannt sind, statt, zu denen der Ausbildungsteilnehmer keine verwandtschaftlichen Beziehungen hat und nicht in wirtschaftlichen oder dienstlichen Abhängigkeiten steht. § 4 Abs. 3 Satz 2 gilt entsprechend.

§ 6
Unterbrechung der Ausbildung, Anrechnung anderer Ausbildungen

(1) Auf die Dauer der Ausbildung werden angerechnet

1. eine ausbildungsfreie Zeit von bis zu sechs Wochen jährlich und
2. Unterbrechungen durch Krankheit oder aus anderen, vom Ausbildungsteilnehmer nicht zu vertretenden Gründen, bei Ausbildungsteilnehmerinnen auch Unterbrechungen durch Schwangerschaft, bis zu höchstens vier Wochen je Ausbildungsjahr.

Die zuständige Behörde kann auf Antrag auch darüber hinausgehende Fehlzeiten berücksichtigen, soweit eine besondere Härte vorliegt und das Erreichen des Ausbildungszieles durch die Anrechnung nicht gefährdet wird.

(2) Wird die Ausbildung zum Psychologischen Psychotherapeuten gemäß § 5 Abs. 3 des Psychotherapeutengesetzes verkürzt, hat der Antragsteller sich einer weiteren Ausbildung zu unterziehen, die sich auf die Defizite seiner Ausbildung im Vergleich zu der in den §§ 2 bis 5 geregelten Ausbildung erstreckt, ihm Grundkenntnisse in wissenschaftlich anerkannten psychotherapeutischen Verfahren sowie eine vertiefte Ausbildung in einem dieser Verfahren vermittelt und sicherstellt, daß er das Ausbildungsziel nach § 1 Abs. 2 erreicht. Die Dauer und Inhalte der weiteren Ausbildung werden von der zuständigen Behörde festgelegt; sie legt ferner die Gesamtstundenzahl

1. der praktischen Tätigkeit nach § 2,
2. der theoretischen Ausbildung nach § 3,
3. der praktischen Ausbildung nach § 4, ihre Aufteilung in Behandlungs- und Supervisionsstunden und die Anzahl der Patientenbehandlungen sowie
4. der Selbsterfahrung nach § 5

fest. Die weitere Ausbildung schließt mit der staatlichen Prüfung nach § 8 ab.

Zweiter Abschnitt

Allgemeine Prüfungsbestimmungen

§ 7
Zulassung zur Prüfung

(1) Die zuständige Behörde nach § 8 Abs. 2 entscheidet auf Antrag des Prüflings über die Zulassung zur staatlichen Prüfung und im Benehmen mit der Leitung der Ausbildungsstätte über die Ladungen zu den Prüfungsterminen. Die Prüfungstermine sollen nicht früher als zwei Monate vor dem Ende der Ausbildung liegen.

(2) Die Zulassung zur Prüfung wird erteilt, wenn folgende Nachweise vorliegen:

1. die Geburtsurkunde oder ein Auszug aus dem Familienbuch der Eltern, bei Verheirateten die Heiratsurkunde, ein Auszug aus dem für die Ehe geführten Familienbuch oder jede sonstige Urkunde, die eine Namensänderung zur Folge hat,

2. der Nachweis über die bestandene Abschlußprüfung im Studiengang Psychologie, die das Fach Klinische Psychologie einschließt, oder eine Bescheinigung über eine gleichwertige Ausbildung nach § 5 Abs. 2 Nr. 1 Buchstabe b oder c des Psychotherapeutengesetzes,

3. die Bescheinigung nach § 1 Abs. 4 über die Teilnahme an den Ausbildungsveranstaltungen und

4. mindestens zwei Falldarstellungen nach § 4 Abs. 6, die von der Ausbildungsstätte als Prüfungsfall angenommen wurden.

(3) Die Zulassung zur Prüfung und die Ladungen zu den Prüfungsterminen sollen dem Prüfling spätestens zwei Wochen vor Prüfungsbeginn schriftlich mitgeteilt werden.

§ 8
Staatliche Prüfung

(1) Die staatliche Prüfung nach § 5 Abs. 1 Satz 2 des Psychotherapeutengesetzes umfaßt einen schriftlichen und einen mündlichen Teil.

(2) Der Prüfling legt die Prüfung bei der zuständigen Behörde ab. Zuständig ist die Behörde des Landes, in dem der Prüfling im Zeitpunkt der Antragstellung nach § 7 Abs. 1 an der Ausbildung teilnimmt.

§ 9
Prüfungskommission

(1) Die Prüfung nach § 8 wird vor einer staatlichen Prüfungskommission abgelegt. Die Prüfungskommission besteht aus folgenden Mitgliedern, von denen zwei keine Lehrkräfte der Ausbildungsstätte sein dürfen, an der die Ausbildung durchgeführt wurde:

1. einem Psychologischen Psychotherapeuten, der für das psychotherapeutische Verfahren qualifiziert ist, das Gegenstand der vertieften Ausbildung war, und der nach § 4 Abs. 3 Satz 1 oder Abs. 4 als Supervisor anerkannt ist, als Vorsitzendem,
2. mindestens zwei weiteren Psychologischen Psychotherapeuten mit der in Nummer 1 genannten Qualifikation, von denen mindestens einer zusätzlich über die Supervisorenanerkennung nach § 4 Abs. 3 Satz 1 oder Abs. 4 verfügen muß, und
3. einem Arzt mit einer ärztlichen Weiterbildung in der Psychiatrie und Psychotherapie, in der Kinder- und Jugendpsychiatrie und -psychotherapie oder in der Psychotherapeutischen Medizin, der an einer Ausbildungsstätte lehrt.

Der Selbsterfahrungsleiter des Prüflings darf der Prüfungskommission nicht angehören.

(2) Jedes Mitglied der Prüfungskommission hat einen oder mehrere Stellvertreter. Die Mitglieder der Prüfungskommission und ihre Stellvertreter werden von der zuständigen Behörde bestellt.

§ 10
Niederschrift

Über die Prüfung ist eine Niederschrift zu fertigen, aus der Gegenstand, Ablauf und Ergebnisse der Prüfung sowie etwa vorkommende Unregelmäßigkeiten hervorgehen. Sie ist von allen Mitgliedern der Prüfungskommission zu unterzeichnen. Lautet die Note „mangelhaft“ oder „ungenügend“, so sind die Gründe anzugeben und in die Niederschrift aufzunehmen.

§ 11
Benotung

Die schriftliche Aufsichtsarbeit und die Leistungen im mündlichen Teil der Prüfung werden wie folgt benotet:

„sehr gut“ (1), wenn die Leistung hervorragend ist,

„gut“ (2), wenn die Leistung erheblich über den durchschnittlichen Anforderungen liegt,

„befriedigend“ (3), wenn die Leistung in jeder Hinsicht durchschnittlichen Anforderungen gerecht wird,

„ausreichend“ (4), wenn die Leistung trotz Mängeln noch den Anforderungen genügt,

„mangelhaft“ (5), wenn die Leistung wegen erheblicher Mängel den Anforderungen nicht mehr genügt,

„ungenügend“ (6), wenn die Leistung unbrauchbar ist.

§ 12
Bestehen und Wiederholung der Prüfung

(1) Die Prüfung ist bestanden, wenn jeder der in § 8 Abs. 1 vorgeschriebenen Prüfungsteile bestanden ist.

(2) Über die bestandene staatliche Prüfung wird ein Zeugnis nach dem Muster der Anlage 3 erteilt. Über das Nichtbestehen erhält der Prüfling von der zuständigen Behörde eine schriftliche Mitteilung, in der die Prüfungsnoten anzugeben sind.

(3) Der Prüfling kann den schriftlichen und den mündlichen Teil der Prüfung jeweils zweimal wiederholen, wenn er die Note „mangelhaft“ oder „ungenügend“ erhalten hat. Eine weitere Wiederholung ist auch nach einer erneuten Ausbildung zum Psychologischen Psychotherapeuten nicht zulässig.

(4) Hat der Prüfling den mündlichen Teil der Prüfung oder die gesamte Prüfung zu wiederholen, so wird er zu den Wiederholungsprüfungen nur geladen, wenn er an einer weiteren praktischen Ausbildung teilgenommen hat, deren Dauer und Inhalt von der zuständigen Behörde bestimmt werden. Dem Antrag des Prüflings auf Zulassung zu den Wiederholungsprüfungen ist jeweils ein Nachweis über die weitere Ausbildung sowie mindestens eine Falldarstellung nach § 4 Abs. 6, die von der Ausbildungsstätte als Prüfungsfall angenommen wurde, beizufügen. Die Wiederholungsprüfung soll jeweils spätestens sechs Monate nach der letzten Prüfung abgeschlossen sein.

§ 13
Rücktritt von der Prüfung

(1) Tritt ein Prüfling nach seiner Zulassung von der Prüfung oder einem Prüfungsteil zurück, so hat er die Gründe für seinen Rücktritt unverzüglich der zuständigen Behörde schriftlich mitzuteilen. Genehmigt die zuständige Behörde den Rücktritt, so gilt die Prüfung oder der betreffende Teil der Prüfung als nicht unternommen. Die Genehmigung ist nur zu erteilen, wenn

wichtige Gründe vorliegen. Im Falle einer Krankheit kann die Vorlage einer ärztlichen Bescheinigung verlangt werden.

(2) Wird die Genehmigung für den Rücktritt nicht erteilt oder unterläßt es der Prüfling, die Gründe für seinen Rücktritt unverzüglich mitzuteilen, so gilt die Prüfung oder der betreffende Teil der Prüfung als nicht bestanden. § 12 Abs. 3 gilt entsprechend.

§ 14
Versäumnisfolgen

(1) Versäumt ein Prüfling einen Prüfungstermin, gibt er die Aufsichtsarbeit nicht oder nicht rechtzeitig ab oder unterbricht er die Prüfung, so gilt der betreffende Teil der Prüfung als nicht bestanden, wenn nicht ein wichtiger Grund vorliegt; § 12 Abs. 3 gilt entsprechend. Liegt ein wichtiger Grund vor, so gilt der betreffende Teil der Prüfung als nicht unternommen.

(2) Die Entscheidung darüber, ob ein wichtiger Grund vorliegt, trifft die zuständige Behörde. § 13 Abs. 1 Satz 1 und 4 gilt entsprechend.

§ 15
Ordnungsverstöße und Täuschungsversuche

Die zuständige Behörde kann bei Prüflingen, die die ordnungsgemäße Durchführung der Prüfung in erheblichem Maße gestört oder sich eines Täuschungsversuchs schuldig gemacht haben, den betreffenden Teil der Prüfung für nicht bestanden erklären; § 12 Abs. 3 gilt entsprechend. Eine solche Entscheidung ist nur bis zum Abschluß der gesamten Prüfung zulässig.

Dritter Abschnitt

Besondere Prüfungsbestimmungen

§ 16
Schriftlicher Teil der Prüfung

(1) Der schriftliche Teil der Prüfung erstreckt sich auf die in Anlage 1 Teil A aufgeführten Grundkenntnisse in den wissenschaftlich anerkannten psychotherapeutischen Verfahren. Der Prüfling hat in einer Aufsichtsarbeit schriftlich gestellte Fragen zu beantworten. Die Aufsichtsarbeit dauert 120 Minuten. Die Aufsichtführenden werden von der zuständigen Behörde bestimmt.

(2) Die Aufgaben für die Aufsichtsarbeit werden von der zuständigen Behörde auf Vorschlag des Vorsitzenden der Prüfungskommission ausgewählt.

Die zuständige Behörde soll sich im Benehmen mit dem Vorsitzenden der Prüfungskommission einer zentralen Einrichtung bedienen, die die Aufgaben für die Aufsichtsarbeit erstellt. Die Aufsichtsarbeit ist von mindestens zwei Mitgliedern der Prüfungskommission zu benoten. Aus den Noten der Prüfer bildet der Vorsitzende der Prüfungskommission im Benehmen mit den Prüfern die Prüfungsnote für die Aufsichtsarbeit. Der schriftliche Teil der Prüfung ist bestanden, wenn die Aufsichtsarbeit mindestens mit „ausreichend" benotet wird.

§ 17
Mündlicher Teil der Prüfung

(1) Der mündliche Teil der Prüfung erstreckt sich unter besonderer Berücksichtigung des wissenschaftlich anerkannten psychotherapeutischen Verfahrens, das Gegenstand der vertieften Ausbildung war, auf folgende Inhalte:

1. Ätiologie, Pathogenese und Aufrechterhaltung von Störungen mit Krankheitswert nach § 1 Abs. 3 Satz 1 des Psychotherapeutengesetzes,
2. theoretische Grundlagen und klinisch-empirische Befunde zu wissenschaftlich anerkannten psychotherapeutischen Verfahren,
3. Kriterien der generellen und differentiellen Indikation in den wissenschaftlich anerkannten psychotherapeutischen Verfahren und Methoden einschließlich der Evaluation von Behandlungsverläufen sowie
4. Theorie und Praxis der Therapeuten-Patienten-Beziehung.

(2) In der mündlichen Prüfung hat der Prüfling anhand mindestens eines Falles nach § 7 Abs. 2 Nr. 4 nachzuweisen, daß er über das für die Tätigkeit der Psychologischen Psychotherapeuten erforderliche eingehende Wissen und Können verfügt, in der Lage ist, die während der Ausbildung erworbenen Kenntnisse, Fähigkeiten und Fertigkeiten in der beruflichen Praxis anzuwenden und zu eigenständiger wissenschaftlich begründeter Diagnostik und psychotherapeutischer Krankenbehandlung befähigt ist. Der Prüfling soll insbesondere zeigen, daß er

1. die Technik der Anamneseerhebung und der psychodiagnostischen Untersuchungsmethoden beherrscht und ihre Resultate zu beurteilen vermag,
2. in der Lage ist, die Informationen, die zur Stellung der Diagnose erforderlich sind, zu gewinnen, ihre unterschiedliche Bedeutung und Gewichtung für die Diagnosestellung zu erkennen und im Rahmen differentialdiagnostischer Überlegungen unter Berücksichtigung des körperlichen Status und der sozialen Lebensbedingungen des Patienten kritisch zu verwerten,

3. in der Lage ist, ätiologische Zusammenhänge vor dem Hintergrund seiner Kenntnisse der Psychopathologie und seines Störungswissens zu erkennen,
4. in der Lage ist, die generelle und differentielle Indikation zur Psychotherapie zu stellen und dabei die Grundkenntnisse in denjenigen Verfahren, die nicht Gegenstand der vertieften Ausbildung waren, zu berücksichtigen,
5. über vertiefte Kenntnisse und eingehende Fertigkeiten in dem psychotherapeutischen Verfahren verfügt, das Gegenstand der vertieften Ausbildung war,
6. in der Lage ist, die Therapeuten-Patienten-Beziehung in ihren zentralen Aspekten zu handhaben,
7. in der Lage ist, die erworbenen Grundkenntnisse in Prävention und Rehabilitation fallbezogen anzuwenden sowie
8. die allgemeinen, berufsrechtlichen und ethischen Regeln psychotherapeutischen Verhaltens kennt und anzuwenden weiß.

(3) Der mündliche Teil der Prüfung besteht aus zwei Abschnitten. Der erste Abschnitt wird als Einzelprüfung durchgeführt und soll 30 Minuten dauern, in denen der Prüfungsfall nach Absatz 2 Satz 1 mit dem Prüfling zu erörtern ist. Der zweite Abschnitt wird als Gruppenprüfung in Gruppen bis zu vier Prüflingen durchgeführt und soll 120 Minuten dauern. Die Dauer der Prüfung reduziert sich entsprechend der Anzahl der Prüflinge. Die mündliche Prüfung wird vom Vorsitzenden der Prüfungskommission geleitet. Die Prüfungskommission ist während der gesamten Dauer der mündlichen Prüfung zur Anwesenheit verpflichtet. Jedes Mitglied der Prüfungskommission ist berechtigt, Fragen an den Prüfling zu stellen.

(4) Jeder Abschnitt des mündlichen Teils der Prüfung ist von jedem Mitglied der Prüfungskommission zu benoten. Aus den Noten der Prüfer bildet der Vorsitzende der Prüfungskommission im Benehmen mit den Prüfern die Note für den jeweiligen Abschnitt der mündlichen Prüfung sowie aus den Noten der beiden Abschnitte die Prüfungsnote für den mündlichen Teil der Prüfung. Der mündliche Teil der Prüfung ist bestanden, wenn jeder Abschnitt mindestens mit „ausreichend“ bewertet wird und die Prüfungsnote mindestens „ausreichend“ ist.

(5) Die zuständige Behörde kann zum mündlichen Teil der Prüfung Beobachter entsenden. Der Vorsitzende der Prüfungskommission kann auf begründeten Antrag die Anwesenheit von Zuhörern beim mündlichen Teil der Prüfung gestatten. Er hat zu Beginn der Prüfung alle Anwesenden auf die Schweigepflicht hinzuweisen. Bei Bekanntgabe des Prüfungsergebnisses ist die Anwesenheit von Zuhörern nicht gestattet.

§ 18
Gesamtnote der Prüfung

Für die staatliche Prüfung nach § 8 Abs. 1 wird vom Vorsitzenden der Prüfungskommission eine Gesamtnote wie folgt gebildet: Die Note für den schriftlichen Teil der Prüfung wird mit 1, die Note für den mündlichen Teil der Prüfung mit 2 vervielfacht; die Summe der auf diese Weise gewonnenen Zahl wird durch 3 geteilt. Die Gesamtnote wird bis auf die zweite Stelle hinter dem Komma errechnet. Sie lautet:

„sehr gut“ bei einem Zahlenwert bis 1,5;

„gut“ bei einem Zahlenwert über 1,5 bis 2,5;

„befriedigend“ bei einem Zahlenwert über 2,5 bis 3,5;

„ausreichend“ bei einem Zahlenwert über 3,5 bis 4.

Vierter Abschnitt
Approbationserteilung

§ 19
Antrag auf Approbation

(1) Die Approbation wird von der zuständigen Behörde auf Antrag erteilt. Dem Antrag sind beizufügen:

1. ein tabellarischer Lebenslauf,
2. die Geburtsurkunde oder ein Auszug aus dem Familienbuch der Eltern, bei Verheirateten die Heiratsurkunde, ein Auszug aus dem für die Ehe geführten Familienbuch oder jede sonstige Urkunde, die eine Namensänderung zur Folge hat,
3. ein Nachweis über die Staatsangehörigkeit des Antragstellers,
4. ein amtliches Führungszeugnis, das nicht früher als einen Monat vor der Vorlage ausgestellt sein darf,
5. eine Erklärung darüber, ob gegen den Antragsteller ein gerichtliches Strafverfahren oder ein staatsanwaltliches Ermittlungsverfahren anhängig ist,
6. eine ärztliche Bescheinigung, die nicht früher als einen Monat vor der Vorlage ausgestellt sein darf, wonach keine Anhaltspunkte dafür vorliegen, daß der Antragsteller wegen eines körperlichen Gebrechens oder wegen Schwäche seiner geistigen oder körperlichen Kräfte oder wegen

einer Sucht zur Ausübung des Berufs des Psychologischen Psychotherapeuten unfähig oder ungeeignet ist und

7. das Zeugnis über die staatliche Prüfung für Psychologische Psychotherapeuten nach § 12 Abs. 2 Satz 1.

(2) Soll eine Approbation nach § 2 Abs. 2 oder 3 des Psychotherapeutengesetzes erteilt werden, sind, sofern die Ausbildung nicht nach den Vorschriften dieser Verordnung erfolgt ist, an Stelle des Nachweises nach Absatz 1 Nr. 7 Unterlagen über die abgeschlossene Ausbildung des Antragstellers in Urschrift, in amtlich beglaubigter Abschrift oder amtlich beglaubigter Ablichtung vorzulegen. Soweit diese Nachweise nicht in deutscher Sprache ausgestellt sind, sind sie zusätzlich in amtlich beglaubigter Übersetzung vorzulegen. Die zuständige Behörde kann die Vorlage weiterer Nachweise, insbesondere über eine bisherige Tätigkeit, verlangen.

(3) Staatsangehörige eines anderen Mitgliedstaates der Europäischen Union oder eines anderen Vertragsstaates des Abkommens über den Europäischen Wirtschaftsraum können anstelle des in Absatz 1 Nr. 4 genannten Zeugnisses eine von der zuständigen Behörde des Heimat- oder Herkunftstaates ausgestellte entsprechende Bescheinigung oder einen von einer solchen Behörde ausgestellten Strafregisterauszug oder, wenn ein solcher nicht beigebracht werden kann, einen gleichwertigen Nachweis vorlegen. Hat der Antragsteller einen dem Beruf des Psychologischen Psychotherapeuten entsprechenden Beruf im Heimat- oder Herkunftstaat bereits ausgeübt, so kann die für die Erteilung der Approbation als Psychologischer Psychotherapeut zuständige Behörde bei der zuständigen Behörde des Heimat- oder Herkunftstaates Auskünfte über etwa gegen den Antragsteller verhängte Strafen oder sonstige berufs- oder strafrechtliche Maßnahmen wegen schwerwiegenden standeswidrigen Verhaltens oder strafbarer Handlungen, die die Ausübung des Berufs im Heimat- oder Herkunftstaat betreffen, einholen. Hat die für die Erteilung der Approbation zuständige Behörde in den Fällen des Satzes 1 oder 2 von Tatbeständen Kenntnis, die außerhalb des Geltungsbereichs des Psychotherapeutengesetzes eingetreten sind und im Hinblick auf die Voraussetzungen des § 2 Abs. 1 Nr. 3 des Psychotherapeutengesetzes von Bedeutung sein können, hat sie die zuständige Stelle des Heimat- oder Herkunftstaates zu unterrichten und sie zu bitten, diese Tatbestände zu überprüfen und ihr das Ergebnis und die Folgerungen, die sie hinsichtlich der von ihr ausgestellten Bescheinigungen und Nachweise daraus zieht, mitzuteilen. Die in Satz 1 bis 3 genannten Bescheinigungen und Mitteilungen sind vertraulich zu behandeln. Sie dürfen der Beurteilung nur zugrunde gelegt werden, wenn bei der Vorlage die Ausstellung nicht mehr als drei Monate zurückliegt.

(4) Staatsangehörige eines anderen Mitgliedstaates der Europäischen Union oder eines anderen Vertragsstaates des Abkommens über den Europäischen Wirtschaftsraum können anstelle der in Absatz 1 Nr. 6 genannten

ärztlichen Bescheinigung eine entsprechende Bescheinigung der zuständigen Behörde ihres Heimat- oder Herkunftstaates vorlegen. Absatz 3 Satz 4 und 5 gilt entsprechend.

(5) Antragsteller, die eine Approbation nach § 2 Abs. 2 Satz 2 oder Abs. 3 Satz 2 des Psychotherapeutengesetzes beantragen, können ihre im Heimat- oder Herkunftstaat bestehende rechtmäßige Ausbildungsbezeichnung und, soweit dies nach dem Recht des Heimat- oder Herkunftstaates zulässig ist, die Abkürzung in der Sprache dieses Staates führen. Daneben sind Name und Ort der Lehranstalt, die die Ausbildungsbezeichnung verliehen hat, aufzuführen.

(6) Über den Antrag eines anderen Staatsangehörigen eines Mitgliedstaates der Europäischen Union oder eines anderen Vertragsstaates des Abkommens über den Europäischen Wirtschaftsraum ist kurzfristig, spätestens vier Monate nach Vorlage der nach Absatz 1 bis 4 vom Antragsteller vorzulegenden Unterlagen zu entscheiden. Werden Auskünfte nach Absatz 3 Satz 2 oder 3 von der zuständigen Stelle des Heimat- oder Herkunftstaates eingeholt, so wird der Ablauf der in Satz 1 genannten Frist bis zu dem Zeitpunkt gehemmt, zu dem die Auskünfte eingehen oder, wenn eine Antwort des Heimat- oder Herkunftstaates innerhalb von vier Monaten nicht eingeht, bis zum Ablauf dieser vier Monate. Werden von der zuständigen Stelle des Heimat- oder Herkunftstaates die in Absatz 3 Satz 1 genannten Bescheinigungen nicht ausgestellt oder die nach Absatz 3 Satz 2 oder 3 nachgefragten Mitteilungen innerhalb von vier Monaten nicht gemacht, kann der Antragsteller sie durch die Vorlage einer Bescheinigung über die Abgabe einer eidesstattlichen Erklärung gegenüber der zuständigen Behörde ersetzen.

§ 20
Weitere Sonderregelungen für Inhaber von Diplomen aus anderen Mitgliedstaaten der Europäischen Union oder einem anderen Vertragsstaat des Abkommens über den Europäischen Wirtschaftsraum

(1) Antragsteller nach § 2 Abs. 2 Satz 3 des Psychotherapeutengesetzes, die zwischen einem Anpassungslehrgang und einer Eignungsprüfung wählen können, haben der zuständigen Behörde die von ihnen getroffene Wahl schriftlich mitzuteilen.

(2) Die zuständige Behörde legt bei der Meldung zur Eignungsprüfung die Termine für die Eignungsprüfung fest und gibt sie den Antragstellern drei Monate im voraus schriftlich bekannt. Sie kann bei der Meldung zur Eignungsprüfung die Vorlage von erbrachten Ausbildungs- und Prüfungsnachweisen verlangen. Diese sind ihr spätestens zwei Monate vor der Eignungsprüfung vorzulegen. Die Eignungsprüfung kann nur einmal wiederholt werden. Die §§ 9 bis 15 gelten entsprechend.

(3) Die zuständige Behörde legt bei der Meldung zum Anpassungslehrgang den Termin für den Beginn des Lehrgangs fest und gibt ihn den Antragstellern schriftlich bekannt. Der Anpassungslehrgang erstreckt sich auf die Defizite der Ausbildung des Lehrgangsteilnehmers im Vergleich zu der in den §§ 2 bis 5 geregelten Ausbildung. Er muß gewährleisten, daß die Teilnehmer nach seinem Abschluß das Ausbildungsziel nach § 1 Abs. 2 erreicht haben und über Grundkenntnisse in wissenschaftlich anerkannten Verfahren sowie vertiefte Kenntnisse in einem dieser Verfahren verfügen. Die zuständige Behörde legt die Ausbildungsstätten fest, an denen der Anpassungslehrgang abgeleistet werden kann, seine Dauer und die Inhalte, die während des Lehrgangs zu vermitteln sind. Sie legt ferner die Gesamtstundenzahl

1. der praktischen Tätigkeit nach § 2,
2. der theoretischen Ausbildung nach § 3,
3. der praktischen Ausbildung nach § 4, ihre Aufteilung in Behandlungs- und Supervisionsstunden und die Anzahl der Patientenbehandlungen sowie
4. der Selbsterfahrung nach § 5

fest.

§ 21
Approbationsurkunde

Die Approbationsurkunde wird nach dem Muster der Anlage 4 ausgestellt. Sie ist dem Antragsteller gegen Empfangsbekenntnis auszuhändigen oder mit Zustellungsurkunde zuzustellen.

Fünfter Abschnitt

Schlußvorschriften

§ 22
Inkrafttreten

Diese Verordnung tritt am 1. Januar 1999 in Kraft.

Der Bundesrat hat zugestimmt.

Bonn, den 18. Dezember 1998

Die Bundesministerin für Gesundheit
Andrea Fischer

Anlage 1
(zu § 3 Abs. 1)

Theoretische Ausbildung

A. Grundkenntnisse 200 Stunden

1. Entwicklungs-, sozial-, persönlichkeits- und neuropsychologische Grundlagen der Psychotherapie
2. Konzepte über die Entstehung, Aufrechterhaltung und den Verlauf psychischer und psychisch mitbedingter Erkrankungen verschiedener Altersgruppen
   2.1 Allgemeine und spezielle Krankheitslehren der Störungen mit Krankheitswert, bei denen Psychotherapie indiziert ist, unter Berücksichtigung der wissenschaftlich anerkannten Verfahren
   2.2 Psychosomatische Krankheitslehre
   2.3 Psychiatrische Krankheitslehre
3. Methoden und Erkenntnisse der Psychotherapieforschung
4. Diagnostik und Differentialdiagnostik einschließlich Testverfahren zur Abgrenzung verschiedener Störungen mit Krankheitswert, bei denen Psychotherapie indiziert ist, psychosozial- und entwicklungsbedingter Krisen sowie körperlich begründbarer Störungen
5. Besondere entwicklungs- und geschlechtsspezifische Aspekte der Persönlichkeit, der Psychopathologie und der Methodik der Psychotherapie verschiedener Altersgruppen
6. Intra- und interpersonelle Aspekte psychischer und psychisch mitbedingter Störungen in Paarbeziehungen, Familien und Gruppen
7. Prävention und Rehabilitation
8. Medizinische und pharmakologische Grundkenntnisse für Psychotherapeuten
9. Methoden und differentielle Indikationsstellung wissenschaftlich anerkannter psychotherapeutischer Verfahren
10. Dokumentation und Evaluation von psychotherapeutischen Behandlungsverläufen
11. Berufsethik und Berufsrecht,
    medizinische und psychosoziale Versorgungssysteme,
    Organisationsstrukturen des Arbeitsfeldes,
    Kooperation mit Ärzten und anderen Berufsgruppen
12. Geschichte der Psychotherapie

B. Vertiefte Ausbildung 400 Stunden

1. Theorie und Praxis der Diagnostik, insbesondere Anamnese,
   Indikationsstellung und Prognose,
   Fallkonzeptualisierung und Behandlungsplanung
2. Rahmenbedingungen der Psychotherapie, Behandlungssetting,
   Einleitung und Beendigung der Behandlung
3. Behandlungskonzepte und -techniken sowie deren Anwendung
4. Krisenintervention
5. Behandlungstechniken bei Kurz- und Langzeittherapie
6. Therapiemotivation des Patienten,
   Entscheidungsprozesse des Therapeuten,
   Therapeuten-Patienten-Beziehung im Psychotherapieprozeß
7. Einführung in Behandlungsverfahren bei Kindern und Jugendlichen
8. Behandlungsverfahren bei Paaren, Familien und Gruppen

Anlage 2
(zu § 1 Abs. 4)

....
(Bezeichnung der Ausbildungsstätte)

Bescheinigung
über die Teilnahme an Ausbildungsveranstaltungen

....
(Name, Vorname)

....
(Geburtsdatum) (Geburtsort)

hat regelmäßig und mit Erfolg

1. an der praktischen Tätigkeit nach § 2 der Ausbildungs- und Prüfungsverordnung für Psychologische Psychotherapeuten

   in der Einrichtung nach § 2 Abs. 2 Nr. 1 ....
   in der Zeit

   vom .... bis .... , vom .... bis .... ,

   vom .... bis .... , vom .... bis .... ,

   vom .... bis .... , vom .... bis .... ,

   vom .... bis .... , vom .... bis .... ,

   teilgenommen und dabei .... Stunden abgeleistet

   sowie

   in der Einrichtung nach § 2 Abs. 2 Nr. 2 ....
   in der Zeit

   vom .... bis .... , vom .... bis .... ,

   vom .... bis .... , vom .... bis .... ,

   teilgenommen und dabei .... Stunden abgeleistet.
   Er/Sie*) erfüllt die Anforderungen des § 2 Abs. 3;

2. an der theoretischen Ausbildung nach § 3 der Ausbildungs- und Prüfungsverordnung für Psychologische Psychotherapeuten
   mit den dazu vorgeschriebenen Veranstaltungen

   im Umfang von .... Stunden teilgenommen;

3. an der praktischen Ausbildung nach § 4 der Ausbildungs- und Prüfungsverordnung für Psychologische Psychotherapeuten

   mit

   .... Behandlungsstunden und

   .... Supervisionsstunden, davon .... Stunden Einzelsupervision,

   bei den Supervisoren

   ....
   (Name)

   ....
   (Name)

   ....
   (Name)

   teilgenommen und

   .... schriftliche Falldarstellungen über eigene Patientenbehandlungen vorgelegt;

4. an der Selbsterfahrung nach § 5 der Ausbildungs- und Prüfungsverordnung für Psychologische Psychotherapeuten

   mit

   .... Stunden

   bei dem Selbsterfahrungsleiter/der Selbsterfahrungsleiterin*)

   ....
   (Name)

   teilgenommen.

   Er/Sie*) hat die vorgeschriebene Mindeststundenzahl von 4 200 Stunden erreicht.

   Die Ausbildung ist – nicht – über die nach § 6 Abs. 1 der Ausbildungs- und Prüfungsverordnung für Psychologische Psychotherapeuten zulässigen Fehlzeiten hinaus –

   um .... Tage*) – unterbrochen worden.

Siegel oder Stempel

........................, den ....
(Ort) (Datum)

....
Unterschrift(en) der Leitung der Ausbildungsstätte

*) Nichtzutreffendes streichen.

Anlage 3
(zu § 12 Abs. 2)

....
(Zuständige Behörde)

Zeugnis
über die staatliche Prüfung für Psychologische Psychotherapeuten

....
(Name, Vorname – gegebenenfalls abweichender Geburtsname)

....
(Geburtsdatum) (Geburtsort)

....
(vertiefte Ausbildung in)

hat den schriftlichen Teil der staatlichen Prüfung

am .... in ....

mit der Note ....

und den mündlichen Teil der staatlichen Prüfung

am .... in ....

mit der Note .... abgelegt.

Er/Sie hat die staatliche Prüfung für Psychologische Psychotherapeuten

mit der Gesamtnote „ .... “ (......................... Zahlenwert) bestanden.

Siegel

........................., den ....
(Ort) (Datum)

....
(Unterschrift)

Anlage 4
(zu § 21)

Approbationsurkunde

Herr/Frau ....
(Vorname, Name – gegebenenfalls abweichender Geburtsname)

geboren am .... in ....

erfüllt die Voraussetzungen des Psychotherapeutengesetzes.

Mit Wirkung vom heutigen Tage wird ihm/ihr die

Approbation als
Psychologischer Psychotherapeut/Psychologische Psychotherapeutin

erteilt.

Die Approbation berechtigt den Psychologischen Psychotherapeuten/die Psychologische Psychotherapeutin zur Ausübung der heilkundlichen Psychotherapie im Sinne des § 1 Abs. 3 Satz 1 des Psychotherapeutengesetzes.

Siegel

........................., den ....
(Ort) (Datum)

....
(Unterschrift)

16.
Ausbildungs- und Prüfungsverordnung für Kinder- und Jugendlichenpsychotherapeuten (KJPsychTh-APrV)

Vom 18. Dezember 1998 (BGBl. I 3749)

Auf Grund des § 8 des Psychotherapeutengesetzes vom 16. Juni 1998 (BGBl. I S. 1311) verordnet das Bundesministerium für Gesundheit:

Erster Abschnitt
Ausbildung

§ 1
Ziel und Gliederung

(1) Die Ausbildung der Kinder- und Jugendlichenpsychotherapeuten erfolgt auf der Grundlage von Ausbildungsplänen und erstreckt sich auf die Vermittlung von eingehenden Grundkenntnissen in wissenschaftlich anerkannten psychotherapeutischen Verfahren sowie auf eine vertiefte Ausbildung in einem dieser Verfahren. Sie ist auf der Grundlage des wissenschaftlichen Erkenntnisstandes praxisnah und patientenbezogen durchzuführen.

(2) Die Ausbildung hat den Ausbildungsteilnehmern insbesondere die Kenntnisse, Fähigkeiten und Fertigkeiten zu vermitteln, die erforderlich sind, um

1. in Diagnostik, Therapie und Rehabilitation von Störungen mit Krankheitswert, bei denen Psychotherapie im Kindes- und Jugendalter indiziert ist, und
2. bei der Therapie psychischer Ursachen, Begleiterscheinungen und Folgen von körperlichen Erkrankungen unter Berücksichtigung der ärztlich erhobenen Befunde zum körperlichen Status und der sozialen Lage des Kindes oder Jugendlichen

auf den wissenschaftlichen, geistigen und ethischen Grundlagen der Psychotherapie eigenverantwortlich und selbständig handeln zu können (Ausbildungsziel).

(3) Die Ausbildung umfaßt mindestens 4200 Stunden und besteht aus einer praktischen Tätigkeit (§ 2), einer theoretischen Ausbildung (§ 3), einer praktischen Ausbildung mit Krankenbehandlungen unter Supervision (§ 4) sowie einer Selbsterfahrung, die die Ausbildungsteilnehmer zur Reflexion eigenen therapeutischen Handelns befähigt (§ 5). Sie schließt mit Bestehen der staatlichen Prüfung ab.

(4) Die regelmäßige und erfolgreiche Teilnahme an den Ausbildungsveranstaltungen nach Absatz 3 ist durch eine Bescheinigung nach dem Muster der Anlage 2 nachzuweisen.

§ 2
Praktische Tätigkeit

(1) Die praktische Tätigkeit nach § 1 Abs. 3 Satz 1 dient dem Erwerb praktischer Erfahrungen in der Behandlung von Störungen mit Krankheitswert im Sinne des § 1 Abs. 3 Satz 1 des Psychotherapeutengesetzes sowie von Kenntnissen anderer Störungen, bei denen Psychotherapie nicht indiziert ist. Sie steht unter fachkundiger Anleitung und Aufsicht.

(2) Die praktische Tätigkeit umfaßt mindestens 1800 Stunden und ist in Abschnitten von jeweils mindestens drei Monaten abzuleisten. Hiervon sind

1. mindestens 1200 Stunden an einer kinder- und jugendpsychiatrischen klinischen Einrichtung, die im Sinne des ärztlichen Weiterbildungsrechts zur Weiterbildung für Kinder- und Jugendpsychiatrie und -psychotherapie zugelassen ist oder die von der nach § 10 Abs. 4 Psychotherapeutengesetz zuständigen Behörde als gleichwertige Einrichtung zugelassen wird, und
2. mindestens 600 Stunden an einer von einem Sozialversicherungsträger anerkannten Einrichtung, die der psychotherapeutischen oder psychosomatischen Versorgung von Kindern und Jugendlichen dient, in der Praxis eines Arztes mit einer ärztlichen Weiterbildung in der Kinder- und Jugendpsychotherapie oder eines Kinder- und Jugendlichenpsychotherapeuten

zu erbringen. Soweit die praktische Tätigkeit an einer klinischen Einrichtung nach Nummer 1 nicht sichergestellt ist, kann sie für die Dauer von höchstens 600 Stunden an einer kinder- und jugendpsychiatrischen ambulanten Einrichtung mit entsprechender Zulassung abgeleistet werden. Die praktische Tätigkeit nach Nummer 2 kann auch in der Praxis eines Psychologischen Psychotherapeuten abgeleistet werden, wenn dieser überwiegend Kinder und Jugendliche behandelt.

(3) Während der praktischen Tätigkeit in der kinder- und jugendpsychiatrischen klinischen oder ambulanten Einrichtung ist der Ausbildungsteilnehmer jeweils über einen längeren Zeitraum an der Diagnostik und der Behandlung von mindestens 30 Kindern und Jugendlichen unter Einbeziehung der bedeutsamen Beziehungspersonen (Patienten) zu beteiligen. Der Ausbildungsteilnehmer hat dabei Kenntnisse und Erfahrungen über die akute, abklingende und chronifizierte Symptomatik unterschiedlicher psychiatrischer Erkrankungen zu erwerben sowie die Patienten-

behandlungen fallbezogen und unter Angabe von Umfang und Dauer zu dokumentieren.

§ 3
Theoretische Ausbildung

(1) Die theoretische Ausbildung nach § 1 Abs. 3 Satz 1 umfaßt mindestens 600 Stunden. Sie erstreckt sich auf die zu vermittelnden Grundkenntnisse für die psychotherapeutische Tätigkeit und im Rahmen der vertieften Ausbildung auf Spezialkenntnisse in einem wissenschaftlich anerkannten psychotherapeutischen Verfahren (Anlage 1). Sie findet in Form von Vorlesungen, Seminaren und praktischen Übungen statt. Die Vorlesungen dürfen ein Drittel der Stundenzahl der theoretischen Ausbildung nicht überschreiten.

(2) In den Seminaren nach Absatz 1 Satz 2 sind die in den Vorlesungen und praktischen Übungen vermittelten Ausbildungsinhalte der Anlage 1 mit den Ausbildungsteilnehmern vertiefend und anwendungsbezogen zu erörtern. Dabei sind insbesondere psychologische, psychopathologische und medizinische Zusammenhänge herauszuarbeiten. Während der Seminare hat ferner die Vorstellung der praktischen psychotherapeutischen Arbeit mit Patienten zu erfolgen. Die Zahl der Ausbildungsteilnehmer an einem Seminar soll 15 nicht überschreiten.

(3) Die praktischen Übungen nach Absatz 1 Satz 2 umfassen Falldarstellungen und Behandlungstechniken der praktischen psychotherapeutischen Arbeit mit Patienten. Dabei sind die rechtlich geschützten Belange des Patienten zu berücksichtigen. Praktische Übungen sind, soweit der Lehrstoff dies erfordert, in kleinen Gruppen durchzuführen.

§ 4
Praktische Ausbildung

(1) Die praktische Ausbildung nach § 1 Abs. 3 Satz 1 ist Teil der vertieften Ausbildung in einem wissenschaftlich anerkannten psychotherapeutischen Verfahren und dient dem Erwerb sowie der Vertiefung von Kenntnissen und praktischen Kompetenzen bei der Behandlung von Patienten mit Störungen mit Krankheitswert nach § 1 Abs. 3 Satz 1 des Psychotherapeutengesetzes. Sie umfaßt mindestens 600 Behandlungsstunden unter Supervision mit mindestens sechs Patientenbehandlungen sowie mindestens 150 Supervisionsstunden, von denen mindestens 50 Stunden als Einzelsupervision durchzuführen sind.

(2) Die in Absatz 1 Satz 2 genannten Supervisionsstunden sind bei mindestens drei Supervisoren abzuleisten und auf die Behandlungsstunden regelmäßig zu verteilen. Die Supervision erfolgt durch Supervisoren, die

von der Hochschule oder anderen Einrichtung nach § 6 Abs. 1 des Psychotherapeutengesetzes (Ausbildungsstätte) anerkannt sind. Bei Gruppensupervision soll die Gruppe aus vier Teilnehmern bestehen.

(3) Voraussetzungen für die Anerkennung als Supervisor nach Absatz 2 Satz 2 sind:

1. eine mindestens fünfjährige psychotherapeutische Tätigkeit in der Krankenbehandlung nach der Approbation zum Kinder- und Jugendlichenpsychotherapeuten oder nach Abschluß einer ärztlichen Weiterbildung in der Kinder- und Jugendpsychotherapie, schwerpunktmäßig auf dem Gebiet des wissenschaftlich anerkannten Verfahrens, das Gegenstand der praktischen Ausbildung ist,

2. eine mindestens dreijährige Lehrtätigkeit an einer Ausbildungsstätte und

3. die persönliche Eignung.

Ein Psychologischer Psychotherapeut kann als Supervisor anerkannt werden, wenn er die Voraussetzung der Nummer 1 durch eine überwiegende Tätigkeit in der Krankenbehandlung mit Kindern und Jugendlichen erfüllt. Die Nummern 2 und 3 gelten entsprechend. Die Anerkennung als Supervisor ist von der Ausbildungsstätte regelmäßig zu überprüfen.

(4) Während eines Übergangszeitraums von sechs Jahren nach Inkrafttreten der Verordnung können Personen mit einer Approbation als Kinder- und Jugendlichenpsychotherapeut oder einer Approbation als Psychologischer Psychotherapeut, die vor Inkrafttreten des Psychotherapeutengesetzes mindestens fünf Jahre psychotherapeutisch im Sinne des Absatzes 3 Satz 1 Nr. 1 oder Satz 2 tätig waren, bei Nachweis dieser Tätigkeit als Supervisoren nach Absatz 3 anerkannt werden, wenn sie zugleich die Voraussetzungen des Absatzes 3 Satz 1 Nr. 2 und 3 erfüllen. Absatz 3 Satz 4 gilt entsprechend.

(5) Die Zuweisung von Behandlungsfällen hat zu gewährleisten, daß die Ausbildungsteilnehmer über das Spektrum von Störungen mit Krankheitswert, bei denen Kinder- und Jugendlichenpsychotherapie indiziert ist, eingehende Kenntnisse und Erfahrungen erwerben. Dabei sind die verschiedenen Stufen des Kindes- und Jugendalters zu berücksichtigen.

(6) Während der praktischen Ausbildung hat der Ausbildungsteilnehmer mindestens sechs anonymisierte schriftliche Falldarstellungen über eigene Patientenbehandlungen, die unter Supervision stattgefunden haben, zu erstellen. Die Falldarstellungen haben die wissenschaftlichen Erkenntnisse zu berücksichtigen, die Diagnostik, Indikationsstellung und eine Evaluation der Therapieergebnisse mit einzuschließen, ein ätiologisch orientiertes Krankheitsverständnis nachzuweisen sowie den Behandlungsverlauf und

die Behandlungstechnik in Verbindung mit der Theorie darzustellen. Sie sind von der Ausbildungsstätte zu beurteilen.

§ 5
Selbsterfahrung

(1) Die Selbsterfahrung nach § 1 Abs. 3 Satz 1 richtet sich nach dem wissenschaftlich anerkannten psychotherapeutischen Verfahren, das Gegenstand der vertieften Ausbildung ist, und umfaßt mindestens 120 Stunden. Gegenstand der Selbsterfahrung sind die Reflexion oder Modifikation persönlicher Voraussetzungen für das therapeutische Erleben und Handeln unter Einbeziehung biographischer Aspekte sowie bedeutsame Aspekte des Erlebens und Handelns im Zusammenhang mit einer therapeutischen Beziehung und mit der persönlichen Entwicklung im Ausbildungsverlauf.

(2) Die Selbsterfahrung findet bei von der Ausbildungsstätte anerkannten Selbsterfahrungsleitern, die als Supervisoren nach § 4 Abs. 3 oder 4 dieser Verordnung oder nach § 4 Abs. 3 oder 4 der Ausbildungs- und Prüfungsverordnung für Psychologische Psychotherapeuten anerkannt sind, statt, zu denen der Ausbildungsteilnehmer keine verwandtschaftlichen Beziehungen hat und nicht in wirtschaftlichen oder dienstlichen Abhängigkeiten steht. § 4 Abs. 3 Satz 4 gilt entsprechend.

§ 6
Unterbrechung der Ausbildung, Anrechnung anderer Ausbildungen

(1) Auf die Dauer der Ausbildung werden angerechnet

1. eine ausbildungsfreie Zeit von bis zu sechs Wochen jährlich und
2. Unterbrechungen durch Krankheit oder aus anderen, vom Ausbildungsteilnehmer nicht zu vertretenden Gründen, bei Ausbildungsteilnehmerinnen auch Unterbrechungen durch Schwangerschaft, bis zu höchstens vier Wochen je Ausbildungsjahr.

Die zuständige Behörde kann auf Antrag auch darüber hinausgehende Fehlzeiten berücksichtigen, soweit eine besondere Härte vorliegt und das Erreichen des Ausbildungszieles durch die Anrechnung nicht gefährdet wird.

(2) Wird die Ausbildung zum Kinder- und Jugendlichenpsychotherapeuten gemäß § 5 Abs. 3 des Psychotherapeutengesetzes verkürzt, hat der Antragsteller sich einer weiteren Ausbildung zu unterziehen, die sich auf die Defizite seiner Ausbildung im Vergleich zu der in den §§ 2 bis 5 geregelten Ausbildung erstreckt, ihm Grundkenntnisse in wissenschaftlich anerkannten psychotherapeutischen Verfahren sowie eine vertiefte Ausbildung in einem dieser Verfahren vermittelt und sicherstellt, daß er das Ausbildungsziel nach

§ 1 Abs. 2 erreicht. Die Dauer und Inhalte der weiteren Ausbildung werden von der zuständigen Behörde festgelegt; sie legt ferner die Gesamtstundenzahl

1. der praktischen Tätigkeit nach § 2,
2. der theoretischen Ausbildung nach § 3,
3. der praktischen Ausbildung nach § 4, ihre Aufteilung in Behandlungs- und Supervisionsstunden und die Anzahl der Patientenbehandlungen sowie
4. der Selbsterfahrung nach § 5

fest. Die weitere Ausbildung schließt mit der staatlichen Prüfung nach § 8 ab.

Zweiter Abschnitt
Allgemeine Prüfungsbestimmungen

§ 7
Zulassung zur Prüfung

(1) Die zuständige Behörde nach § 8 Abs. 2 entscheidet auf Antrag des Prüflings über die Zulassung zur staatlichen Prüfung und im Benehmen mit der Leitung der Ausbildungsstätte über die Ladungen zu den Prüfungsterminen. Die Prüfungstermine sollen nicht früher als zwei Monate vor dem Ende der Ausbildung liegen.

(2) Die Zulassung zur Prüfung wird erteilt, wenn folgende Nachweise vorliegen:

1. die Geburtsurkunde oder ein Auszug aus dem Familienbuch der Eltern, bei Verheirateten die Heiratsurkunde, ein Auszug aus dem für die Ehe geführten Familienbuch oder jede sonstige Urkunde, die eine Namensänderung zur Folge hat,
2. der Nachweis über die bestandene Abschlußprüfung im Studiengang Psychologie, die das Fach Klinische Psychologie einschließt, eine Bescheinigung über eine gleichwertige Ausbildung nach § 5 Abs. 2 Nr. 1 Buchstabe b oder c des Psychotherapeutengesetzes, der Nachweis über die bestandene Abschlußprüfung im Studiengang Pädagogik oder Sozialpädagogik oder eine Bescheinigung über eine gleichwertige Ausbildung nach § 5 Abs. 2 Nr. 2 Buchstabe c oder d des Psychotherapeutengesetzes,
3. die Bescheinigung nach § 1 Abs. 4 über die Teilnahme an den Ausbildungsveranstaltungen und

4. mindestens zwei Falldarstellungen nach § 4 Abs. 6, die von der Ausbildungsstätte als Prüfungsfall angenommen wurden.

(3) Die Zulassung zur Prüfung und die Ladungen zu den Prüfungsterminen sollen dem Prüfling spätestens zwei Wochen vor Prüfungsbeginn schriftlich mitgeteilt werden.

§ 8
Staatliche Prüfung

(1) Die staatliche Prüfung nach § 5 Abs. 1 Satz 2 des Psychotherapeutengesetzes umfaßt einen schriftlichen und einen mündlichen Teil.

(2) Der Prüfling legt die Prüfung bei der zuständigen Behörde ab. Zuständig ist die Behörde des Landes, in dem der Prüfling im Zeitpunkt der Antragstellung nach § 7 Abs. 1 an der Ausbildung teilnimmt.

§ 9
Prüfungskommission

(1) Die Prüfung nach § 8 wird vor einer staatlichen Prüfungskommission abgelegt. Die Prüfungskommission besteht aus folgenden Mitgliedern, von denen zwei keine Lehrkräfte der Ausbildungsstätte sein dürfen, an der die Ausbildung durchgeführt wurde:

1. einem Kinder- und Jugendlichenpsychotherapeuten, der für das psychotherapeutische Verfahren qualifiziert ist, das Gegenstand der vertieften Ausbildung war, und der nach § 4 Abs. 3 Satz 1 oder Abs. 4 als Supervisor anerkannt ist, als Vorsitzendem,

2. mindestens zwei weiteren Kinder- und Jugendlichenpsychotherapeuten mit der in Nummer 1 genannten Qualifikation, von denen mindestens einer zusätzlich über die Supervisorenanerkennung nach § 4 Abs. 3 Satz 1 oder Abs. 4 verfügen muß, und

3. einem Arzt mit einer ärztlichen Weiterbildung in der Psychiatrie und Psychotherapie, in der Kinder- und Jugendpsychiatrie und -psychotherapie oder in der Psychotherapeutischen Medizin, der an einer Ausbildungsstätte lehrt.

Soweit Kinder- und Jugendlichenpsychotherapeuten nicht zur Verfügung stehen, kann ein Psychologischer Psychotherapeut als Mitglied der Prüfungskommission nach Nummer 1 oder 2 benannt werden, wenn er die dort genannten Voraussetzungen erfüllt. Der Selbsterfahrungsleiter des Prüflings darf der Prüfungskommission nicht angehören.

(2) Jedes Mitglied der Prüfungskommission hat einen oder mehrere Stellvertreter. Die Mitglieder der Prüfungskommission und ihre Stellvertreter werden von der zuständigen Behörde bestellt.

§ 10
Niederschrift

Über die Prüfung ist eine Niederschrift zu fertigen, aus der Gegenstand, Ablauf und Ergebnisse der Prüfung sowie etwa vorkommende Unregelmäßigkeiten hervorgehen. Sie ist von allen Mitgliedern der Prüfungskommission zu unterzeichnen. Lautet die Note „mangelhaft“ oder „ungenügend“, so sind die Gründe anzugeben und in die Niederschrift aufzunehmen.

§ 11
Benotung

Die schriftliche Aufsichtsarbeit und die Leistungen der mündlichen Prüfung werden wie folgt benotet:

„sehr gut“ (1), wenn die Leistung hervorragend ist,

„gut“ (2), wenn die Leistung erheblich über den durchschnittlichen Anforderungen liegt,

„befriedigend“ (3), wenn die Leistung in jeder Hinsicht durchschnittlichen Anforderungen gerecht wird,

„ausreichend“ (4), wenn die Leistung trotz Mängeln noch den Anforderungen genügt,

„mangelhaft“ (5), wenn die Leistung wegen erheblicher Mängel den Anforderungen nicht mehr genügt,

„ungenügend“ (6), wenn die Leistung unbrauchbar ist.

§ 12
Bestehen und Wiederholung der Prüfung

(1) Die Prüfung ist bestanden, wenn jeder der in § 8 Abs. 1 vorgeschriebenen Prüfungsteile bestanden ist.

(2) Über die bestandene staatliche Prüfung wird ein Zeugnis nach dem Muster der Anlage 3 erteilt. Über das Nichtbestehen erhält der Prüfling von der zuständigen Behörde eine schriftliche Mitteilung, in der die Prüfungsnoten anzugeben sind.

(3) Der Prüfling kann den schriftlichen und den mündlichen Teil der Prüfung jeweils zweimal wiederholen, wenn er die Note „mangelhaft“ oder

„ungenügend“ erhalten hat. Eine weitere Wiederholung ist auch nach einer erneuten Ausbildung zum Kinder- und Jugendlichenpsychotherapeuten nicht zulässig.

(4) Hat der Prüfling den mündlichen Teil der Prüfung oder die gesamte Prüfung zu wiederholen, so wird er zu den Wiederholungsprüfungen nur geladen, wenn er an einer weiteren praktischen Ausbildung teilgenommen hat, deren Dauer und Inhalt von der zuständigen Behörde bestimmt werden. Dem Antrag des Prüflings auf Zulassung zu den Wiederholungsprüfungen ist jeweils ein Nachweis über die weitere Ausbildung sowie mindestens eine Falldarstellung nach § 4 Abs. 6, die von der Ausbildungsstätte als Prüfungsfall angenommen wurde, beizufügen. Die Wiederholungsprüfung soll jeweils spätestens sechs Monate nach der letzten Prüfung abgeschlossen sein.

§ 13
Rücktritt von der Prüfung

(1) Tritt ein Prüfling nach seiner Zulassung von der Prüfung oder einem Prüfungsteil zurück, so hat er die Gründe für seinen Rücktritt unverzüglich der zuständigen Behörde schriftlich mitzuteilen. Genehmigt die zuständige Behörde den Rücktritt, so gilt die Prüfung oder der betreffende Teil der Prüfung als nicht unternommen. Die Genehmigung ist nur zu erteilen, wenn wichtige Gründe vorliegen. Im Falle einer Krankheit kann die Vorlage einer ärztlichen Bescheinigung verlangt werden.

(2) Wird die Genehmigung für den Rücktritt nicht erteilt oder unterläßt es der Prüfling, die Gründe für seinen Rücktritt unverzüglich mitzuteilen, so gilt die Prüfung oder der betreffende Teil der Prüfung als nicht bestanden. § 12 Abs. 3 gilt entsprechend.

§ 14
Versäumnisfolgen

(1) Versäumt ein Prüfling einen Prüfungstermin, gibt er die Aufsichtsarbeit nicht oder nicht rechtzeitig ab oder unterbricht er die Prüfung, so gilt der betreffende Teil der Prüfung als nicht bestanden, wenn nicht ein wichtiger Grund vorliegt; § 12 Abs. 3 gilt entsprechend. Liegt ein wichtiger Grund vor, so gilt der betreffende Teil der Prüfung als nicht unternommen.

(2) Die Entscheidung darüber, ob ein wichtiger Grund vorliegt, trifft die zuständige Behörde. § 13 Abs. 1 Satz 1 und 4 gilt entsprechend.

§ 15
Ordnungsverstöße und Täuschungsversuche

Die zuständige Behörde kann bei Prüflingen, die die ordnungsgemäße Durchführung der Prüfung in erheblichem Maße gestört oder sich eines Täuschungsversuchs schuldig gemacht haben, den betreffenden Teil der Prüfung für nicht bestanden erklären; § 12 Abs. 3 gilt entsprechend. Eine solche Entscheidung ist nur bis zum Abschluß der gesamten Prüfung zulässig.

Dritter Abschnitt

Besondere Prüfungsbestimmungen

§ 16
Schriftlicher Teil der Prüfung

(1) Der schriftliche Teil der Prüfung erstreckt sich auf die in Anlage 1 Teil A aufgeführten Grundkenntnisse in den wissenschaftlich anerkannten psychotherapeutischen Verfahren. Der Prüfling hat in einer Aufsichtsarbeit schriftlich gestellte Fragen zu beantworten. Die Aufsichtsarbeit dauert 120 Minuten. Die Aufsichtsführenden werden von der zuständigen Behörde bestimmt.

(2) Die Aufgaben für die Aufsichtsarbeit werden von der zuständigen Behörde auf Vorschlag des Vorsitzenden der Prüfungskommission ausgewählt. Die zuständige Behörde soll sich im Benehmen mit dem Vorsitzenden der Prüfungskommission einer zentralen Einrichtung bedienen, die die Aufgaben für die Aufsichtsarbeit erstellt. Die Aufsichtsarbeit ist von mindestens zwei Mitgliedern der Prüfungskommission zu benoten. Aus den Noten der Prüfer bildet der Vorsitzende der Prüfungskommission im Benehmen mit den Prüfern die Prüfungsnote für die Aufsichtsarbeit. Der schriftliche Teil der Prüfung ist bestanden, wenn die Aufsichtsarbeit mindestens mit „ausreichend“ benotet wird.

§ 17
Mündlicher Teil der Prüfung

(1) Der mündliche Teil der Prüfung erstreckt sich unter besonderer Berücksichtigung des wissenschaftlich anerkannten psychotherapeutischen Verfahrens, das Gegenstand der vertieften Ausbildung war, auf folgende Inhalte:

1. Ätiologie, Pathogenese und Aufrechterhaltung von Störungen mit Krankheitswert nach § 1 Abs. 3 Satz 1 des Psychotherapeutengesetzes,

2. theoretische Grundlagen und klinisch-empirische Befunde zu wissenschaftlich anerkannten psychotherapeutischen Verfahren bei Kindern und Jugendlichen,
3. Kriterien der generellen und differentiellen Indikation in den wissenschaftlich anerkannten psychotherapeutischen Verfahren und Methoden bei Kindern und Jugendlichen einschließlich der Evaluation von Behandlungsverläufen sowie
4. Theorie und Praxis der Therapeuten-Patienten-Beziehung.

(2) In der mündlichen Prüfung hat der Prüfling anhand mindestens eines Falles nach § 7 Abs. 2 Nr. 4 nachzuweisen, daß er über das für die Tätigkeit der Kinder- und Jugendlichenpsychotherapeuten erforderliche eingehende Wissen und Können verfügt, in der Lage ist, die während der Ausbildung erworbenen Kenntnisse, Fähigkeiten und Fertigkeiten in der beruflichen Praxis anzuwenden und zu eigenständiger wissenschaftlich begründeter Diagnostik und psychotherapeutischer Krankenbehandlung befähigt ist. Der Prüfling soll insbesondere zeigen, daß er

1. die Technik der Anamneseerhebung und der psychodiagnostischen Untersuchungsmethoden bei Kindern und Jugendlichen beherrscht und ihre Resultate zu beurteilen vermag,
2. in der Lage ist, die Informationen, die zur Stellung der Diagnose erforderlich sind, zu gewinnen, ihre unterschiedliche Bedeutung und Gewichtung für die Diagnosestellung zu erkennen und im Rahmen differentialdiagnostischer Überlegungen unter Berücksichtigung des körperlichen Status und der sozialen Lebensbedingungen des Patienten kritisch zu verwerten,
3. in der Lage ist, ätiologische Zusammenhänge vor dem Hintergrund seiner Kenntnisse der Psychopathologie und seines Störungswissens zu erkennen,
4. in der Lage ist, die generelle und differentielle Indikation zur Kinder- und Jugendlichenpsychotherapie zu stellen und dabei die Grundkenntnisse in denjenigen Verfahren, die nicht Gegenstand der vertieften Ausbildung waren, zu berücksichtigen,
5. über vertiefte Kenntnisse und eingehende Fertigkeiten in dem psychotherapeutischen Verfahren verfügt, das Gegenstand der vertieften Ausbildung war,
6. in der Lage ist, die Therapeuten-Patienten-Beziehung in ihren zentralen Aspekten zu handhaben,
7. in der Lage ist, die erworbenen Grundkenntnisse in Prävention und Rehabilitation fallbezogen anzuwenden sowie

8. die allgemeinen, berufsrechtlichen und ethischen Regeln psychotherapeutischen Verhaltens kennt und anzuwenden weiß.

(3) Der mündliche Teil der Prüfung besteht aus zwei Abschnitten. Der erste Abschnitt wird als Einzelprüfung durchgeführt und soll 30 Minuten dauern, in denen der Prüfungsfall nach Absatz 2 Satz 1 mit dem Prüfling zu erörtern ist. Der zweite Abschnitt wird als Gruppenprüfung in Gruppen bis zu vier Prüflingen durchgeführt und soll 120 Minuten dauern. Die Dauer der Prüfung reduziert sich entsprechend der Anzahl der Prüflinge. Die mündliche Prüfung wird vom Vorsitzenden der Prüfungskommission geleitet. Die Prüfungskommission ist während der gesamten Dauer der mündlichen Prüfung zur Anwesenheit verpflichtet. Jedes Mitglied der Prüfungskommission ist berechtigt, Fragen an den Prüfling zu stellen.

(4) Jeder Abschnitt des mündlichen Teils der Prüfung ist von jedem Mitglied der Prüfungskommission zu benoten. Aus den Noten der Prüfer bildet der Vorsitzende der Prüfungskommission im Benehmen mit den Prüfern die Note für den jeweiligen Abschnitt der mündlichen Prüfung sowie aus den Noten der beiden Abschnitte die Prüfungsnote für den mündlichen Teil der Prüfung. Der mündliche Teil der Prüfung ist bestanden, wenn jeder Abschnitt mindestens mit „ausreichend“ bewertet wird und die Prüfungsnote mindestens „ausreichend“ ist.

(5) Die zuständige Behörde kann zum mündlichen Teil der Prüfung Beobachter entsenden. Der Vorsitzende der Prüfungskommission kann auf begründeten Antrag die Anwesenheit von Zuhörern beim mündlichen Teil der Prüfung gestatten. Er hat zu Beginn der Prüfung alle Anwesenden auf die Schweigepflicht hinzuweisen. Bei Bekanntgabe des Prüfungsergebnisses ist die Anwesenheit von Zuhörern nicht gestattet.

§ 18
Gesamtnote der Prüfung

Für die staatliche Prüfung nach § 8 Abs. 1 wird vom Vorsitzenden der Prüfungskommission eine Gesamtnote wie folgt gebildet: Die Note für den schriftlichen Teil der Prüfung wird mit 1, die Note für den mündlichen Teil der Prüfung mit 2 vervielfacht; die Summe der auf diese Weise gewonnenen Zahl wird durch 3 geteilt. Die Gesamtnote wird bis auf die zweite Stelle hinter dem Komma errechnet. Sie lautet:

„sehr gut“ bei einem Zahlenwert bis 1,5;

„gut“ bei einem Zahlenwert über 1,5 bis 2,5;

„befriedigend“ bei einem Zahlenwert über 2,5 bis 3,5;

„ausreichend“ bei einem Zahlenwert über 3,5 bis 4.

Vierter Abschnitt

Approbationserteilung

§ 19
Antrag auf Approbation

(1) Die Approbation wird von der zuständigen Behörde auf Antrag erteilt. Dem Antrag sind beizufügen:

1. ein tabellarischer Lebenslauf,
2. die Geburtsurkunde oder ein Auszug aus dem Familienbuch der Eltern, bei Verheirateten die Heiratsurkunde, ein Auszug aus dem für die Ehe geführten Familienbuch oder jede sonstige Urkunde, die eine Namensänderung zur Folge hat,
3. ein Nachweis über die Staatsangehörigkeit des Antragstellers,
4. ein amtliches Führungszeugnis, das nicht früher als einen Monat vor der Vorlage ausgestellt sein darf,
5. eine Erklärung darüber, ob gegen den Antragsteller ein gerichtliches Strafverfahren oder ein staatsanwaltliches Ermittlungsverfahren anhängig ist,
6. eine ärztliche Bescheinigung, die nicht früher als einen Monat vor der Vorlage ausgestellt sein darf, wonach keine Anhaltspunkte dafür vorliegen, daß der Antragsteller wegen eines körperlichen Gebrechens oder wegen Schwäche seiner geistigen oder körperlichen Kräfte oder wegen einer Sucht zur Ausübung des Berufs des Kinder- und Jugendlichenpsychotherapeuten unfähig oder ungeeignet ist und
7. das Zeugnis über die staatliche Prüfung für Kinder- und Jugendlichenpsychotherapeuten nach § 12 Abs. 2 Satz 1.

(2) Soll eine Approbation nach § 2 Abs. 2 oder 3 des Psychotherapeutengesetzes erteilt werden, sind, sofern die Ausbildung nicht nach den Vorschriften dieser Verordnung erfolgt ist, an Stelle des Nachweises nach Absatz 1 Nr. 7 Unterlagen über die abgeschlossene Ausbildung des Antragstellers in Urschrift, in amtlich beglaubigter Abschrift oder amtlich beglaubigter Ablichtung vorzulegen. Soweit diese Nachweise nicht in deutscher Sprache ausgestellt sind, sind sie zusätzlich in amtlich beglaubigter Übersetzung vorzulegen. Die zuständige Behörde kann die Vorlage weiterer Nachweise, insbesondere über eine bisherige Tätigkeit, verlangen.

(3) Staatsangehörige eines anderen Mitgliedstaates der Europäischen Union oder eines anderen Vertragsstaates des Abkommens über den Europäischen Wirtschaftsraum können anstelle des in Absatz 1 Nr. 4 genannten

Zeugnisses eine von der zuständigen Behörde des Heimat- oder Herkunftstaates ausgestellte entsprechende Bescheinigung oder einen von einer solchen Behörde ausgestellten Strafregisterauszug oder, wenn ein solcher nicht beigebracht werden kann, einen gleichwertigen Nachweis vorlegen. Hat der Antragsteller einen dem Beruf des Kinder- und Jugendlichenpsychotherapeuten entsprechenden Beruf im Heimat- oder Herkunftstaat bereits ausgeübt, so kann die für die Erteilung der Approbation als Kinder- und Jugendlichenpsychotherapeut zuständige Behörde bei der zuständigen Behörde des Heimat- oder Herkunftstaates Auskünfte über etwa gegen den Antragsteller verhängte Strafen oder sonstige berufs- oder strafrechtliche Maßnahmen wegen schwerwiegenden standeswidrigen Verhaltens oder strafbarer Handlungen, die die Ausübung des Berufs im Heimat- oder Herkunftstaat betreffen, einholen. Hat die für die Erteilung der Approbation zuständige Behörde in den Fällen des Satzes 1 oder 2 von Tatbeständen Kenntnis, die außerhalb des Geltungsbereichs des Psychotherapeutengesetzes eingetreten sind und im Hinblick auf die Voraussetzungen des § 2 Abs. 1 Nr. 3 des Psychotherapeutengesetzes von Bedeutung sein können, hat sie die zuständige Stelle des Heimat- oder Herkunftstaates zu unterrichten und sie zu bitten, diese Tatbestände zu überprüfen und ihr das Ergebnis und die Folgerungen, die sie hinsichtlich der von ihr ausgestellten Bescheinigungen und Nachweise daraus zieht, mitzuteilen. Die in Satz 1 bis 3 genannten Bescheinigungen und Mitteilungen sind vertraulich zu behandeln. Sie dürfen der Beurteilung nur zugrunde gelegt werden, wenn bei der Vorlage die Ausstellung nicht mehr als drei Monate zurückliegt.

(4) Staatsangehörige eines anderen Mitgliedstaates der Europäischen Union oder eines anderen Vertragsstaates des Abkommens über den Europäischen Wirtschaftsraum können anstelle der in Absatz 1 Nr. 6 genannten ärztlichen Bescheinigung eine entsprechende Bescheinigung der zuständigen Behörde ihres Heimat- oder Herkunftstaates vorlegen. Absatz 3 Satz 4 und 5 gilt entsprechend.

(5) Antragsteller, die eine Approbation nach § 2 Abs. 2 Satz 2 oder Abs. 3 Satz 2 des Psychotherapeutengesetzes beantragen, können ihre im Heimat- oder Herkunftstaat bestehende rechtmäßige Ausbildungsbezeichnung und, soweit dies nach dem Recht des Heimat- oder Herkunftstaates zulässig ist, die Abkürzung in der Sprache dieses Staates führen. Daneben sind Name und Ort der Lehranstalt, die die Ausbildungsbezeichnung verliehen hat, aufzuführen.

(6) Über den Antrag eines anderen Staatsangehörigen eines Mitgliedstaates der Europäischen Union oder eines anderen Vertragsstaates des Abkommens über den Europäischen Wirtschaftsraum ist kurzfristig, spätestens vier Monate nach Vorlage der nach Absatz 1 bis 4 vom Antragsteller vorzulegenden Unterlagen zu entscheiden. Werden Auskünfte nach

Absatz 3 Satz 2 oder 3 von der zuständigen Stelle des Heimat- oder Herkunftstaates eingeholt, so wird der Ablauf der in Satz 1 genannten Frist bis zu dem Zeitpunkt gehemmt, zu dem die Auskünfte eingehen oder, wenn eine Antwort des Heimat- oder Herkunftstaates innerhalb von vier Monaten nicht eingeht, bis zum Ablauf dieser vier Monate. Werden von der zuständigen Stelle des Heimat- oder Herkunftstaates die in Absatz 3 Satz 1 genannten Bescheinigungen nicht ausgestellt oder die nach Absatz 3 Satz 2 oder 3 nachgefragten Mitteilungen innerhalb von vier Monaten nicht gemacht, kann der Antragsteller sie durch die Vorlage einer Bescheinigung über die Abgabe einer eidesstattlichen Erklärung gegenüber der zuständigen Behörde ersetzen.

§ 20
Weitere Sonderregelungen für Inhaber von Diplomen aus anderen Mitgliedstaaten der Europäischen Union oder einem anderen Vertragsstaat des Abkommens über den Europäischen Wirtschaftsraum

(1) Antragsteller nach § 2 Abs. 2 Satz 3 des Psychotherapeutengesetzes, die zwischen einem Anpassungslehrgang und einer Eignungsprüfung wählen können, haben der zuständigen Behörde die von ihnen getroffene Wahl schriftlich mitzuteilen.

(2) Die zuständige Behörde legt bei der Meldung zur Eignungsprüfung die Termine für die Eignungsprüfung fest und gibt sie den Antragstellern drei Monate im voraus schriftlich bekannt. Sie kann bei der Meldung zur Eignungsprüfung die Vorlage von erbrachten Ausbildungs- und Prüfungsnachweisen verlangen. Diese sind ihr spätestens zwei Monate vor der Eignungsprüfung vorzulegen. Die Eignungsprüfung kann nur einmal wiederholt werden. Die §§ 9 bis 15 gelten entsprechend.

(3) Die zuständige Behörde legt bei der Meldung zum Anpassungslehrgang den Termin für den Beginn des Lehrgangs fest und gibt ihn den Antragstellern schriftlich bekannt. Der Anpassungslehrgang erstreckt sich auf die Defizite der Ausbildung des Lehrgangsteilnehmers im Vergleich zu der in den §§ 2 bis 5 geregelten Ausbildung. Er muß gewährleisten, daß die Teilnehmer nach seinem Abschluß das Ausbildungsziel nach § 1 Abs. 2 erreicht haben und über Grundkenntnisse in wissenschaftlich anerkannten psychotherapeutischen Verfahren sowie vertiefte Kenntnisse in einem dieser Verfahren verfügen. Die zuständige Behörde legt die Ausbildungsstätten fest, an denen der Anpassungslehrgang abgeleistet werden kann, seine Dauer und die Inhalte, die während des Lehrgangs zu vermitteln sind. Sie legt ferner die Gesamtstunden

1. der praktischen Tätigkeit nach § 2,
2. der theoretischen Ausbildung nach § 3,

3. der praktischen Ausbildung nach § 4, ihre Aufteilung in Behandlungs- und Supervisionsstunden und die Anzahl der Patientenbehandlungen sowie
4. der Selbsterfahrung nach § 5

fest.

§ 21
Approbationsurkunde

Die Approbationsurkunde wird nach dem Muster der Anlage 4 ausgestellt. Sie ist dem Antragsteller gegen Empfangsbekenntnis auszuhändigen oder mit Zustellungsurkunde zuzustellen.

Fünfter Abschnitt
Schlußvorschriften

§ 22
Inkrafttreten

Diese Verordnung tritt am 1. Januar 1999 in Kraft.

Der Bundesrat hat zugestimmt.

Bonn, den 18. Dezember 1998

Die Bundesministerin für Gesundheit
Andrea Fischer

Anlage 2
(zu § 1 Abs. 4)

....
(Bezeichnung der Ausbildungsstätte)

Bescheinigung
über die Teilnahme an Ausbildungsveranstaltungen

....
(Name, Vorname)

....
(Geburtsdatum) (Geburtsort)

hat regelmäßig und mit Erfolg

1. an der praktischen Tätigkeit nach § 2 der Ausbildungs- und Prüfungsverordnung für Kinder- und Jugendlichenpsychotherapeuten

   in der klinischen Einrichtung nach § 2 Abs. 2 Nr. 1 ....
   in der Zeit

   vom .... bis .... , vom .... bis .... ,

   vom .... bis .... , vom .... bis .... ,

   vom .... bis .... , vom .... bis .... ,

   vom .... bis .... , vom .... bis .... ,

   teilgenommen und dabei .... Stunden abgeleistet,

   in der ambulanten Einrichtung nach § 2 Abs. 2 Satz 3 ....
   in der Zeit

   vom .... bis .... , vom .... bis .... ,

   vom .... bis .... , vom .... bis .... ,

   teilgenommen und dabei .... Stunden abgeleistet

   sowie

   in der Einrichtung nach § 2 Abs. 2 Nr. 2 ....
   in der Zeit

   vom .... bis .... , vom .... bis .... ,

   vom .... bis .... , vom .... bis .... ,

   teilgenommen und dabei .... Stunden abgeleistet.
   Er/Sie*) erfüllt die Anforderungen des § 2 Abs. 3;

2. an der theoretischen Ausbildung nach § 3 der Ausbildungs- und Prüfungsverordnung für Kinder- und Jugendlichenpsychotherapeuten
   mit den dazu vorgeschriebenen Veranstaltungen

   im Umfang von .... Stunden teilgenommen;

3. an der praktischen Ausbildung nach § 4 der Ausbildungs- und Prüfungsverordnung für Kinder- und Jugendlichenpsychotherapeuten

   mit

   .... Behandlungsstunden und

   .... Supervisionsstunden, davon .... Stunden Einzelsupervision,

   bei den Supervisoren

   ....
   (Name)

   ....
   (Name)

   ....
   (Name)

   teilgenommen und

   .... schriftliche Falldarstellungen über eigene Patientenbehandlungen vorgelegt;

4. an der Selbsterfahrung nach § 5 der Ausbildungs- und Prüfungsverordnung für Kinder- und Jugendlichenpsychotherapeuten

   mit

   .... Stunden

   bei dem Selbsterfahrungsleiter/der Selbsterfahrungsleiterin*)

   ....
   (Name)

   teilgenommen.

   Er/Sie*) hat die vorgeschriebene Mindeststundenzahl von 4 200 Stunden erreicht.

   Die Ausbildung ist – nicht – über die nach § 6 Abs. 1 der Ausbildungs- und Prüfungsverordnung für Kinder- und Jugendlichenpsychotherapeuten zulässigen Fehlzeiten hinaus –

   um .... Tage*) – unterbrochen worden.

Siegel oder Stempel

........................, den ....
(Ort) (Datum)

....
Unterschrift(en) der Leitung der Ausbildungsstätte

*) Nichtzutreffendes streichen.

Anlage 3
(zu § 12 Abs. 2)

....
(Zuständige Behörde)

Zeugnis
über die staatliche Prüfung für Kinder- und Jugendlichenpsychotherapeuten

....
(Name, Vorname – gegebenenfalls abweichender Geburtsname)

....
(Geburtsdatum) (Geburtsort)

....
(vertiefte Ausbildung in)

hat den schriftlichen Teil der staatlichen Prüfung

am .... in ....

mit der Note ....

und den mündlichen Teil der staatlichen Prüfung

am .... in ....

mit der Note .... abgelegt.

Er/Sie hat die staatliche Prüfung für Kinder- und Jugendlichenpsychotherapeuten

mit der Gesamtnote „ .... " (........................ Zahlenwert) bestanden.

Siegel

.... , den ....
(Ort) (Datum)

....
(Unterschrift)

Anlage 4
(zu § 21)

Approbationsurkunde

Herr/Frau ....
(Vorname, Name – gegebenenfalls abweichender Geburtsname)

geboren am .... in ....

erfüllt die Voraussetzungen des Psychotherapeutengesetzes.

Mit Wirkung vom heutigen Tage wird ihm/ihr die

Approbation als
Kinder- und Jugendlichenpsychotherapeut/Kinder- und Jugendlichenpsychotherapeutin

erteilt.

Die Approbation berechtigt den Kinder- und Jugendlichenpsychotherapeuten/die Kinder- und Jugendlichenpsychotherapeutin zur Ausübung der heilkundlichen Psychotherapie im Sinne des § 1 Abs. 3 Satz 1 in Verbindung mit Abs. 2 des Psychotherapeutengesetzes.

Siegel

........................., den ....
(Ort) (Datum)

....
(Unterschrift)